ジェンダー・トラブル

GENDER TROUBLE

フェミニズムとアイデンティティの攪乱

Feminism and the Subversion of Identity

ジュディス・バトラー
JUDITH BUTLER

竹村和子＋訳

青土社

ジェンダー・トラブル

目次

序文　7

第1章　〈セックス／ジェンダー／欲望〉の主体――17

一　フェミニズムの主体としての「女」　19
二　〈セックス／ジェンダー／欲望〉の強制的秩序　27
三　ジェンダー――現代の論争の不毛な循環　30
四　二元体、一元体、そのかなたの理論化　39
五　アイデンティティ、セックス、実体の形而上学　45
六　言語、権力、置換戦略　60

第2章　禁止、精神分析、異性愛のマトリクスの生産――75

一　構造主義の危うい交換　83
二　ラカン、リヴィエール、仮装の戦略　91
三　フロイトおよびジェンダーのメランコリー　114

四　ジェンダーの複合性、同一化の限界　127
五　権力としての禁止の再考　137

第3章　攪乱的な身体行為──　149
一　ジュリア・クリステヴァの身体の政治　150
二　フーコー、エルキュリーヌ、セックスの不連続の政治　172
三　モニク・ウィティッグ──身体の解体と架空のセックス　199
四　身体への書き込み、パフォーマティヴな攪乱　228

結論──パロディから政治へ　249

原註　261
訳者解説　283
索引　i

ジェンダー・トラブル
フェミニズムと
アイデンティティの攪乱

序文

ジェンダーの意味にまつわる現代のフェミニズムの議論は、たいていの場合、何らかのトラブルの感覚に行きついてしまう。ジェンダーの意味をひとつに決定できないことが、まるでフェミニズムの失敗だと言わんばかりである。だがトラブルを否定的ニュアンスだけで考える必要はないだろう。子供のころの言葉の感覚では、トラブルを起こすことはやってはならないことだった。そうすれば、トラブルを起こした人がトラブルの状態に陥ってしまうからである。反抗したら叱られるというのも、同じ構図で考えていたように思う。こうしたことを知って以来、わたしは権力の巧妙な策略というものに、批判的な眼を向けるようになった。つまり現行の法は、ひとをトラブルから遠ざけようとして、そんなことをすればトラブルに巻き込まれるぞと脅し、さらには、その人をトラブルの状態に陥らせようとすることすらある。これから得た結論は、トラブルは避けえないものであり、だからやれることは、いかにうまくトラブルを起こすか、いかにうまくトラブルの状態になるかということだった。時がたつにつれて、わたしが批判を向けているこの状況に、さらなる曖昧さが存在していることを知った。気がついたことは、トラブルというのは本質的に謎めいた事柄——たいていの場合、女の事柄と思われている謎に関連する問題——を、婉曲に表したものだということである。わたしはボーヴォワールを読み、男中心の文化のなかの女の存在は、男にとって、謎や理解不可能さの源であることを知った。そしてこのことは、サルトルを読んだときにさらに確実なものとなった。サルトルにとっては、欲望——疑わしいことに、異性愛的で男性的なものだと考えられている欲望——は、ことごとくトラブルとみなされているのである。欲望をもつ男の主体にとってトラブルがスキャンダルとなるのは、女という「対象」がどうしたわけかこちらのまなざしを見返したり、視線を逆転させたり、男の立場や権威に歯向かったりし、それによって女という「対象」が男の領域に突然に侵入するとき、つまり予期しない行為体《エイジェンシー》となるときである。男の主体がじつは女という《他者》に根本的に依存していることによって、男の自律性が幻想でしかないことが、突然にあばかれる。だがこの個別的な権力の弁証法的な逆転が、わたしの関心を引きつけたわけではない。むしろわたしの関心が向けられたのは、べつの事柄だった。それは、権力は主体同士の交換以上のもの、主体と《他者》との絶え間ない逆転以上のものであるらしいということだった。むしろ権力は、ジェンダーについての思考の枠組となっている男女の二元論を産出するべく、機能しているように思えた。わたしが疑問に思ったのは、どんな権力の配置が、主体や《他者》や「男」・「女」の二元的な関係や、これらの関係の内的安定さを構築しているかということだった。ここではたらいている制約とは何なのか。このような項目がトラブルを起こさないのは、ひとえにジェンダーと欲望を概念化している異性愛のマトリクスに、このような項目がしたがっているからではないか。そもそも認識論的に仮定されたものでしかない異性愛の体制が、じつは存在論の見せかけをとるカテゴリーを生産し物象化しているという事実が明らかになれば、そのとき、主体とか、ジェンダー・カテゴリーの安定といったものに、何が起こってくるのか。

だがどうすれば、認識論／存在論の体制を、疑問に付すことができるだろう。ジェンダーの階層秩序や強制的異性愛を支えているジェンダー・カテゴリーにトラブルを起こすのに、最良の方法は何なのか。「女のトラブル」という運命――女であることが自然な病だという考えを見え隠れさせている、病名のない女の病という歴史的配置――を考えてみよう。女の身体を病理学的に扱うことは、それがどんなに真面目なものであれ滑稽なことであり、そして真面目なカテゴリーにもかかわらず滑稽だということは、フェミニズムにつきものの事柄である。たぶんフェミニズムは、真面目な遊戯というフェミニズム特有の形態を必要とするのだろう。「フィーメイル・トラブル」は、『ヘアスプレイ』のヒーロー／ヒロインを演じたディヴァインが主演した、ジョン・ウォーターズ監督の映画の題名でもある。ディヴァインの女装は、ジェンダーが本物のように流通しているけれども、不断の仮装にすぎないことを示唆するものである。彼女／彼の演技は、ジェンダーにまつわる言説が作動するときの自然と人工、深遠と表層、内部と外部の区分をゆるがしてしまう。異装は、ジェンダーを模倣したものなのか。それともそれは、ジェンダーの意味を確定しているさまざまな身振りを誇張して表現したものにすぎないのか。女であることは「自然な事実」なのか、それとも文化のパフォーマンスなのか。「自然さ」とはセックスのカテゴリーをとおして、そのなかで、身体を生産していくパフォーマティヴな行為――言説の制限を受ける行為――によって構築されるものなのか。ディヴァインはさておいても、ゲイ／レズビアンの文化のなかでなされるジェンダー実践はパロディの文脈で「自然」を扱うことが多く、それによって、起源にある本物のセックスと思われているものがじつはパフォーマティヴな構築でしかないことを浮き彫りにしていく。アイデンティティを構築しているその他のどんな基盤的なカテゴリー――セックス、ジェンダー、身体の二元体――が、じつは自然や起源や必然という結果を作りだす人工的な生産物であることが明らかにされていくのか。

アイデンティティの基盤をなすと考えられているセックスやジェンダーや欲望というカテゴリーが、

特定の権力配置の結果として誕生したものであることを示すには、ニーチェの概念をさらに推し進めたフーコーによって「系譜学」と呼ばれている批評方法を、ここで使う必要があるだろう。系譜学的な批評の目的は、抑圧によってこれまで不可視とされてきたジェンダーの起源や、女の欲望の内的真実や、本物で真正な性的アイデンティティを探しだすことではない。そうではなくて、多様で拡散した複数の起源をもつ制度や実践や言説の結果でしかないアイデンティティのカテゴリーを、唯一の起源とか原因と名づける政治上の利害を、探っていくことである。この探究の課題は、そのような定義づけをおこなう制度——男根ロゴス中心主義《ファロゴセントリズム》や強制的異性愛——に焦点をあてて分析し、そして次に、そのような制度を脱中心化することである。

　生物学的に「メスである」ことがもはや安定した概念でないと思われているので、メスの意味は、社会的な「女《ウーマン》」という概念と同様にトラブルの状態にあり、固定することはできない。また生物学的な女と社会的な女は、両者とも男との関係でのみトラブル的な意味づけをもつので、この系譜学的な研究は、ジェンダーと、ジェンダーが示唆する関係的な事柄に焦点をあてるものとなる。さらにまた、フェミニズムの理論が政治的事柄を扱うからといって、フェミニズムの理論が本源的なアイデンティティの問題にかかわる必要はもはやないことは、明らかである。むしろわたしたちが問いかけなければならないことは、アイデンティティのカテゴリーを抜本的に批判、検証した結果、どのような政治的可能性が出てくるかということである。共通の土台としてのアイデンティティがフェミニズムの政治の言説を制約するものでなくなったとき、どんな新しい政治形態が出現するのか。またフェミニズムの政治の基盤に共通のアイデンティティを置こうとする試みによって、アイデンティティそれ自体が政治的に構築され規定されたものであることをあばこうとする抜本的な研究が、どの程度まえもって排除されることになるのか。

本書では三章に分けて、さまざまな言説の領域におけるジェンダー・カテゴリーの系譜を批判的にたどっていく。第一章「〈セックス／ジェンダー／欲望〉の主体」では、フェミニズムの主体としての「女」の位置や、セックス／ジェンダーの区別について再考する。本書では、強制的異性愛と男根ロゴス中心主義を権力／言説の体制と理解して、ジェンダーにまつわる言説の中心問題をさまざまに解き明かしていく。たとえば、言語はどのようにセックスのカテゴリーを構築しているのか。「女性性」は、言語による表象に抵抗するものなのか。言語を、男根ロゴス中心主義的とみなすのか（リュス・イリガライの問い）。女であることと性的なことを融合させる言語の内部で表象される唯一のセックスが、「女性性」なのか（モニク・ウィティッグの論点）。強制的異性愛と男根ロゴス中心主義はどこで、どのように、ひとつに収斂していくのか。両者の関係に破綻がおこる箇所はどこなのか。さまざまな権力体制を支える「セックス」という架空の構築物を、言語はどのように生産していくのか。異性愛を措定する言語のなかでは、どのような連続性がセックスとジェンダーと欲望のあいだに存在すると考えられているのか。こういった各項は区別されているのか。どんな種類の文化の実践が、セックスとジェンダーと欲望のあいだに不連続や不協和を作りだし、その三者間にあるとされている連関性に疑問を投げかけることができるのか。

第二章「禁止、精神分析、異性愛のマトリクスの生産」では、構造主義や、近親姦タブーに関する精神分析やフェミニズムの見解こそ、異性愛の枠組みのなかのジェンダー・アイデンティティ——男女に二分され、各項が内的一貫性をもつと考えられているもの——を強化するメカニズムだと捉え、それらの分野のテクストをいくつか、選択的に読み解いていく。同性愛に関する問題は、精神分析の言説では、文化的に理解不能とされている形態とつねに関連づけられ、またレズビアニズムの場合は、女の身体の脱性化に関連づけられてきた。他方、複合的なジェンダー・アイデンティティを何とか説明しようとする精神分析の理論は、ジョーン・リヴィエールらの精神分析の文献においては、アイデンティティや同一化《アイデンティフィケーション》や仮装の分析として考察されてきた。だが近親姦タブーを、ひとたび『性の歴史』でフーコーが展開した抑圧仮説の批判に照らして考えると、禁止の構造や法制的な構造は、男中心の性の機構《エコノミー》の内部に強制的異性愛を設定し、かつ、その性の機構への批判的な異議申し立てもおこなうという、二つの機能を有するものとなる。はたして精神分析は、反基盤主義的な学問なのか。つまり、厳格で階層的なセックスの法則を結果的にゆるめるセックスの複合性を許容するものなのか。それとも、まさにそのような階層秩序に益するような、アイデンティティの基盤にまつわる一対の未承認の仮説を温存しているものなのか。

　最終章「攪乱的な身体行為」では、はじめにジュリア・クリステヴァの議論で語られる「母なる身体」という構築物を批判的に論じて、どんな暗黙の規範が彼女の著作のなかで、セックスやセクシュアリティの文化的な理解可能性を統御しているのかを示していく。またフーコーはクリステヴァを批判しているが、彼の著作のいくつかを詳細に検討してみれば、性差に対する問題含みの無関心が、フーコー自身にも存在していることがわかる。だが他方でセックスのカテゴリーについてのフーコーの批判は、現在の医学上のフィクションが、単声的なセックスのみを規範として任じるためになされる規制的な実践だという洞察も与えてくれる。モニク・ウィティッグの理論と小説は、文化的に構築された身体を「解体」し、形態《モーフォロジー》そのものが覇権的な概念計略の結果であると論じるものである。この章の最終節「身体への書き込み、パフォーマティヴな攪乱」では、メアリー・ダグラスやジュリア・クリステヴァの著作に依拠しつつ、政治的構築物である身体の境界や表面について論じる。ここでは、ジェンダーの行為をパフォーマティヴだとみなす考え方に基づいて、一連のパロディ的な実践を、身体というカテゴリーを脱自然化し意味づけなおす戦略として提示し、記述する。そのようなパフォーマティヴなジェンダー行為こそ、身体やセックスやジェンダーやセクシュアリティというカテゴリーを破壊し、二分法の枠組みをこえた攪乱的な再意味づけや、意味の増殖の契機を提示するものである。

どのようなテクストにも、テクストの次元で再構築できる以上の源があるように思われる。テクストの言語を定義し、説明しているのはこのような源であり、それによってテクストの完全な意味が明らかにされる――もちろんテクストが完全に解明されて、それで終わりとなるという保証はないけれども。わたしはこの序文を子供時代の物語で始めたが、その物語は寓話であって、何らかの事実に還元できるものではない。実際、本書全体の目的は、ジェンダーの寓話が自然な事実という誤まった呼称を打ちたて、流通させてきたやり方をたどっていくことである。本書で検証するいくつかの論文の起源を見つけだし、本書を可能にしたさまざまな契機を固定して位置づけることは不可能である。これらのテクストは、フェミニズムと、ジェンダーに関するゲイ／レズビアンの視点と、ポスト構造主義の理論を、政治的にひとつに纏めようとして、ここに集められたものである。哲学をそれ以外の言説から分離することはまず不可能だとしても、作家＝主体という構造を現在流通させているメカニズムのなかで、哲学が中心的な位置をしめる学問領域であることはまちがいない。この研究は、従来の学問生活に批判の眼を向ける学問の境界上に位置しようとするものである。ただし重要なことは、周縁にいることではなくて、各学問分野の中心から離れて次々と誕生し、互いに協力して学問の権威を重層的にズラしていく周縁域のネットワークに参与することである。ジェンダー研究や女性学がアカデミズムのなかで骨抜きにされることに抵抗し、フェミニズム批評の概念をラディカルに改革するためには、ジェンダーの複合性を論じるさいに、領域横断的でポスト領域的な一連の言説が必要なのである。

本書の執筆には、多くの組織や個人から支援をたまわった。アメリカ学術評議会からは一九八七年秋の博士号取得者奨学金を授与され、プリンストンの高等学問研究所の社会学部からは一九八七年—一九八八年の奨励金と住居と刺激的な討論の場を与えられた。ジョージワシントン大学ファカルティ研究奨学金のおかげで、一九八七年と一九八八年の夏にこの研究を推し進めることができた。ジョーン・W・スコットからは、原稿のさまざまな段階をつうじて、非常に貴重な鋭い批評をいただいた。彼女がフェミニズムの政治で前提とされている問題を批判的に問いなおす作業に携わっていることは、わたしには大きな刺激であり、インスピレーションをもたらしてくれるものだった。ジョーン・スコットの指導のもとで高等学問研究所でおこなわれた「ジェンダー・セミナー」は、未整理の状態だったわたしの考えに重要で刺激的な筋道を与えてくれ、自分の見解を明快にし、練り上げるのに助けになった。そのセミナーに参加したライラ・アブ＝ルゴド、ヤスミン・エルガス、ドナ・ハラウェイ、エヴリン・フォックス・ケラー、ドリン・コンドウ、レイナ・ラップ、キャロル・スミス＝ローゼンバーグ、ルイーズ・ティリィに感謝の意を捧げる。一九八五年、一九八六年にそれぞれウエズリアン大学とイエール大学でおこなったわたしのセミナー「ジェンダー、アイデンティティ、欲望」に出席していた学生が、オルタナティヴなジェンダーの世界をさまざまに思い描いてくれたことは、本書の執筆に不可欠のものとなった。本書の一部をいろいろな場所（プリンストン大学女性学コロキュウム、ジョンズ・ホプキンズ大学人文学センター、ノートルダム大学、カンザス大学、アマースト・カレッジ、イエール大学医学部）で発表したときに、聴衆の方々からいただいたさまざまな批判的な応答に対して、この場を借りてお礼申し上げる。また感謝の言葉をリンダ・シンガーに、彼女の貴重な不断の急進主義に対して。サンドラ・バーキィに、彼女の著作と、時期を得た励ましの言葉に。リンダ・ニコルソンに、編集者としての批判的助言に。リンダ・アンダーソンに、その鋭い政治的洞察に対して。さらにわたしの思考を作りあげ、支援してくれた以下の人々、友人、同僚にお礼を申し上げる——エロイーズ・ムア・アガー、イネス・アザール、ピーター・カーズ、ナンシー・F・コット、キャシー・ネィタンソン、ルイス・ネィタンソン、モーリス・ネィタンソン、スティシー・ピース、ジョシュ・シャピロ、マーガレット・ソルタン、ロバート・V・ストーン、リチャード・ヴァン、エスティ・ヴォタウ。原稿を整えるのに手際よく手を貸してくれたサンドラ・シュミットと、さまざまに手助けしてくれたメグ・ギルバートに感謝している。またユーモアと忍耐とすばらしい編集指導によって、この企画やその他の事柄に励ましを与えてくれたモーリン・マッグローガンに謝意を表する。

いままでと同様にウェンディ・オーウェンには、その容赦のない想像力、鋭敏な批判、彼女の著作から受けた刺激に感謝している。

第1章
〈セックス／ジェンダー／欲望〉の主体

ひとは女に生まれない、女になる。

——シモーヌ・ド・ボーヴォワール

厳密に言えば、「女」というものが存在しているとは言えない。

——ジュリア・クリステヴァ

女のセックスはひとつではない。

——リュス・イリガライ

セクシュアリティの配備が〔…〕セックスという、この概念を確立したのである。

——ミシェル・フーコー

セックスのカテゴリーとは、社会を異性愛的なものとみなす政治上のカテゴリーである。

——モニク・ウィティッグ

一　フェミニズムの主体としての「女」

これまでのフェミニズムの理論には、たいてい次のような前提があった。つまり、女というカテゴリーをとおして理解される何らかのアイデンティティがあり、それが言説面でのフェミニズムの利害や目標を提起しているだけでなく、政治的な表象／代表《リプリゼンテーション》を求めるときの主体も構築していると。しかし「政　治《ポリティックス》」とか「表象／代表」という言葉は用心してかからなければならない。一方で「表象／代表」という言葉は、女を政治的主体として可視化したり正統化したりしようとする政治プロセスのなかで、有効な用語として役に立つものである。だが他方で「表象／代表」は、言語を規範化する機能をもち、女というカテゴリーに関して真実と思われることを示したり、歪めたりするものだとも言われている。これまでのフェミニズムの理論では、女を十全に適切に表象する言語をつくりだすことが、女を政治的に可視化するのに必要な方策だと思われていた。たしかに女の生き方が誤って表象されたり、またはまったく表象されない文化的状況が広く蔓延していることを思えば、このことが重要だと考えられてきたのもうなずける。

だがフェミニズムの理論と政治の関係をこのように考える風潮は、最近では、フェミニズムの言説の内部から問題視されるようになってきた。女という主体そのものが、もはや安定した永続的なものとは考えられなくなってきたからだ。「主体」ははたして究極的に表象されるもの、いや究極的に解放されるものとして存在するのかどうか、疑問をもつような材料が数多くあらわれてきた。そればかりでなく、何が女というカテゴリーを構築しているのか、あるいは構築すべきかについても、ほとんど同意をみてはいない。政治的、言語的な「表象」領域が、主体を形成するさいの基準をまえもって設定してしまい、その結果、主体として認知可能なものだけが表象されることになってしまう。換言すれば、表象されるまえに、主体として存在する資格をまず満たさなければならないということになる。

フーコーは、権力の法システムはまず主体を生産し、のちにそれを表象すると指摘した。(1) 権力を法制的な概念から見れば、権力は純粋に否定的なやり方で、ひとの政治的な生き方を規定しているようだ。つまり、そもそも偶発的で撤回可能な選択によって政治構造にかかわっているにすぎない個人に対して、制限や禁止や規則や管理、なかんずく「保護」さえも与えることによって、その個人の政治的な生き方を規定していくのである。けれどもそのような構造で規定される主体は、構造に隷属することによって、構造が要求する事柄に見合うように形成され、定義され、再生産されていく。この分析が正しければ、女を、フェミニズムの「主体」として表象しようとする言語や政治の法組織は、表象の政治の既存の一形態を言説で組み立てたもの、その結果にすぎないということになる。そうなるとフェミニズムの主体は、解放を促すはずの、まさにその政治システムによって、言説の面から構築されていることになる。このことは、もしもその解放システムが、支配の差異化の軸にそったジェンダー主体を生産したり、あるいは男性的と考えられる主体を生産しているとなると、政治的に問題をはらむものとなる。なぜなら、「女」を解放する目的があるからといって、無批判にそのようなシステムに訴えることは、明らかな自滅行為となるからだ。

「主体」の問題は、政治にとって、とくにフェミニズムの政治にとっては、きわめて重要なものである。なぜなら法的主体というのは、ひとたび政治の法構造が確立されれば、そのとたんに「見え」なくなる排除の実践によってつねに生みだされるものであるからだ。換言すれば、主体を政治的に構築するときの目標は、正当化と排除であり、またこの政治操作は、その政治操作の基盤が法構造にあるとみなす政治分析によって、結果的に隠蔽され、自然なものとされてしまうからである。法の権力は、単に表象／代表しているにすぎないと言っているものを、じつは不可避的に「生産している」のである。したがって政治は、権力のこの二重の機能――法制機能と産出機能――に注意を払わなければならない。実際、法は「法のまえに存在する主体」(2)という概念を生みだし、そののちそれを隠蔽するが、その目的は、言説による形成物であるにもかかわらず、それがすべての基盤をなすきわめて自然な前提として、そして次には、法の規制的な支配を正当化するものとして、引きあいにだすためである。したがって女が言語や政治においてどうすればもっと十全に表象されるかを探究するだけでは、じゅうぶんではない。フェミニズム批評は同時に、フェミニズムの主体である「女」というカテゴリーが、解放を模索するまさにその権力構造によってどのように生産され、また制約されているかを理解しなければならない。

事実、フェミニズムの主体としての女の問題を考えていくうちに、法の「まえに」存在する主体――法のなかで、法によって表象されるのを待っているような主体――など、ないかもしれないという可能性が出てきた。おそらくこのような主体は、時間的な「まえ」という概念と同じく、法自身の正当性を主張するための架空の基盤として、法によって作りだされたものである。法のまえに存在する主体が存在論的な全一性をもつという、広く行き渡っている仮定は、古典的リベラリズムの法構造を成り立たせている基盤主義の寓話――自然状態が存在するという仮説――の現代の痕跡と理解した方がいいだろう。非歴史的な「まえ」をパフォーマティヴに引きあいに出してくることは、社会のまえにひとが存在しているという基盤主義的な前提を立ててしまうものである。そのような前提では、ひとはみずからの自由意志で支配されることに同意し、そうすることで社会契約の正当性を作りあげることになる。

しかしながら、主体概念を支える基盤主義の虚構のほかにも、女たちという語が共通のアイデンティティを意味すると仮定したときにフェミニズムが遭遇する政治問題が、もうひとつある。女たちという語は、それが記述し代表しているつもりの人々の合意を得ることができる安定したシニフィアンなどではなく、たとえそれが「女たち」と複数形で書かれたとしても、問題の多い用語であり、争いの場、不安の原因なのである。『それがわたしの名前なの』という問いは、ドニーズ・ライリーの本の題名どおり、その名前が多様な意味をもつ可能性があるからこそ発せられる問いである。[3] もしもひとが女で「ある」としても、それがそのひとのすべてでないことは確かである。その語がすべてを包摂することができないのは、ジェンダー化されるまえの「ひと」が、そのジェンダーを成り立たせている装具一式を超えたものであるからではない。そうではなくて、異なった歴史的文脈を貫いてジェンダーがつねに一貫して矛盾なく構築されているわけではないからであり、またジェンダーは、人種、階級、民族、性、地域にまつわる言説によって構築されているアイデンティティの様態と、複雑に絡み合っているからである。その結果、ジェンダーをつねに生みだし保持している政治的および文化的な交錯から、「ジェンダー」だけを分離することは不可能なのである。

フェミニズムには普遍的な基盤があり、それは文化を横断して存在するアイデンティティのなかに見いだされると政治的に仮定した場合、それに伴ってよくなされる主張は、家父長制とか男支配という普遍的、覇権的構造のなかに、女の抑圧の単一な形態があるというものである。しかし普遍的な家父長制という概念は、家父長制が見いだされる具体的な文化の文脈でジェンダーの抑圧がどのようにおこなわれているかをうまく説明できないために、最近ではあちこちで批判されるようになってきた。またたとえ具体的な文化の文脈を考慮していたとしても、それが普遍的な家父長制を前提とした議論であるかぎり、最初に仮定した普遍原理の「実例」とか「例証」をそこに見いだしているすぎない。こういったフェミニズムの理論は、きわめて西洋的な抑圧概念に固執して、非西洋的な文化を植民地化したり、取り込んだりするものだと批判されてきた。またそれは、「第三世界」とか、さらには「オリエント」などというものを作りあげ、そこでなされるジェンダーの抑圧を本質主義的で、非西洋的な野蛮の徴候として巧妙に説明してしまうものでもある。すべての女を表象／代表しうると主張するフェミニズムが、その見せかけを押し進めようとして、ぜがひでも家父長制に普遍的な地位を与えなければと思い、この性急さゆえに、女に共通の隷属的経験をさせるとみなしている支配構造の、まさにそのカテゴリー好きの架空の普遍性に向かって、フェミニズム自身がまっしぐらに突き進んでしまうことになるのである。

普遍的な家父長制があるという主張が、もはやかつてのような信憑性をもたなくなってきたとはいえ、この枠組みから必然的に導き出される考え方――「女」という一般に共有できる概念があるという考え方――を捨て去ることは、それよりもはるかにむつかしいようだ。たしかにこれまで多くの議論がなされてきた。たとえば、女の抑圧のまえに存在するような、「女」の何らかの共通項があるのか。あるいは抑圧されているがゆえに、「女」は結びつくのか。覇権的な男中心の文化のなかで従属的な立場にいることとは無関係の、女固有の文化があるのか。女の文化的・言語的実践の固有性や全一性は、それより支配的な文化構造に逆らうことで、つまりはその条件下でのみ、得られるものなのか。あるいは「女固有の」領域があるとしたら――つまり、いわゆる男性的な領域から差異化されているだけでなく、どのようなしるしもつけられず、それゆえに目下のところは想定されているだけの「女」という普遍的な概念によって、男の領域とは別物だと認知される領域があるとしたら――どうなるのか。男性的／女性的という二分法は、各項の固有性を認識するために排他的な枠組みを作りだすばかりでなく、他のあらゆる方法においても、女性的という「固有性」が、またしても完璧に脱文脈化されるのである。つまり、「アイデンティティ」を構築すると同時に、単一なアイデンティティという考え方を誤ったものとみなす階級・人種・民族・その他の権力関係の諸軸でつくられている構築物から、女という「固有性」が、またしても、分析上、政治上、分離されていくのである。(4)

わたしが示唆したいのは、フェミニズムの主体の前提をなす普遍性や統一性は、主体が言説をつうじて機能するときの表象上の言説の制約によって、結果的には空洞化されてしまうということである。実際フェミニズムに安定した主体があると早まって主張し、それは女という継ぎ目のないカテゴリーだと言った場合、そのようなカテゴリーは受け入れ難いと、あらゆる方面から当然のように拒否されてしまう。このような排除に基づく領域は、たとえそれが解放を目的として作られたものであろうと、結局は、威圧的で規制的な帰結をもたらすものである。事実フェミニズムの内部におこっている分裂や、フェミニズムが表象していると主張しているまさにその「女たち」からフェミニズムに対して皮肉な反発が起こっていることは、アイデンティティの政治に必然的な限界があることを示すものである。フェミニズムが構築する主体の表象範囲を、フェミニズムがさらに拡げられると考えることは、表象の主張自体に構造的な権力が宿ることを考慮に入れていないために、逆にフェミニズムの目標を失敗にさらすという、皮肉な結果を生むことになる。この問題は、ただ「戦略的な」目的のために女というカテゴリーに訴えているにすぎないと言って、看過できるものではない。なぜなら戦略はつねに、それが意図している目的を超える意味をもってしまうからだ。この場合では、排除そのものが、意図しないが重大な意味を生むものとなるだろう。安定した主体を提示すべきだという表象／代表の政治の要請に応じることによって、フェミニズムは、ひどく誤った表象／代表をする罪を、みずからに招くことになるのである。

もちろんそのような表象／代表の政治を——あたかもそんなことが可能なごとく——拒絶してしまう

ことが、政治上の課題なのではない。現在の権力の磁場を構築しているのは、まさに言語や政治の法構造である。したがってこの権力の磁場の外側にどのような立場もありえず、ただできることは、権力がみずからの正当化をどのようにやってきたかを、系譜的に、批判的にたどることだけである。その意味で批判の出発点は、マルクスが言う歴史的現在である。それゆえ課題は、現在の法構造によって生みだされ、あたかも自然なものとされ、不動なものとされているアイデンティティ・カテゴリーへの批判を、その構築の枠内でおこなっていくことである。

　おそらく文化の政治性《ポリティックス》が叫ばれているこの時期――「ポストフェミニズム」とも呼ばれてもいるこの時期――は、フェミニズムの主体を構築せよというこの命令について、フェミニズムの思想の内部から考えてみるのに恰好の時かもしれない。アイデンティティを存在論的に構築していくことの意味を、フェミニズムの政治実践の内部で徹底的に再考することは、フェミニズムをべつの土壌で再生させる表象の政治を編みだすには、必要なことだろう。またべつの観点から見れば、永続的な唯一の基盤を構築せねばならないという考え方からフェミニズムの理論を解放する、ラディカルな批評をやってみる時期かもしれない。そのような基盤はかならず、そこからつねに排除されるアイデンティティ、あるいは反アイデンティティの立場によって、異議が唱えられてしまうからである。フェミニズムの理論の基盤を主体としての「女」におく排除的な実践は、「表象／代表」すると主張している領域を広げようとしているにもかかわらず、皮肉なことに、そのフェミニズムの目標を切り崩すことになってしまうのではないか[5]。

　おそらく問題は、さらにもっと深刻なものである。女というカテゴリーを首尾一貫した安定した主体として構築することは、ジェンダー関係を無意識に規定し、物象化してしまうことにはならないか。それにそのような物象化は、フェミニズムの目標とはまるで正反対のものではなかろうか。異性愛のマトリクスの文脈のなかで、女というカテゴリーはどの程度、その不動性と一貫性を獲得しているのか。(6) もしもジェンダーという不動の概念が、もはやフェミニズムの政治の基盤をなす前提とならないなら、ジェンダーやアイデンティティの物象化に異議を申し立てるには、新しい種類のフェミニズムの政治が求められるべきで、そこでは、アイデンティティの可変的な構築が、政治目標ではないにしても、方法論と基準設定の二点において必要条件とされるべきである。

　フェミニズムの法的主体として資格づけられているものを、政治操作が産出していると同時に、隠蔽している軌跡を追うことは、女というカテゴリーを歴史的に検証するフェミニズムの系譜学の役割である。フェミニズムの主体としての「女」を問いなおす過程で明らかになることは、女というカテゴリーを何の疑問ももたずに引きあいにだす姿勢が、表象／代表の政治としてのフェミニズムの可能性をあらかじめ閉じてしまうということだ。主体となるのに必要な基準（語られざる基準）を満たさない人々を排除することで構築される主体にまで、表象／代表の範囲を広げてみたとしても、それがいったいどんな意味をもつというのか。表象／代表を政治の唯一の焦点にした場合、支配と排除のどんな関係が、思わず知らず温存されてしまうのか。フェミニズムの主体という基盤があると断言してしまうことで、権力の磁場がうまく目隠しされてしまい、そしてその目隠しされた権力の磁場のなかでしか主体形成がおこなわれないなら、フェミニズムの主体というアイデンティティなど、けっしてフェミニズムの政治の基盤としてはならない。おそらく逆説的なことだが、「女」という主体がどこにも前提とされない場合にのみ、「表象／代表」はフェミニズムにとって有意義なものとなるだろう。

二　〈セックス／ジェンダー／欲望〉の強制的秩序

アイデンティティの連帯をつくるために、単一な「女」というカテゴリーが何の疑問もなく引きあいに出されるが、ひとたびセックスとジェンダーを区別しようとすると、とたんにフェミニズムの主体には亀裂が走ってしまう。そもそもセックスとジェンダーの区別は、〈生物学は宿命だ〉という公式を論破するために持ちだされたものであり、セックスの方は生物学的で人為操作が不可能だが、ジェンダーの方は文化の構築物だという理解を、助長するものである。つまり、ジェンダーはセックスから因果的に導きだされる結果などではなく、またセックスのように固定しているように見えるものでもない、という理解である。そうなると、ジェンダーはセックスの多様な解釈だとみなす、このジェンダーとセックスの区別によって、主体の単一性には、すでに潜在的に異議が唱えられていることになる。(7)

もしもジェンダーが性別化された身体が身にまとう文化的意味だとすれば、ジェンダーはある一つの道すじでセックスから導き出されるものとは言えなくなる。この論理を突きつめると、セックス／ジェンダーの区別は、性別化された身体と、文化的に構築されるジェンダーのあいだの、根本的な断絶を示唆することになる。さしあたって性別という安定した二元体があると仮定したとしても、「男」という構築物がオスの身体から自然に生まれ、「女」はメスの身体だけを解釈するものとは言えない。さらに、たとえセックスが形態においても構造においても疑問の余地のない二元体のように見えたとしても(それもいずれ問題となる)、ジェンダーもこの二つのままでなくてはならないと考える理由は何もない[8]。二つのジェンダーという仮定は、ジェンダーはセックスを映す鏡だとか、たとえそうでなくてもセックスによって制約されているといったような、ジェンダーとセックスのあいだの模倣関係を、暗に信じているものだ。構築物としてのジェンダーの位置は、セックスとは根本的に無関係であると理論づけてはじめて、ジェンダーは自由に浮遊する人工物となり、その結果、男や男性的なものがオスの身体を意味するのとまったく同様にたやすくメスの身体を意味することもでき、また女や女性的なものがメスの身体と同様にたやすくオスの身体を意味することもできるようになるだろう。

ジェンダー化された主体のなかに潜むこの根本的な亀裂は、さらにべつの一連の問題を提起する。つまり、セックスおよび/またはジェンダーがいかに所与のものとなるのか、どんな手段でそうなるのかをまず問いかけないで、「所与の」セックスとか、「所与の」ジェンダーに言及することが可能なのかという問いである。またそもそも、「セックス」とはいったい何だろうか。それは自然なのか、解剖学上のものなのか、染色体なのか、ホルモンなのか。私たちにそのような「事実」を打ち立てていると称する科学的言説に、フェミニズム批評はどのように対処すればよいのか[9]。セックスに歴史はあるのか[10]。各々のセックスには各々の歴史、あるいは各々の複数の歴史があるのか。セックスの二元体が確立されてきた道のりを示す歴史——つまりセックスの二元体が可変的な社会構築物であることをあばく系譜学——はあるのか。セックスの自然な事実のように見えているものは、じつはそれとはべつの政治的、社会的な利害に寄与するために、さまざまな科学的言説によって言説上、作り上げられたものにすぎないのではないか。セックスの不変性に疑問を投げかけるとすれば、おそらく、「セックス」と呼ばれるこの構築物こそ、ジェンダーと同様に、社会的に構築されたものである。実際おそらくセックスは、つねにすでにジェンダーなのだ。(11)そしてその結果として、セックスとジェンダーの区別は、結局、区別などではないということになる。

したがって、セックスそのものがジェンダー化されたカテゴリーだとすれば、ジェンダーをセックスの文化的解釈と定義することは無意味となるだろう。ジェンダーは、生得のセックス（法的概念）に文化が意味を書き込んだものだと考えるべきではない。ジェンダーは、それによってセックスそのものが確立されていく生産装置のことである。そうなると、セックスが自然に対応するように、ジェンダーが文化に対応するということにはならない。ジェンダーは、言説／文化の手段でもあり、その手段をつうじて、「性別化された自然」や「自然なセックス」が、文化のまえに存在する「前-言説的なもの」――つまり、文化がそのうえで作動する政治的に中立的な表面――として生産され、確立されていくのである。「セックス」が本来的に社会構築されたものでないとみなす考え方は、第二章のレヴィ＝ストロースと構造主義についての議論で問題にしていくが、この時点ですでに明らかになっている事柄は、セックスの内的安定性やその二元的な枠組みを打ちたてるのにもっとも効果的な方法が、じつは、セックスの二元体を言説以前の領域に追いやることだということである。セックスを前-言説的なものとして生産することは、ジェンダーと呼ばれる文化構築された装置がおこなう結果なのだと理解すべきである。したがって、たとえジェンダーを再定義したとしても、それが言説に先行するセックスという概念を結果として生み出しておきながら言説のこの生産作用を隠蔽する権力関係を包み込むようなジェンダー理解となるならば、ジェンダーを再定義する必要などどこにあるだろうか。

三　ジェンダー——現代の論争の不毛な循環

ひとが「ある」ジェンダーをもつと言えるだろうか。それとも「あなたのジェンダーは何ですか」という質問に暗示されているように、ジェンダーとは、ひとがそうであると言えるような本質的な属性なのだろうか。フェミニズムの理論家が、ジェンダーはセックスの文化的解釈だとか、ジェンダーは文化の構築物だと主張するとき、その構築の方法やメカニズムはどのようなものなのか。ジェンダーが構築されるものなら、べつの仕方でも構築されうるものなのか。それが構築物であるということは一種の社会決定論で、行為性《エイジェンシー》とか変容の可能性は、そこではあらかじめ封じられているのか。「構築」とは、ある種の法がセックスという普遍軸にそってジェンダーの差異を生み出していくことなのか。ジェンダーの構築はどのように、どこで、おこなわれるのか。構築する人間をそのまえに想定しないような構築を、わたしたちはどのように了解すればいいのか。ジェンダーを構築されたものとみなす見方が示唆していることは、解剖学的に差異づけられた身体が、情け容赦のない文化の法をただただ受動的に受け入れて、そこにジェンダーの意味が決定的に刻まれるということである。ジェンダーを「構築」している適切な「文化」こそが、そのような法——一連の法——だと考えるなら、ジェンダーは、〈生物学は宿命だ〉という公式と同様に、決定され、固定されたものとなる。その場合に宿命となるのは、生物学ではなく、文化である。

他方シモーヌ・ド・ボーヴォワールは『第二の性』のなかで、「ひとは女に生まれない、女になる」(12)と語った。ボーヴォワールにとって、ジェンダーは「構築された」ものである。しかし彼女の公式では、そのジェンダーを現在、何らかの方法で身につけたり、手に入れたりしていても、原則的にはべつのジェンダーを身に帯びることも可能な行為者《エイジェント》、コギトが想定されている。ではボーヴォワールの言葉が示唆しているように、ジェンダーは、可変的な自由意志で選択できるものなのか。そのような場合の「構築」は、突きつめれば選択の一形態なのか。ひとが女に「なる」、しかもつねに文化の強制のもとで女になると、ボーヴォワールは明快に述べている。しかもこの強制が生物学的な「セックス」に由来するものでないことも、そこでは明らかである。女になる「ひと」が、かならずメスでなければならないとは、彼女はどこにも言っていない。もしもボーヴォワールが言うように「身体は状況である(13)」ならば、文化的意味によってつねにすでに解釈されてこなかった身体に頼ることはできない。したがってセックスは言説以前の解剖学的な事実性だと言うことはできない。実際セックスは、定義から言っても、これまでずっとジェンダーだったことが明らかにされるだろう(14)。

構築の意味にまつわるこの議論は、自由意志と決定論のあいだのいつもの哲学上の二元論に足をすくわれているようだ。その結果、思考に対してなされるのと同じ言語上の制約が、この論争の条件を形成すると同時に、それを限定しているように思われる。その条件下では、「身体」は、そのうえに文化的意味が書き込まれる受け身の媒体のように見えることもあれば、あらゆるものを利用し解釈しようとする意志が、自分に有利なように文化的意味を決定していくときの道具のように見えることもある。どちらの場合も身体は、一対の文化的意味が外側から付け加えられるだけの、単なる道具や媒体だと考えられている。しかし「総称《ザ》としての身体《ボディ》」は、ジェンダー化された主体領域を構築している無数の「個々の身体《ボディーズ》」と同様に、それ自体が構築されたものである。ジェンダーのしるしが付けられる以前に、意味ある実在が個々の身体のなかにあったと言うことはできない。そこで疑問が起こる。身体はジェンダーのしるし（あるいは複数のしるし）のなかで、それをつうじて、どの程度、存在するようになるのか。もはやわたしたちは、非物質的な意志の力で活性化されるのを待っている受動的な媒体や道具として、身体のことを考えることはできない。では、身体をどのように考えなおせばよいのか。(15)

　ジェンダーやセックスが固定されたものか、それとも自由なものかという問題の立て方こそ、のちに示すように、分析に何らかの限定をもうけたり、ある種の人間主義《ヒューマニズム》の信条をどのようなジェンダー分析にも存在する前提として擁護しようとする言説の、機能なのである。「セックス」であれ、「ジェンダー」であれ、「構築」の意味そのものであれ、そのなかで執拗に可変性を阻んでいる部分はどこなのかを知れば、今後の分析によってどんな文化の可能性が起動しうるか、しえないかを知ることができる。ジェンダーを言説の面から考察するときの分析の範囲が、文化の内部で想像しうる、また実現しうるジェンダーの配置を、まえもって仮定し、まえもって決めてしまう。これはべつに、いかなるジェンダーの可能性、あらゆるジェンダーの可能性が開かれているということではない。そうではなくて、分析の範囲が、言説によって条件づけられる経験の範囲を示してしまうのである。こういった経験の範囲は、普遍的な合理性をもつ言語として現われる二元構造に基づく覇権的な文化の言説のなかに、つねに設定されているものである。したがって、想像しうるジェンダー領域として言語によってつくられるもののなかに、制約はあらかじめ組み込まれているのである。

　社会科学者はジェンダーを、分析の「因子」とか「次元」として言及する一方で、それを生物学的、言語的、および／または文化的差異の「しるし」として、身体をもつ人間にも適用する。後者の場合は、ジェンダーは（すでに）セックスによって差異化された身体が身におびる意味づけだが、そのときも、対立する片方の項との関係においてのみ可能な意味づけとして理解されている。フェミニズムの理論家のなかには、ジェンダーは「関係」――実際には「一対の関係」――であって、個人の属性ではないと主張する人もいれば、ボーヴォワールにならって、こう主張する人もいる。女のジェンダーだけがしるしづけられ、男のジェンダーは普遍的人間と融合してひとつのものとなる。ゆえに、女はセックスによって定義づけられるが、男は身体を超越した普遍的な人間性をもつものとして崇められるのだと。

リュス・イリガライはこの議論をさらに精密にして、アイデンティティにかかわる言説では、女は矛盾とは言わないにしても、逆説を作りだすと言う。女は「ひとつ」ではない「セックス」である。あまねく浸透している男性中心主義の言語――男根ロゴス中心主義の言語――の内部では、女は表象不能なものを構築する。換言すれば、女は思考できないセックス、つまり言語上の不在や不透明さを表象している。単声的な意味づけに安住する言語においては、女のセックスは抑制できないもの、名づけえないものを構築する。この意味で、女は「ひとつ」のセックスではなく、多数のセックスである。(16) 女は《他者》と名づけられていると主張するボーヴォワールとは逆に、イリガライは、主体も《他者》も両方とも、男社会を支える大黒柱であって、女性的なものを完璧に排除することによって全体化という目的を達成する閉じた男根ロゴス中心主義の意味機構《エコノミー》を支えるものだと言う。ボーヴォワールにとって、女は男の否定形であり、男のアイデンティティがそれに照らして自らを差異化する欠如であった。だがイリガライは、まさにこの弁証法そのものが、それとは異なったまったくべつの意味機構を排除するシステムを作り出していると言う。意味する主体と意味される《他者》というサルトル流の枠組みでは、女は誤って表象されるが、それだけでなく、この意味づけの誤りこそ、表象の構造全体が不適切なものであることを如実に示している。だからこそひとつでないセックスは、覇権的な西洋の表象作用や、主体概念を構築している実体の形而上学を批判するときの、出発点となりえるのである。

では実体の形而上学とは何か。それがどのように、セックスのカテゴリーに関する思考に浸透しているのか。まず第一に、人間主義が唱える主体概念では、さまざまな本質的また非本質的な属性をになう実体として、ひとを想定する傾向がある。だから人間主義的なフェミニズムの立場では、ジェンダー化される以前の実体、あるいは「核」とみなされているひと──つまり理性や、道徳的思慮や、言語に対する普遍的な能力をしめす、ひとと呼ばれるもの──の一つの属性として、ジェンダーが理解されることになる。そしてひとというこの普遍的概念は、歴史学者や文化人類学者によって、ジェンダーに関する社会学の理論の出発点とされ、ジェンダーは、ある特定の文脈において社会的に構築される主体間の関係だと理解されるようになった。この相対的、文脈的な視点では、あるひとが何で「ある」[17]か、どんなジェンダーで「ある」かは、それを決定する社会構築された関係と、つねに関連している。ジェンダーは、文脈によって異なる変化する現象なので、実体的な存在を意味するものではなく、ある特定の文化や歴史のなかの種々の関係が収束する相対的な点にすぎないものである。

けれどもイリガライなら、女という「セックス」は言語上の不在の点であり、その実体を文法的に明示することが不可能なものであり、ゆえにそのような実体は、男中心の言説が持続的で基盤主義的な幻想であることをあばくものだと主張するだろう。だからこの種の不在は、男中心の意味機構のなかでは、そのものとしてしるしづけられることはない──この点では、男のセックスはしるしづけられていないが、女のセックスはしるしづけられているというボーヴォワールの（そしてウィティッグの）主張を逆転させる。イリガライにとっては、女というセックスは、内在的に、また反面的に、主体を男性的なものとして定義する「欠如」でもなければ、「《他者》」でもない。そうではなくて女というセックスは、

「《他者》」でもなければ、「欠如」でもなく、つまり男根ロゴス中心主義の計略に内在するサルトル的な主体にかかわるようなカテゴリーではないので、表象されるための必要条件をうまくすり抜けていく。だからイリガライにとっては——ボーヴォワールもべつのかたちで言おうとしたのだが——女性的なものは、主体のしるしにけっしてなれないのである。さらにまた女性的なものは、どのような言説の内部にも存在する男性的／女性的という確定的な関係を前提とした議論では、（そもそも言説というのが、この場合に適切な概念ではないので）どうしても理論化することができないものである。結局、言説は、それがどのように多様なものであっても、男根ロゴス中心主義の言語の様態を、ただ数多く作りだしているにすぎない。したがって女というセックスは、ひとつではない主体でもある。シニフィアンとシニフィエの閉じた循環を構成しているのが男性的なものであるような意味機構では、男性的／女性的という関係を表象することはできない。皮肉なことにボーヴォワールが『第二の性』のなかで、男は女の問題を解決することができない、なぜなら男はこの件に関して、裁判官と当事者の両方を演じているからだと言ったとき、この表象の不可能性を予示していたのである。[18]

これまで述べてきた立場は、じつはそれほど区別できるものではない。どれも、社会的に制定されたジェンダーの非対称性の文脈のなかで、「主体」と「ジェンダー」の両方の位置と意味を問題にしたものだと理解できる。ジェンダーを解釈する可能性は、これまで述べてきた選択肢に尽きるものではない。フェミニズムがジェンダーを検証しようとするとき、往々にして問題の多い堂々巡りに陥る。この堂々巡りは、一方にジェンダーはひとの二義的な特徴だという見方があり、他方で、言語のなかで「主体」として位置づけられるひとという概念は、そもそも男中心の構築物であり、男の特権であって、ゆえに女のジェンダーという構造上・意味論上の可能性は結果的に排除されているという見方があるために、なお強調される。ジェンダーの意味をめぐって、このように鋭い意見の対立があるからこそ（つまり、議論すべき用語はジェンダーなのか、あるいは、セックスが言説によって構築されていることの方がもっと根本的な問題なのか——つまりたぶん、女たちか女、および/または、男たちと男——といったことがあるからこそ)、根本的にジェンダーが非対称的な状況におけるアイデンティティ・カテゴリーについて、それこそ根本的に考えなおす必要が生まれてくるのである。

ボーヴォワールによれば、女性蔑視の実存的な分析では、「主体」はつねにすでに普遍と融合した男であり、つまり、ひとであるための普遍的な規範のそとにいる女という《他者》から——すなわち「特殊」にしかなれず、身体的存在とされ、内在性を宣告された《他者》から——みずからを差異化している男なのである。ボーヴォワールは、結果的には実存的な主体となってしまうような女の権利を求め、それによって抽象的な普遍の次元に吸収されることを求めたと捉えられることもあるが、彼女の立場はまた、抽象的で認識論的な男の主体の、まさにその脱身体化の欺瞞を、鋭く批判するものでもある。[19] そういった主体は抽象的だとみなされてはいるが、それは、自分が社会的にしるしづけられている身体をもっていることを否認し、さらに、自分が否認し蔑んだ身体性を女の領域に投影して、それによってうまく身体を女のものだと呼びかえた程度に、抽象的だというだけである。このようにして身体と女を結びつけることは、さらに魔法のような相互作用を引き起こして、女というセックスを身体に限定し、男の身体は——そんなものは存在しないと男から否認されているのだが——奇妙なことに、究極的な自由らしきものを媒介する非肉体的なものとなるのである。ボーヴォワールの分析は、暗に次のような問いを投げかけている——どのような否定と否認の行為によって、男性的なものが身体をもたない普遍の位置につき、女性的なものが否認されるべき肉体性として作り上げられるのか。ジェンダーの非対称という非互恵的な条件のなかでこのように説明しなおされる主人=奴隷の弁証法は、男中心の意味機構が実存的な主体のみならず、その《他者》さえも含みこむとイリガライがのちに描く世界を、まえもって暗示しているのである。

　ボーヴォワールは、女の身体は女の自由の場や手段にならねばならず、女を境界づけたり、限界づける女の本質となってはならないと主張した。[20] ボーヴォワールの分析の特徴である身体性の理論は、自由と身体というデカルト的な二分法を無批判に反復しているために、その理論には明らかに限界がある。わたし自身はさきほど逆のことを言おうとしてきたのだが、ボーヴォワールは精神と身体の統合を提起しているときですら、この二分法を保持していると思われる。[21] この区別を依然として保持しているということは、ボーヴォワールが過少評価している男根ロゴス中心主義のあらわれと読むことができる。プラトンから始まり、デカルト、フッサール、サルトルへとつづく哲学の伝統のなかでは、魂（意識、精神）と身体の存在論的な区別が、終始一貫して政治的、精神的な従属関係や階層秩序を支えてきた。精神は身体を従属させるだけでなく、ときとして身体からまったく逃げおおせるという幻想をもつことすらある。文化のなかで精神が男性的なものに、身体が女性的なものに結びつけられてきたことは、哲学とフェミニズムの資料によってじゅうぶんに裏づけられる。[22] このような精神／身体の区別が、暗黙のジェンダーの階層秩序を慣習的に生みだし、温存し、理論化してきたがゆえに、この区別の無批判な再生産は、どのようなものであれ、ここでぜひ考えなおしてみる必要がある。

　ボーヴォワールの場合、「身体」は言説の構築物であり、「自由」とは無縁だということから一歩進んで、精神／身体の区別はジェンダーの非対称の執拗さを示すものと捉えて、それをジェンダーの軸にそって着目していくことはできなかった。公的にボーヴォワールが主張していることは、ただ、男中心の言説のなかでは女の身体はしるしづけられているが、普遍と融合した男の身体はしるしづけられていないということだけだった。他方イリガライがはっきりと述べていることは、しるしづける者もしるしづけられる者も、両方とも、男中心の意味づけの様式のなかに包含されたものであり、そこでは女の身体は、意味づけが可能な領域から、いわば「しるしをつけて追い払われている」ということである。ポスト・ヘーゲル的な言葉を使えば、女は保持されているのではなく、「無効にされている」のである。イリガライの読みでは、女は「セックスである」というボーヴォワールの主張は裏返されて、女はそう呼ばれているようなセックスではなくて、他者の様態でふたたび［encore］（そして肉体をもって［en corps］）練り歩いている男のセックスなのである。イリガライにとっては、女のセックスを意味づける男根ロゴス中心主義のやり方は、自己拡大を願う欲望の幻想を際限なく再生産するものである。男根ロゴス中心主義は、女に他性や差異の場所を与えるような自己制限的な言語の身ぶりはおこなわず、女性的なものを自分の存在で覆い隠してそれにとって代わるために、名を与えるのである。

四　二元体、一元体、そのかなたの理論化

ジェンダーの非対称を再生産する基本構造については、ボーヴォワールとイリガライでは明らかに意見が異なっている。ボーヴォワールが注意を向けるのは、非対称的な項目間の弁証法では両者の相互作用をえることは不可能だという点であり、イリガライが主張するのは、その非対称的な弁証法そのものが、男中心の意味機構がおこなう一方的な説明だということである。イリガライはたしかに、男中心の意味機構がいかに認識論的、存在論的、論理的構造をなしているかをあばいてみせ、それによってフェミニズム批評の視野を拡大した。しかし彼女の分析の力は、分析の範囲をあまりにも広げてしまったために、弱まってしまった。いったい性差が生み出されるさまざまな文化的、歴史的文脈を横断して存在する、一方的で一枚岩的な男中心の意味機構を同定《アイデンティファイ》することなどできようか。ジェンダーの抑圧が作動するさいの個々の文化の個別性を認めないことは、一種の認識論的な帝国主義なのではないか。個々の文化の差異を、いかなる場合も同一である男根ロゴス中心主義の「例」として説明するだけでは、とうていそのような帝国主義を改めることにはならない。さまざまな《他者》の文化を、世界規模の男根ロゴス中心主義が多様に拡大したものとしてしか見ず、それに包括してしまうことは、そうでなければ

全体化の概念に疑義をつきつけたかもしれないさまざまな差異を、同一性の記号のもとに植民地化することになる。したがってそれは、男根ロゴス中心主義の勢力拡大の身ぶりを、みずから反復してしまう危険性をもつ行為——あらゆるものを自分のなかに取り込もうとする占有行為——なのである。[23]

フェミニズム批評は、男中心の意味機構がおこなう全体化の主張を子細に検討する必要があるが、同時に、フェミニズム自身の全体化の身ぶりについても、終始一貫して自己検証をおこなっていかなければならない。敵を単数形で見てしまうことは、抑圧者とべつの条件を提示することにはならず、抑圧者の戦略をこちらが無批判に模倣する裏返しの言説になってしまう。そういった戦法が、フェミニズムの文脈でも反フェミニズムの文脈でも同様に作用しうることは、植民地化の身ぶりそのものが、そもそも、あるいは最終的に、男中心主義のものではないことを示している。そういった戦法はジェンダー以外の場所でも作用して、二、三例を挙げてみるだけでも、人種差別や階級差別や異性愛主義における隷属関係をもたらすために作用している。しかもここで明らかなことに、今述べたようにさまざまな抑圧構造を列挙することは、それらの抑圧がひとつの水平面に隣合わせにつながっていると考えるものだが、この考えでは、それらの抑圧が社会のなかで折り重なって存在している様子を説明することはできない。だが垂直モデルもまた、じゅうぶんではない。さまざまな抑圧を要領よくランクづけ、それらの因果関係を説明し、それらを「起源」と「派生」の各場所に分布させることなど不可能である。[24] 弁証法的な取り込みという帝国主義の身ぶりによってある部分構造化される権力の磁場は、性差の軸をのりこえ、またそれを取り巻いているものである。それはまた、さまざまな差別が互いに交錯している地図を描くが、この地図上のさまざまな差別は、男根ロゴス中心主義であれ、「抑圧の根源的条件」の位置につける他のどんなものであれ、その内部で簡単に階層づけられるものではない。弁証法的な取り込みや《他者》弾圧は、男中心の意味機構のみがおこなう戦法ではない。たしかにおもに男中心の領域を拡大し、それを理論づけるために機能してはいるが、それだけのために配備されているのではない他の多くの戦法のひとつにすぎない。

本質主義にまつわる現在のフェミニズムの論争は、女というアイデンティティの普遍性や、男中心の抑圧の普遍性に関して、べつの方面でも問題を提起している。普遍主義の主張には、共通のあるいは共有した認識論的な立場があることが前提とされ、そのような立場は、はっきりと言語化された意識や共有される抑圧構造として理解されたり、または、女性的なもの、母性、セクシュアリティ、および／または女の書きもの《エクリチュール・フェミニン》といったように、一見して文化を超越する構造のなかに存在しているとみなされる。本書の冒頭で述べたことは、「女」というカテゴリーは規範的なもの、排他的なものであり、このカテゴリーが引きあいに出されると、かならず階級や人種的特権の次元はしるしづけられないまま放っておかれると主張する女たちのなかから、この包括化の身ぶりに対して多くの批判が生まれてきたということであった。換言すれば、女というカテゴリーの一貫性や統一性に固執すれば、具体的な種々の「女たち」が構築されるさいの文化的、社会的、政治的な交錯の多様性を、結果的に無視してしまうことになる。

「女」というカテゴリーの中身をまえもって定めないような連帯の政治をうちたてる試みも、いくつかなされてきた。取りあえずの連帯という枠組みのなかでは、今までの方策とは異なって、さまざまな立場の女が各々のアイデンティティを表明しうる対話的な出会いの場がもたらされる。たしかにこの種の連帯の政治の利点は、けっして過少評価すべきではない。しかしこの種の連帯の形態、すなわち、さまざまな立場が取りあえず、予測なく集合している形態は、まさにその形態ゆえに、それがどういうものかをまえもって思い描くことは不可能である。けれども連帯の理論家は、民主化という動機から連帯を樹立しようとしているにもかかわらず、連帯の構造の理想的な形態をまえもって示そう――つまり統一を結果的に保証するような形態を示そう——として、知らず知らずのうちにみずからを最高権力者として、そのプロセスのなかにまたしても嵌め込んでしまうのだ。さらにこのことに関連して、連帯の理論家は、何が本当の対話形式で、何がそうでないか、また主体の位置を構築するのは何か、さらに重要なことは、いつ「統一」に至るかを決定しようと心をくだき、それによって、連帯のダイナミズム——自分で自分を形成し、自分で自分の境界を定めるというダイナミズム——を損なってしまうのである。

まえもって連帯の「統一」を目標とするのにこだわる背景には、どのような代価を支払っても、団結こそが政治行動の前提条件だとみなす仮定がある。けれども統一の先物買いを必要とするこの種の政治とは、どのようなものなのか。おそらくそもそも連帯というのは、その内部の矛盾を認め、それはそのままにしながら政治行動をとるはずのものではないか。またおそらく対話による理解が引き受けなければならない事柄のひとつは、相違や亀裂や分裂や断片化を、しばしば苦痛をともなう民主化のプロセスのひとつとして受け入れることではないか。「対話」という概念そのものが文化によってまちまちであり、またこの概念は歴史的な制約も受けてきたので、対話している片方は会話が進行していると安心していても、他方は絶対にそうでないと思っているかもしれない。だから対話の可能性を条件づけ、制限づけている権力関係はどういうものかを、まずはじめに問わなければならない。さもなければ対話モデルは、語っている行為者《エイジェント》がみな同じ権力位置にいて、何が「同意」で、何が「統一」かについて全員が同じ前提で話をし、また実際に、「同意」や「統一」こそが達成すべき目標だと仮定するようなリベラル・モデルのなかに、逆戻りしてしまう危険性をもつことになる。まず「女」というカテゴリーがあり、それを完全なものにするには人種・階級・年齢・民族・セクシュアリティといったさまざまな要素を単純に充填していけばいいとまえもって仮定してしまうなら、それはまちがいだ。カテゴリーとは本質的に不完全なものだと仮定することによってのみ、そのカテゴリーを、さまざまな意味が競合する永遠に使用可能な場として機能させることができる。そうなれば、カテゴリーの定義上のこの不完全さが、強制力から解放された基準的な理想として機能しうるものになるかもしれない。

「統一」は、有効な政治行動に必要なものなのか。統一という目標に早まって固執することこそ、戦列のあいだに、さらにひどい分裂をおこす原因とならないか。分裂していると思われている形態の方が、女というカテゴリーの「統一」を前提とせず、それを希求しないがゆえに、連帯行動を促進するのではないか。「統一」というのは、アイデンティティの次元で団結という排他的な規範を打ち立ててしまうので、その結果、アイデンティティの概念の境界を攪乱したり、その攪乱をはっきりとした政治目標とする一連の行動の可能性を、組織的に排除してしまうのではないか。「統一」は――それが前提であれ目標であれ――つねに概念レベルで制定されるものなので、そのような前提や目標をもたない暫定的な個々の統一であれば、アイデンティティを明確化することを目的としない具体的な行動のなかに出現するかもしれない。フェミニズムの行動は何らかの安定して統一的で、皆が同意しているアイデンティティによってなされるべきだという強制的な要請がなければ、フェミニズムの行動はもっと速やかに始まるし、また「女」というカテゴリーの意味が永久に非現実的だと感じている多数の「女たち」にとって、その行動はもっと好ましいものと思えるだろう。

連帯の政治に対するこの反基盤主義的なアプローチが想定している事柄は、「アイデンティティ」は前提ではないこと、また連帯している集合体の意味や形状は、その実現以前には知りえないということである。現在使用可能な文化条件の内部でアイデンティティを説明してしまうと、政治行動のなかで――それをつうじて――新しいアイデンティティの概念が出現する可能性を、まえもって締め出す定義を立ててしまうことになる。そのような基盤主義的な戦法では、現在のアイデンティティ概念の変容や拡大を、その基準目標とすることはできない。またさらには、合意済みのアイデンティティとか、すでに確立されたアイデンティティが伝達されるだけの合意済みの対話構造とかが、もはや政治テーマや政治論題とならなくなったとき、そのときアイデンティティは、アイデンティティを構築する具体的な実践にしたがって、生まれ、また消滅しうるものとなる。ある種の政治実践は、目のまえの目標を達成するためにつくられる偶発的な基盤にしたがって、アイデンティティを設定していく。連帯の政治は、「女」というカテゴリーを拡げる必要もなければ、その複雑さを一度に示せるような内的多様性を秘めた自己も必要としないのである。

　ジェンダーとは、その全体性が永久に遅延されるような複雑さであって、ある特定の瞬間に全容が現れ出るものではない。だから開かれた連帯というのは、目のまえの目標にしたがってアイデンティティが設定されたり、放棄されたりするのを認めるものである。それは、定義によって可能性を閉じてしまうような基準的な最終目標《テロス》にしたがうことなく、多様な収束や分散を容認する開かれた集合なのである。

五　アイデンティティ、セックス、実体の形而上学

それなら「アイデンティティ」によって意味されるものは、何だろう。またアイデンティティは自己同一的《アイデンティカル》で、時を超えてつねに同じで、統一されていて、内的首尾一貫性を備えたものだという前提を基礎づけているものは、何だろう。さらに重要なことだが、こういった仮定はどのように、「ジェンダー・アイデンティティ」についての言説を特徴づけているのか。「ひと」が理解可能となるのは、ジェンダーの理解可能性の認知可能な基準にしたがってひとがジェンダー化されるときだという理由だけで、「アイデンティティ」の議論をジェンダー・アイデンティティの議論に先行させるべきだと考えるなら、それは誤りである。社会的可視性や社会的意味をひとに与えるさまざまな役割や機能のまえに、行為体《エイジェンシー》が存在論的に存在していると主張する相も変わらぬ考え方で、社会学はひとという概念を理解しようとしてきた。同様に哲学の言説においても、「ひと」の概念を分析的に説明するさいには、ひとをその「なかに」包含する社会的文脈はすべて、ひとを定義している構造――意識であれ、言語能力であれ、道徳的思慮であれ――に、外側から関与しているにすぎないとみなしてきた。本書ではそれらの文献を子細に検討することはせず、そうした分析の前提のひとつを批判的に考察して、その前提をくつ

がえすことに焦点を当てよう。哲学的説明では、「ひとのアイデンティティ」を構築しているのは何かという問題は、たいてい、そのひとのどのような内的特質が、時を超えて、そのひとの連続性や自己同一性を確立しているのかという問題になるが、本書が設定する問題は以下のようなものである。つまり、ジェンダー形成やジェンダー区分を規定していく実践は、どの程度アイデンティティ――主体の内的首尾一貫性、実際には、ひとの自己同一的な位置――を構築するものなのか。どの程度「アイデンティティ」は、経験を記述した特質ではなく、規範的な理念なのか。またジェンダーを支配している規制的な実践は、文化的に理解可能なアイデンティティという概念をも、なぜ支配するのか。言葉を換えれば、「ひと」の「首尾一貫性」とか「連続性」というのは、ひとであるための論理的、解剖学的な特性ではなく、むしろ、社会的に設定され維持されている理解可能性の規範なのである。セックスとかジェンダーとかセクシュアリティといった安定化概念によって「アイデンティティ」が保証されるなら、「ひと」という概念が疑問に付されるのは、「首尾一貫しない」「非連続的な」ジェンダーの存在が出現するときである。なぜならそのような存在は、ひとのように見えはしても、ひとが定義されるときの文化的に理解可能なジェンダー規範には合致しないものであるからだ。

「理解可能な」ジェンダーとは、セックスと、ジェンダーと、性的実践および性的欲望のあいだに、首尾一貫した連続した関係を設定し、維持していこうとするものである。換言すれば、連続せず首尾一貫していない奇妙な代物は、連続性と首尾一貫性という既存の規範との関係によってのみ思考可能となるので、こういった奇妙な代物をつねに禁じると同時に生みだしているのは、まさに、生物学的なセックスと、文化的に構築されるジェンダーと、セックスとジェンダー双方の「表出」つまり「結果」として性的実践をとおして表出される性的欲望、この三者のあいだに因果関係や表出関係を打ち立てようとする法なのである。

フーコーが皮肉を込めて語ったような、セックスの「真実」があるかもしれないという考え方を生みだしているものは、まさに、首尾一貫したジェンダー規範というマトリクスをつうじて首尾一貫したアイデンティティを産出している規制的な実践なのである。欲望の異性愛化は、「オス」や「メス」の表出と考えられている「男らしさ」や「女らしさ」という、明確に区別された非対称的な対立を生産するよう要請し、そしてその対立を制定するものである。ジェンダー・アイデンティティを理解可能なものにしている文化のマトリクスにおいては、ある種の「アイデンティティ」は「存在する」ことができない――つまり、ジェンダーがセックスの当然の帰結でないようなアイデンティティや、欲望の実践がセックスやジェンダーの「当然の帰結」でないようなアイデンティティは存在できない。この場合の「当然の帰結」とは、セクシュアリティの形状や意味を確立し規制している文化の法によって制定されている政治的な必然のことである。事実、ある種の「ジェンダー・アイデンティティ」は、文化の理解可能性の基準に合致しないがゆえに、その文化のなかでは、発達上の失敗とか、論理的不可能性としてしか現れない。だがこの種のものがつねに存在し、増殖していることは、理解可能性の領域に限界があることや、それが規制目的をもっていることをあばき、その結果、その理解可能性というマトリクスの枠のなかでそれに対抗し、それを攪乱させるような、ジェンダー混乱の多様なマトリクスを切り拓く批判の機会を与えるものとなる。

だがジェンダーを混乱させるそのような実践について考察するまえに、「理解可能性のマトリクス」について考えてみることが肝要だと思われる。それは単数なのか。それを構成しているものは何か。セックスのアイデンティティ概念を確立する言説上のカテゴリーと、強制的異性愛の制度のあいだにあると考えられている特殊な結びつきとは、何なのか。もしも「アイデンティティ」が、言説実践の結果であるなら、セックスとジェンダーと性的実践や性的欲望との関係だと考えられているジェンダー・アイデンティティは、どの程度まで、強制的異性愛とみなしうる規制的な実践の結果なのか。しかしこう説明してしまうと、ジェンダー抑圧をおこなう一枚岩的な原因として、強制的異性愛が男根ロゴス中心主義にとってかわるだけの、別種の全体化の枠組みに、またしても戻ってしまうことにはならないか。

フランスのフェミニズムやポスト構造主義の理論領域を見わたせば、セックスのアイデンティティ概念を生みだすと理解されている権力体制はまちまちであることがわかる。たとえばイリガライのように、セックスは男のセックスひとつしかなく、それも《他者》を生産するなかで、それをつうじて、作りあげられるという説と、フーコーのように、男のセックスであろうと女のセックスであろうと、セックスというカテゴリーは、セクシュアリティを次々と規制していく機構《エコノミー》によって生産されるという説のあいだの隔たりを考えてみればよい。また、セックスというカテゴリーは強制的異性愛の条件下ではつねに女である（男性的なものにはしるしがつけられず、それゆえ「普遍」と同義となる）と主張するウィティッグの説を考えてみればよい。だが皮肉なことに、ウィティッグが、異性愛支配をくずし放逐することによってセックスのカテゴリーそのものが消滅する――実際には散逸する――と主張するとき、彼女はフーコーと意見を同じくしているのである。

今挙げたさまざまな説明モデルは、権力の磁場をどう分節化するかによってセックスのカテゴリーの理解が大幅に異なることを示している。こういった権力の磁場の複雑さはそのままにしたままで、それらの生産能力をひとつにまとめて思考することは可能だろうか。一方ではイリガライの性差理論が語っているのは、西洋文化の慣習的な表象システムは表象のフェティッシュを作りだし、その結果、表象不能なものをつねに生みだすので、そのようなシステムの内部にある「主体」モデルで女を理解することは不可能だということである。そのような実体の存在論では、女はけっして「ある」ことができない。なぜなら女は、差異の関係、排除されたもの、それによってその領域を区切るようなものであるからだ。

また女は、つねにすでに男である主体の単なる否定——つまり《他者》——として理解することができないような「差異」である。まえに述べたように、女は主体でも、その《他者》でもなく、このような二元的な対立機構——男性的なものを一方的に作り上げる策略——からの差異である。

しかしこういった見解すべての中心にあるのは、セックスは覇権的な言語のなかで実体として見えている——形而上学的に言えば、自己同一的な存在として見えている——という考え方である。このように見えるのは、ひとえに、セックスやジェンダーで「ある」ことの根本的な不可能さを隠蔽する言語および／または言説のパフォーマティヴな捩じれのためである。イリガライにとって文法は、肯定的で表象可能な二項間の関係という、ジェンダーの実体モデルを支えるものなので、けっしてジェンダー関係の真の指標とはなりえない[25]。イリガライの見方では、ジェンダーに関する実体的な文法は、男と女を想定し、それらの属性として男性的なものと女性的なものを想定しているので、男中心の単声的で覇権的な言説、つまり男根ロゴス中心主義をうまく隠蔽して、女性的なものを破壊的な多様性の場所に押し込め沈黙させる二元的な考え方の、ひとつの例なのである。フーコーによれば、セックスに関する実体的な文法は、両性のあいだに人工的な二元関係を押しつけると同時に、その両方の項の内部に人工的な内的首尾一貫性も押しつけるものであり、このセクシュアリティの二元的な規制が、異性愛や生殖や法医学の支配を打ち砕くようなセクシュアリティの撹乱的な多様性を、抑圧しているのである。

他方ウィティッグによれば、セックスの二元論の制約は、強制的異性愛の制度の生殖目的に寄与するものである。おりにふれ彼女は、強制的異性愛を打倒すれば、セックスの拘束から解放された、「ひと」を念頭におく真の人間主義が始まると言う。またべつの文脈では、男根ロゴス中心主義ではないエロスの機構が横溢し伝播すれば、セックスやジェンダーやアイデンティティといった幻想の産物は追い払われるだろうと示唆する。さらにべつのテクストでは、強制的異性愛の制度によって押しつけられているセックスの二元論の制約を超えうる第三のジェンダーとして、「レズビアン」がたち現れると言うときもある。「認識主体」を容認するウィティッグは、意味作用や表象の覇権的な様式に対しては、形而上学的な争いはしないらしい。事実、自己決定能力をそなえる主体は、実存的な選択をおこなう行為者《エイジェント》がレズビアンという名のもとに復権したもののように思われる。いわく、「個人主体の到来は、まずセックスのカテゴリーの破壊を要求する〔…〕レズビアンこそ、わたしが知るかぎり、セックスのカテゴリーを超える唯一の概念である」(26)。家父長的でしかありえない象徴界のルールにしたがえば、「主体」はつねに男となるが、彼女は主体概念そのものは批判せず、その代わりにその位置に、言語の使用者としてのレズビアンの主体という、それと等価のものを置くことを提案するのである(27)。

ウィティッグと同様にボーヴォワールにとっても、女をセックスと同一視することは、女というカテゴリーと、女の身体の性的特質と思われているものを融合させることであり、それによって、男が享受するとされている自由や自律性を、女には与えないということである。したがってセックスのカテゴリーの粉砕は、女性蔑視の提喩の身ぶりによってひととか自己決定するコギトの代わりとなっている属性――セックス――を粉砕するものとなる。換言すれば男だけが「ひと」であり、女以外のジェンダーは存在しないのである。

ジェンダーは、両性間の政治的な対立関係の言語上の指標である。ジェンダーはここでは単数形で使われているが、その理由は、実際に二つのジェンダーは存在していないからである。ジェンダーはひとつしかない。それは女性性というジェンダーである。「男性性」はジェンダーではない。なぜなら男性性は、普遍性であるからだ(28)。

したがってウィティッグがセックスの粉砕を要求するとき、その目的は、女が普遍的な主体の地位につくことである。その粉砕へいたる道筋で、「女」は特殊と普遍の両方の視点を持たなければならない[29]。自由をとおして具体的な普遍性を実現できる主体となるウィティッグのレズビアンは、実体の形而上学の前提となっている人間主義の理念の規範的な約束事に、異議を唱えるというよりも、むしろそれを追認するものである。この点でウィティッグはイリガライと袂を分かっているが、その理由は、今では周知のものとなった本質論と唯物論の対立のせいだけでなく[30]、人間主義の規範的なモデルをフェミニズムの枠組みとして追認することによって、ウィティッグが実体の形而上学にいまだに囚われているからである。ウィティッグは、レズビアンの解放というラディカルな企てに名をつらね、「レズビアン」と「女」の区分を強く主張しているようにみえるが、このとき彼女は、自由とみなされているジェンダー化される以前の「ひと」を擁護することによって、それをおこなっているのである。これは、人間の自由を社会のまえに存在する状態とみなす考え方の追認であるばかりでなく、セックスのカテゴリーそのものを生み出し、それを自然なものと詐称する責を負う実体の形而上学に、参与することでもある。

実体の形而上学とは、哲学的言説に対する現代の批判のなかでは、ニーチェに関連づけられている言葉である。ニーチェを解説して、ミシェル・アールは次のように言う。主語と述語の文法公式は、それに先行する実体や属性という存在論的な現実を反映していると信じられているために、このような信仰のなかで育まれた「《存在》」や「《実体》」という幻想によって、多くの哲学の存在論が足をすくわれてきた。アールによれば、こういった構築物は、単一性や秩序やアイデンティティを結果的に制定する人為的な哲学手段を構築する。けれどもそれらはけっして、物事の真の秩序を明らかにしたり、表現したりするものではない。わたしたちの目下の論のために、このニーチェ的な批判を、ジェンダー・アイデンティティに関する、非常に馴染み深い理論的な思考を支配している心理学上のカテゴリーに当てはめてみれば、有益だろう。アールによれば、実体の形而上学に対する批判は、心理学上のひと（人格）を実体的な事物とみなす思考への批判を暗示するものである。

系譜学という手段をつかって論理を破壊することは、同時に、この論理に基づいてつくられた心理学上のカテゴリーを崩壊させることである。すべての心理学上のカテゴリー（自我、個人、人格）は、実体的なアイデンティティという幻想から派生したものである。だがこの幻想は、そもそも常識だけでなく、哲学者をも欺く迷信にまで遡る——つまり言語に対する、もっと正確に言えば、文法カテゴリーの真実性に対する信仰にまで遡る。「われ」が「思う」主体であるという確信をデカルトにいだかせたのは、まぎれもなく文法（主語と述語の構造）なのだが、むしろ思考が、「われ」のところに到来するのである。そもそも文法への信仰があるからこそ、思考の「原因」になろうとする意志が出現する。主体、自己、個人は、ただその数だけ存在する偽りの概念にすぎない。なぜならそういった概念が、当初は単に言語的現実しかもっていなかった架空の統一体を、実体に変えてしまうからである。[31]

言語においてひとはジェンダーのしるしなしに意味づけられることはないと言うことによって、ウィティッグはべつの批判をおこなっている。彼女はフランス語のジェンダーの文法を、政治的に分析する。ウィティッグによれば、ジェンダーはひとを明示して、いわば「資格づける」だけでなく、二元的なジェンダーを普遍化させる概念的な認識も構築するものである。フランス語はひとだけでなく、すべての名詞にジェンダーを与えるが、ウィティッグは、英語にとっても彼女の分析は重要な意味をもっと主張する。「ジェンダーのしるし」（一九八四年）の冒頭で、彼女は次のように述べる。

文法学者によれば、ジェンダーのしるしは実体詞にかかわるものである。彼らはそれについて機能の面から語る。もしもその意味を問題にすることがあっても、ジェンダーは「架空のセックス」だと言って、笑いとばすだろう。〔…〕だが人称のカテゴリーに関するかぎり、〔英語とフランス語は〕両方、同じ程度にジェンダーを伝えるものである。事実どちらの言語も、言語のなかで存在をどちらかのセックスに区分しようとする原初的な存在論の概念にしたがっているのである。〔…〕《存在》の本質を論じる存在論の概念として、また同じ思考系列に属する他のあまねく原初的な概念とともに、ジェンダーは、そもそも初めから哲学に属するものと考えられる。(32)

ウィティッグにとっては、ジェンダーが「哲学に属する」ということは、「哲学者がそれなしで論理を展開することが不可能だと考えるような自明の概念群に属しているということで、彼らにとってその概念群は、それがそもそもいかなる思考にも、いかなる社会秩序にも先行する存在であるがゆえに、自明の事柄なのである(33)」。ウィティッグの見解は、語尾活用することによって、何も考えずに「存在」をジェンダーや「セクシュアリティ」に帰着させる、あの馴染み深いジェンダー・アイデンティティの言説によって傍証される。女で「ある」、異性愛者で「ある」と、何の問題意識もなく言うことは、ジェンダーについての実体の形而上学が存在していることの徴候だと言えよう。「男」の場合も「女」の場合も、この主張は、ジェンダー概念をアイデンティティ概念の下位に置き、ひとはジェンダーであり、彼や彼女のセックスや、精神的な自己認識や、精神的自己のさまざまな表出（そのもっとも顕著なものは性的欲望）によってジェンダーなのであるという結論にいたりがちだ。そのようなフェミニズム以前の文脈では、ジェンダーは（批判的にではなく）素朴にセックスと混同されるため、身体化された自己という統一原理としてはたらき、その統一性が保持されるのは、セックスとジェンダーと欲望に関して、並列して存在しているがまったく逆の内的首尾一貫性を備えていると考えられている「反対のセックス」の上位か、あるいはそれと対立して置かれるときである。女が「女のように感じる」と言ったり、男が「男のように感じる」と言うとき、どちらの場合も、意味のない同語反復で言っているのではないと思われている。既存の解剖学的存在で「ある」ことが何の問題もないことのように一見見えてはいるが（そう思うこと自体、困難さをともなうことは、のちに論じるつもりでいる）、ジェンダー化された精神気質や文化的アイデンティティの経験は、後天的に獲得されるものと見なされている。そうならば、「女のように感じる」ことが真実となるのは、アリサ・フランクリンの「あなたのせいで当たり前の女のように感じる[34]」という言葉にみられるように、女を定義する他者を引き合いに出すかぎりにおいてのみである。このようにして獲得されるジェンダーは、それと対立するもう一方のジェンダーと区別される必要がある。したがってひとがあるジェンダーであることは、そのひとがもう一方のジェンダーでないということであり、この公式はその前提として、ジェンダーを例の二元的な対に閉じ込めるとともに、それを強化するものでもある。

　ジェンダーは、セックスとジェンダーと欲望の三つの経験を統一した意味だというのなら、それは唯一、セックスがなんらかの意味でジェンダー（自己の精神的および／または文化的な呼称）と欲望（異性愛の欲望、つまり欲望の対象であるもう一つのジェンダーとの対立的な関係をとおしてそれ自身を差異化するもの）を必然的にともなうと考えた場合のみである。ということは、男女それぞれのジェンダーの内的一貫性や統一性には、安定した対立的な異性愛が必要であるということになる。この制度的な異性愛は、対立的で二元的なジェンダー制度のなかにジェンダーの可能性をもつような、各ジェンダーの単声性を必要とし、またそれを作りだしもする。こういったジェンダー概念は、セックスとジェンダーと欲望のあいだに因果関係があることを前提とするだけでなく、欲望とジェンダーは相互に反映、表出しあうものだということも示唆している。この三者の形而上学的な統一は、対立するジェンダーを差異化しようとする欲望のなかで――すなわち、二つの対立するセックスを有する異性愛の形式のなかで――はっきりと確認され、また表現されると仮定されている。たとえそれが、セックスとジェンダーと欲望のあいだに因果的な連続性を措定する自然主義的なパラダイムであろうと、また真の自己はセックスとジェンダーと欲望の三つに、同時に、あるいは連続的に現れ出るという真正＝表出パラダイムであろうと、ここには、イリガライが言うような「対称性の古い夢」が前提とされ、物象化され、理論化されているのである。

　大まかではあるが、ジェンダーについてのこの素描は、ジェンダーを実体化しようとする見方のなかに存在する政治理由を理解するための、手助けとなるだろう。強制的で自然化された異性愛制度は、男という項を女という項から差異化し、かつ、その差異化が異性愛の欲望の実践をとおして達成されるような二元的なジェンダーを必要とし、またそのようなものとしてジェンダーを規定していく。二元体の枠組みのなかで二つの対立的な契機を差異化する行為は、結局、各項を強化し、各項のセックスとジェンダーと欲望のあいだの内的一貫性を生みだすのである。

　この種の二元的関係と、それが依拠している実体の形而上学が戦略的に置き換わることの前提には、オスとメスのカテゴリー、男と女のカテゴリーが、二元的な枠組みのなかで同じように生みだされるということがある。じつはフーコーもこのような説明に暗に賛同している。『性の歴史』第一巻の終章、および『エルキュリーヌ・バルバン、最近発見された一九世紀の両性具有者の日記』につけられた短いが重要な序文のなかでフーコーが示唆しているのは、どのような性差のカテゴリー化にも先立つセックスのカテゴリーは、じつは特定の時代のセクシュアリティの様式をとおして構築されたものにすぎないということである。[35] セックスを二つに切りわけるカテゴリー化を生産する戦術は、「セックス」を、性的な経験や行為や欲望の「原因」と定めることによって、その生産装置の戦略的な目的を隠蔽してしまうのである。フーコーの系譜学的な研究があばいているのは、「原因」のようにみえるものが、じつは「結果」であるということだ。つまり、明確に区分された二つのセックスのカテゴリーを、セクシュアリティの言説のすべての基盤や原因とみなして、セックスにまつわる経験を規制していくことこそ、既存のセクシュアリティの体制がおこなっている産出作業なのである。

両性具有者エルキュリーヌ・バルバンの日記につけられたフーコーの序文が語っているのは、このように物象化されたセックスのカテゴリーに対する系譜学的な批判は、自然化された異性愛の法医学の言説で説明不能とされていた性的実践によって、偶然もたらされたものだということである。エルキュリーヌは、「アイデンティティ」ではなくて、アイデンティティの性的不可能性なのである。この人物の身体のなか、そしてうえには、解剖学的な男性要素と女性要素の両方が分布しているが、このことがスキャンダルの真の源なのではない。ジェンダー化された理解可能な自己を生みだす言語慣習が、エルキュリーヌのなかにその慣習の限界を見いだすのは、ひとえに、彼女／彼が、セックス／ジェンダー／欲望を支配している法則の集中と混乱を引き起こしているからである。エルキュリーヌはセックスの二元的システムの各項を配置し、配分しなおすが、まさにこの配分のしなおしによって、二元体の各項が混乱し、各項が二元体の外側で増殖することになるのである。フーコーによれば、エルキュリーヌは、現在のジェンダーの二元体のなかでカテゴリー化することはできないものである。彼女／彼の人間性のなかに異性愛と同性愛が不安定に集中していることは、たしかに彼／彼女の解剖学的な不連続性によって引き起こされたものだが、けっしてそれが原因というわけではない。フーコーのエルキュリーヌの引用にはどうも胡散臭いところがあるけれども、[36] 彼の分析が暗示しているのは、セックスにおける異種混淆性（自然化された「異」性愛が逆説的に排除しているもの）は、セックスのカテゴリーをアイデンティティの本質とみなす実体の形而上学への批判になりえるという興味深い考えである。フーコーはエルキュリーヌの体験を、「猫がおらず、猫のニヤニヤ笑いだけが漂う快楽の世界[37]」と想像している。ここでの笑いや幸福や快楽や欲望は、それらが結びついているはずの不動の実体をもつものではない。これらの属性は自由に浮遊するがゆえに、実体化し階層化する名詞（もの全般）と形容詞（本質的かつ偶発的な属性）の文法では把握することができないジェンダー体験の可能性を、示唆するものである。ぞんざいな読みではあるが、エルキュリーヌの読解をつうじてフーコーが提示しているのは、アイデンティティは文化的な制約を受ける秩序や階層の原理としてのみ、つまり規制のための虚構としてのみ措定されているにすぎないことをあばいてくれる、偶発的な属性をもつ存在《オントロジー》なのである。

ある「男」が男性的な属性をもっており、その男性的な属性がたまたま、うまい工合にその男の性質であると考えるなら、べつの「男」が女の属性（それがどんなものにせよ）をもっていて、しかもそのジェンダーは揺がないということも言える。けれども「男」や「女」を不動な実体として何よりも優先することをやめてしまえば、不調和を奏でているジェンダーのさまざまな性質を、基本的には無傷であるとみなしているジェンダー存在の下位において、それから派生したものとか、偶然のものとみなすことは、もはや不可能である。不動の実体という考え方そのものが、首尾一貫したジェンダーの序列のなかにさまざまな属性を強制的に秩序づけることで生みだされる架空の構築物だとするならば、実体としてのジェンダー——名詞としての男と女の存在の可能性——に疑義がつきつけられるのは、連続的または因果的な理解可能性のモデルに合致しない不調和な属性の戯れによってである。

したがって、不動の実体とか、ジェンダー化された自己という見せかけ——すなわち心理学者のロバート・ストーラーが「ジェンダーの核[38]」と言ったもの——は、さまざまな属性を、文化的に確立された首尾一貫性のラインにそって規制することで生産されているものにすぎない。ということは、このジェンダー生産の虚構性をあばくためには、まず最初に名詞があって、次にそれに従属する形容詞があるという既成の枠組みへの同化を拒む、規制されていない属性の戯れが必要になる。もちろんこの不調和な形容詞が遡及的に作用して、それが修飾していると思われている実体的なアイデンティティを定義しなおし、その結果、実体的なジェンダー・カテゴリーの枠を広げて、まえには排除されていた可能性までも含みこむことになるかもしれない。だがそもそも実体というのは、その属性を規制することで偶発的に作りだされる首尾一貫性でしかないので、実体の存在論は、人為的な結果というだけでなく、本質的な余剰なのである。

この意味で、ジェンダーは名詞ではないが、自由に浮遊する一組の属性というのでもない。なぜなら、ジェンダーの実体的効果は、ジェンダーの首尾一貫性を求める規制的な実践によってパフォーマティヴに生みだされ、強要されるものであるからだ。したがってこれまで受け継がれてきた実体の形而上学の言説のなかでは、ジェンダーは結局、パフォーマティヴなものである。つまり、そういう風に語られたアイデンティティを構築していくものである。この意味でジェンダーはつねに「おこなうこと」であるが、しかしその行為は、行為のまえに存在すると考えられる主体によっておこなわれるものではない。ジェンダー・カテゴリーを実体の形而上学の外側において考察しなおそうとするなら、『道徳の系譜』におけるニーチェの主張――「おこなうこと、もたらすこと、なることとの背後に『あること』はない。『行為者』は行為に付けられた虚構でしかない――行為がすべてである」[39]――が正しいことを、ここで考慮すべきだろう。この主張を、おそらくニーチェは予想もせず、認めもしなかったように応用して、命題として次のことが言えるかもしれない。ジェンダーの表出の背後にジェンダー・アイデンティティは存在しない。アイデンティティは、その結果だと考えられる「表出」によって、まさにパフォーマティヴに構築されるものである。

六　言語、権力、置換戦略

それにもかかわらず、数多くのフェミニズムの理論や文献は、行為の背後に「行為する人」を仮定してきた。行為者《エイジェント》がなければ行為《エイジェンシー》もなく、したがって社会の支配関係に変化を引きおこす可能性もないではないかと言うのだ。ウィティッグのラディカルなフェミニズム理論は、主体の問題に関するこれまでの理論のなかでは、曖昧な位置を占めるものである。一方で彼女は、実体の形而上学を批判しているようだが、他方で、行為の形而上学的な中心点として人間主体や個人を温存してもいる。明らかにウィティッグの人間主義は、行為の背後に行為する人がいることを前提としているが、他方で彼女の理論は、文化の具体的な実践のなかでジェンダーがパフォーマティヴに構築されることを説明するものでもあり、「原因」と「結果」を混同するような説明の時間配列に異を唱えてもいる。次の引用は、ウィティッグとフーコーが、じつは間テクスト的に連動していることを示して（さらに両者の理論のなかに、物象化というマルクス主義の概念の形跡があることをあばいて）いるものである。

唯物論的なフェミニズムのアプローチによって、抑圧の原因や起源と考えられているものが、じつ

> は抑圧者によって押しつけられた単なるしるしにすぎないということがわかってくる。「女という神話」がそれであり、また男によって領有された女の意識や、女の身体に現れているその神話の具体的な効果と発露がそれである。したがって「女」というしるしは、抑圧のまえに存在するものではない。〔…〕セックスは、自然の秩序に属する「直接的な与件」とか「知覚可能な与件」とか「身体的特徴」だと考えられている。だがわたしたちが身体的で直接的な知覚と信じているものは、じつは精巧につくられた神話的な構築物、すなわち「想像上の組成」にすぎない[40]。

こういった「自然」の生産は、強制的異性愛の命令にしたがっておこなわれるものなので、彼女の考えでは、同性愛の欲望の出現は、セックスのカテゴリーを超越するものである。「もしも欲望がそれ自身を解放することがあれば、それはセックスによる事前のしるしづけとは何の関係もないものとなるだろう[41]」。

ウィティッグは「セックス」を、制度化された異性愛によって何らかの形でつけられたしるしとみなし、このしるしは、その制度に効果的に異を唱える実践によって、消し去ったり、不明瞭にすることができると考える。もちろん彼女の見解は、イリガライとは根本的に異なっている。イリガライなら、ジェンダーの「しるし」は、覇権的な男の意味機構の一部をなすものであり、この意味機構は、西洋哲学の伝統のなかで存在論の領域を事実上決定してきた思考メカニズム——それ自身を自分で作り上げる思考メカニズム——をつうじて作動するものだと言うだろう。だがウィティッグにとっては、言語はけっしてその構造においてではなく、その適用において女性蔑視であるような手段であり、道具なのである[42]。他方イリガライの見解では、女性性にとって男根ロゴス中心主義による女のセックスの抹消でしかないジェンダーの「しるし」をまぬがれるための唯一のチャンスは、べつの言語やべつの意味機構の可能性なのである。イリガライが明らかにしようとしているのは、両性間の「二元的」な関係と見えるものが、じつは女性的なものをことごとく排除する男中心主義の策略にすぎないということである。逆にウィティッグは、イリガライのような姿勢こそ、男性性と女性性という二分法を再強化し、女性性の神話を再流通させるものだと主張する。女性性の神話を『第二の性』で批判したボーヴァワールに明らかに追随して、ウィティッグは「『女特有のエクリチュール』は存在しない」[43]と断言する。

たしかにウィティッグは、言語の権力は女を従属させ排除させるものだという考えに同調している。だが「唯物論者」であるウィティッグは、言語は「物質性のもうひとつの秩序」[44]であり、根本的に変化することが可能な制度だとも考えている。言語は、個人の選択によって維持される具体的で偶発的な実践や制度のひとつなのであり、それゆえに、選択する個人の結集した行動によって、その力を弱めることができると考えているのだ。彼女の説では、「セックス」という言語上の虚構は、アイデンティティの産出を異性愛の欲望の軸にそって制限しようとする強制的異性愛の制度によって生産され、流通しているカテゴリーである。ある著作のなかでウィティッグは、男の同性愛も、女の同性愛も、さらには異性愛契約と無縁なその他の立場もすべて、セックスのカテゴリーを破壊し、あるいは増殖させる契機になると述べている。しかし『レズビアンの身体』その他では、セクシュアリティが性器によって組織化されること自体を問題にし、また生殖という女特有の機能とみなされているものによってしるしづけられる女の従属性の構築に対抗する、オルタナティヴな快楽の機構を求めているようにも思える。[45]ここでは、生殖中心の機構の外側で増殖する快楽が、拡散する快楽という女特有の形態を示すものとなり、それは性器を生殖器として構築することへの対抗戦略になると捉えられている。フロイトは『性欲論三篇』のなかで、性器的セクシュアリティを発達論的に優れたものとみなし、それを、いまだ制限されていない拡散的な幼児期のセクシュアリティの上位に置き、それと対立させるが、ある意味でウィティッグにとって『レズビアンの身体』は、フロイトのこの著作を「倒錯的に」読んだものと考えられる。フロイトが「同性愛」の医学分類とした「倒錯者」だけが、性器にまつわる規範を「達成する」ことができないので、性器中心主義に対して政治批判を試みようとするウィティッグは、「倒錯」を批判的読みの実践とみなし、未発達のセクシュアリティだとフロイトが決めつけた特質の方に価値を置いて、「ポスト性器的な政治[46]」をうまく発動させようとしているらしい。たしかに発達という概念は、異性愛のマトリクスの内部で機能する規範化にすぎない。だがこれだけが、唯一可能なフロイトの読みだろうか。またウィティッグの「倒錯」の実践は、彼女が解体しようとしている規範化モデルと、どの程度までかかわっているのか。言葉を換えれば、拡散的で非性器的なセクシュアリティのモデルが、覇権的なセクシュアリティの構造に対抗する唯一の選択肢だと言うのなら、こういった二元的な関係は、どこまで無限に繰り返されていくのか。対立的な二分法そのものを破壊するための、どんな可能性が存在しているのか。

　ウィティッグは精神分析と対立しているが、しかしそのことは、彼女が克服しようとしている精神分析の発達理論を――たしかに完全に「倒錯」した形ではあるが――まさに彼女自身の理論が前提として取り入れるという、意外な結果を生むことになる。セックスによるしるしづけのまえに存在していると思われている多形倒錯が、人間のセクシュアリティの最終目標《テロス》として価値づけられてしまうのだ[47]。精神分析よりのフェミニズムなら、ウィティッグに反応して、「ジェンダーのしるし」が発生するときの言語の意味と機能を、ウィティッグは過少評価しており、またその理論づけも不十分だと言うだろう。ウィティッグは、ジェンダーのしるしづけは偶発的で、根本的に可変的で、またそれなしでも済ませられるものだと理解している。他方ラカン派の精神分析にとっては、一次禁止の位置は、フーコーの規制的実践の概念や、異性愛の抑圧制度についてのウィティッグの唯物論的な説明よりも、もっと強制的に、もっと偶発性が少なく作用しているものである。

ラカンにおいては、そしてイリガライによるポスト・ラカン的なフロイトの再定義においても、性差は、実体の形而上学を基盤として温存している単純な二分法ではない。男性的な「主体」とは、近親姦を禁止し、かつ異性愛化の欲望の無限の置き換えを強制する法によって生みだされる架空の構築物である。女性的なものは、けっして主体のしるしにはならない。女性的なものは、ジェンダーの「属性」にはけっしてなりえない。むしろ女性的なものは欠如の意味であり、《象徴界》――すなわち、性差を有効に生みだす差異化の言語法則――によって意味づけられるものである。男性的な言語位置は、《象徴界》の法――《父》の法――の基盤をなす禁止によって要求される個体化と異性愛化を経験する。息子を母から引き離し、それによって両者のあいだに親族の関係を樹立する近親姦タブーは、「《父》の名のもとに」制定された法である。同様に、女児が母と父のどちらにも欲望することを禁じる法は、女児に対して、母性という符牒を身につけ、親族の規則を永続化させることを求めるものである。このように男性的な位置も女性的な位置も、文化的に理解可能なジェンダーを作りだす《禁止》という法によって制定されるが、それがなされるのは、ひとえに、想像されるもののなかにふたたび登場する無意識のセクシュアリティの生産によってなのである。(48)

性差を自論に組み込むフェミニズムは、たとえラカンの男根ロゴス中心主義に対立するものであれ(イリガライ)、ラカンを批判的に説明しなおすものであれ、女性的なものを理論化しようとするが、そのさいに女性的なものを実体の形而上学の表出としてではなく、意味機構を排除によって基礎づける(男性性の)否定がもたらす表象不能な不在として、理論化しようとする。こういった制度の内部で否認/排除される女性的なものは、覇権的な概念計略を批判し、崩壊させる可能性を構築するものである。(49)ジャクリーヌ・ローズ(50)やジェーン・ギャロップがそれぞれ違ったやり方で強調しているのは、性差が社会の構築物であること、またその構築物が本質的に不安定であること、また禁止は性的アイデンティティを制定すると同時にその構造基盤の脆弱さをあばく二重の効果をもっているということである。ウィティッグなどフランスの唯物主義フェミニストなら、性差は、物象化されたセックスの二極を精神を介在させずに繰り返すものだと言うだろうが、このような批判は、無意識という重要な次元――すなわち、抑圧されたセクシュアリティの場所として、主体の言説の内部に、主体の首尾一貫性を不可能にさせるものとして再登場するもの――を無視している。ローズがはっきりと指摘しているように、男性性／女性性という分離軸にそって首尾一貫した性的アイデンティティを構築しようとする行為は、かならず失敗する。(51) 抑圧されたものがふいに姿を現すことによって、この首尾一貫性は崩壊し、「アイデンティティ」が構築物だということだけでなく、アイデンティティを構築している禁止が無効であることも明るみにしていく。(父の法は、決定論的な神の意志としてではなく、永続的な失敗であり、たえず父への反乱の土壌を用意するものだと理解すべきである)。

唯物論とラカン派(ポスト・ラカン派)の立場の差は、セクシュアリティが回復される場所を、法の「まえ」や「そと」という無意識の形態におくか、それとも法の「あと」というポスト性器的なセクシュアリティにおくかという、規範をめぐる争いのなかに現れている。皮肉なことに、多形倒錯について語られる定式的な比喩が、オルタナティヴなセクシュアリティについての二つの見方に使われているようだ。しかしながら、その「法」あるいは「一組の法」の境界をどのように定めるかについては、両者に意見の違いがある。精神分析批評は、規範的なジェンダー関係のマトリクスの内部における「主体」の構築――およびおそらく、実体という幻想――についてはうまく説明することができる。ウィティッグは実存的＝唯物論的なやり方で、主体(ひと)には前‐社会的で前‐ジェンダー的な全一性があると想定している。他方、ラカン派の「父の《法》」や、イリガライが断罪する男根ロゴス中心主義の一方的な支配には、一神教的な単一性のしるしが刻まれているが、これは、その説明が拠り所としている構造主義の仮説が想定しているほどには、統一的でも、文化的に普遍的なものでもない[52]。

だがこの論争はまた、攪乱的なセクシュアリティが法の権威にたえず挑戦するものとして、法の押しつけのまえに咲き誇っているのか、それとも法が転覆したあとなのか、または法の支配のただなかなのかという、時をめぐる比喩の論争でもある。したがってここで、セクシュアリティと権力は同延上にあると主張し、法から自由な攪乱的あるいは解放的なセクシュアリティの措定に暗に反駁しているフーコーをもちだすことは、賢明だろう。議論をまえに進めるために、法の「まえ」や「あと」というのは、言説によってパフォーマティヴに設定される時間の様態であって、その時間の様態が引きあいに出されるのは、あくまで、攪乱や不安定化や置換のためには、セックスにまつわる支配権力による禁止を何とか免れるセクシュアリティが必要だという規範的な枠組みのなかであることを指摘しておこう。フーコーにとっては、禁止はつねに予期せずして何かを生みだすものだが、それはまさに、禁止のなかで——禁止によって——基盤づけられ生産されると考えられている「主体」が、権力の「そと」や「まえ」や「あと」のセクシュアリティにアクセスすることができないからだ。法よりも権力の方が、差異化の関係においては、法制機能（禁止と規制）と産出機能（偶然の生産）の二つをもっているのである。したがって権力関係のマトリクスの内部で発生するセクシュアリティは、法そのものの単なる複製とかコピー——つまり男中心のアイデンティティの機構の単一な反復——ではない。こうして産出されるものは、それ本来の目的から逸れ、単に文化的な理解可能性の枠を超えるだけでなく、現在の文化的な理解可能性の範囲を結果的に拡げるような「主体」の可能性を、予期せずして起動させるものでもある。

ポスト性器的セクシュアリティに関してフェミニズムが立てた基準は、フェミニズムのセクシュアリティの理論家——フーコーをとくにフェミニズムやレズビアニズムの文脈で使おうとしている人々を含む——から、重大な批判を受けることになった。異性愛構造から自由なセクシュアリティとか、「セックス」を超えるセクシュアリティというユートピア的な考え方では、いかに権力関係が、「解放された」異性愛やレズビアニズムにおいてさえ、女のセクシュアリティを構築しつづけているかということを考察することができないからだ。[53] 同じ批判を、男根的セクシュアリティとは根本的に異なる女特有の性的快楽があるという考え方にも、向けることができる。イリガライはときに、女特有のセクシュアリティを女特有の解剖学的現実から導きだそうとするが、彼女のこの考え方は、このところずっと反本質主義の標的となってきた。[54] 女特有のセクシュアリティや意味の基盤を求めて生物学に回帰することは、「生物学は宿命でない」とするフェミニズムの前提を無効にするものと思われる。[55] たとえ純粋に戦略的な理由から生物学の言説を使って女のセクシュアリティを分節化しているのであろうと、あるいは本当に生物学的な本質論にフェミニズムが回帰しているのであろうと、女のセクシュアリティを、セクシュアリティの男根中心的な組織化から根本的に区別されるものだと言うことには、問題が残る。なぜなら、そういったセクシュアリティを自分のものと思えなかったり、自分のセクシュアリティのある部分は男根的な機構のなかで構築されていると思う女は、このような理論のもとでは、「男に同一化している」とか「啓蒙されていない」といって抹殺される可能性があるからだ。事実セクシュアリティが文化的に構築されているのか、それとも男根と関ってのみ文化的に構築されているのかは、イリガライのテクストではしばしば不明瞭である。言葉をかえれば、女特有の快楽は文化の前史として、あるいはユートピア的な未来として、文化の「そと」に存在しているのか。もしもそうなら、セクシュアリティを社会構築されたものと考えてセクシュアリティに関する闘争をおこなっている現在、このような考え方はどのような有効性をもちえるのか。

フェミニズムの理論や実践のなかのセクシュアリティ論者は、セクシュアリティはつねに言説や権力に関連して構築されるものだと説得的に論じてきた。その場合の権力は、ある部分、異性愛的で男根的な文化慣習として理解されているものである。したがって異性愛的で男根文化的な次元で構築された（決定はされない）セクシュアリティが、もしもレズビアニズムや両性愛や異性愛の文脈のなかに出現したとしても、それは何らかの還元的な意味での男への同一化を意味する記号ではないはずだ。それを、男根ロゴス中心主義や異性愛支配を批判する企てに失敗したものとみなすべきではない――あたかもフェミニストの批評家自身の文化構築されたセクシュアリティが、政治批判によってうまく解体できるかのように。もしもセクシュアリティが、既存の権力関係の内部で文化的に構築されるものならば、基準的なセクシュアリティを権力の「まえ」や「そと」や「むこう」に措定することは、文化的に不可能であり、政治的には実践できない夢であり、また権力関係の内部でセクシュアリティやアイデンティティの攪乱の可能性を再考していこうとする現時点での具体的な課題を遅延させるものでもある。もちろんこの批判的な再考の前提には、たとえ権力のマトリクスの内部ではたらいたとしても、それが支配関係の無批判な複製にはならないという考えがある。むしろこの考えが提示している事柄は、法の強化ではなく、法の置換となるように法を反復していく可能性である。本書でこれから展開していくのは、「オス」がそのセクシュアリティの原因であり、還元不可能な意味であるような「オスに同一化した《アイデンティファイド》」セクシュアリティではない。本書で展開していくのは、セクシュアリティの権力磁場にかならず存在する攪乱的な「同一化《アイデンティフィケーション》」の作用をつうじて、男根主義の可能性そのものを演じなおし配分しなおすような、男根主義の権力関係の次元のなかで構築されるセクシュアリティの概念なのである。ジャクリーヌ・ローズにならえば、もしも「同一化」が幻想であることが明らかになれば、その構造が幻想であることを示してみせる「同一化」を演じることも可能なはずである。セクシュアリティが文化の構築物だということに根本的に異議が唱えられないのであれば、残った問題は、ひとがつねにそのなかにおかれている構築を、どのようにわたしたちが認め、またどのようにその構築を「おこなう」かという問題である。法の単なる模倣や再生産、そしてそれゆえの法の強化（フェミニズムの語彙から放逐されるべき「オスへの同一化」という時代錯誤的な概念）にならないような反復の形式はあるのだろうか。ジェンダー化された生を取りしきっている文化の理解可能性のマトリクスがさまざまに出現し、ときには集中しているとき、そのようなさまざまなマトリクスのなかで、どのようなジェンダーの配置を描く可能性があるだろうか。

　フェミニズムの性理論においては、セクシュアリティの内部に権力の力学が存在しているからといって、それが異性愛主義的、男根ロゴス中心主義的な権力体制を単純に強化したり増大させることではないことは明らかである。性的スタイルの歴史的アイデンティティである「男役《ブッチ》」や「女役《フェム》」の場合のように、同性愛の文脈にいわゆる異性愛の慣習が「存在」したり、また性差についてのゲイ特有の言説が増殖していることは、起源である異性愛のアイデンティティが千変万化に表出しているということではない。またそれらを、ゲイのセクシュアリティやアイデンティティのなかに、有害な異性愛中心主義の構造が執拗に登場していると考えてもいけない。ゲイやストレートを問わず、性の文化のなかで異性愛の構造が反復されている場所こそ、ジェンダー・カテゴリーの脱自然化、流動化にとって必要な場所だと思われる。非異性愛的な枠組みのなかで異性愛構造が反復されることは、いわゆる起源《オリジナル》と考えられている異性愛が、じつはまったく社会の構築物であることを、はっきりと浮き彫りにするものである。だからゲイとストレートの関係は、コピーとオリジナルの関係ではなく、コピーとコピーの関係なのである。本書の第三章の終節で論じるが、「起源《オリジナル》」のパロディ的な反復によって、起源というものがそもそも、自然や起源という観念のパロディでしかないことが明らかになる。[56] だがたとえジェンダーをおこなうために利用可能な権力／言説の場所として、異性愛の構築が流通していると考えたとしても、では、いかなる流通しなおしの可能性があるかという問いが残る。ジェンダーをおこなう可能性のうちのどれが、誇張や不協和や内的混乱や増殖をとおして、それらを動かしている構造を反復し、かつ置換していくことができるのか。

異性愛や同性愛や両性愛の実践の内部に――あるいはそれら相互のあいだに――存在する曖昧性や非一貫性は、男性性／女性性という分離的で非対称的な二分法の物象化された枠組みの内部で抑圧され、また再記述されていると考えるだけでなく、ジェンダーを混乱させるこの文化配置が、それらの物象化に介入し、それをあばき、置換していく場所としてはたらいていると考えなければならない。換言すれば、ジェンダーの「統一性」とは、強制的異性愛によってジェンダー・アイデンティティを一定不変のものにしようとする規制的な実践の結果にすぎない。こういった実践の力は、排他的な生産装置によって、「異性愛」や「同性愛」や「両性愛」のあいだの相対的な意味を制限し、かつ、この三者が集中し、意味づけなおされる撹乱の場所を制限するものである。異性愛主義や男根ロゴス中心主義の権力体制は、その論理や、その形而上学や、その自然化された存在論を不断に反復することによって、みずからを増大させようとするが、しかしだからといって、反復そのものを、まるでそれが可能であるかのように、やめるべきだということにはならない。たとえ反復が、アイデンティティを文化的に再生産するメカニズムとしてかならず存続していくものだとしても、ここには重要な問いかけをする余地がある。つまり、いかなる種類の撹乱的な反復がそこに発生して、アイデンティティそのものの規制的な実践を疑問に付すことができるだろうかという問いである。

「ひと」や「セックス」や「セクシュアリティ」の概念に頼ろうとしても、そのような概念が、その理解可能性を結果的に生産しつつ規制する権力や言説の関係のマトリクスから逃れられないのであれば、社会構築されたアイデンティティという次元で、効果的な倒錯や撹乱や置換の可能性を構築するものは何なのか。セックスやジェンダーが構築物であるからこそ存在する可能性とは、どのようなものなのか。フーコーは、セックスのカテゴリーを生産する「規制的な実践」の正確な性質については曖昧だったし、ウィティッグは、こういった構築のすべての責任を、生殖と、その手段である強制的異性愛に負わせているようである。だがこのようなセックスのカテゴリーにまつわる虚構が生みだされるのは、必ずしも明瞭でも、相互に整合的でもない複数の要因によって、べつの言説が集中するためである。生物学にしみ込んでいる権力関係は、そう簡単に何かに還元できるものではないし、一九世紀のヨーロッパに起こった医学と法学の結託は、あらかじめ予想できなかったセックスのカテゴリーの虚構をおびただしく生みだしてきた。ジェンダーを構築する言説の地図の複合性こそ、規制的な言説の構造がどこかで偶然に集中して、新しいものを生みだす望みを与えているのではないか。セックスとジェンダーに関する規制的な虚構が、幾重にも相争う意味の場であるならば、この構築の多層性自体が、その単声的な姿勢を破壊する可能性を与えるものとなる。

　明らかにこういった企ては、女や男であることとの意味を現象学的に解明するジェンダーの存在論を、伝統的な哲学の次元で示してみせようとするものでない。ここで前提とされていることは、ジェンダーで「あること」は「ひとつの結果」にすぎず、また、存在論の様態でジェンダーを構築する政治的な関数要素《パラメーター》を調べる系譜学の研究対象でしかないということだ。ジェンダーが構築物だという主張は、ジェンダーが幻にすぎず、人工物にすぎないと述べて、それに「本物」や「真正さ」を二元的に対立させることではない。ジェンダーの存在論の系譜学となるこの研究は、そのような二元的な関係の信憑性が言説によって生み出されるということを理解し、またジェンダーのある種の文化的な配置が「本物」の位置につき、巧みな自己の自然化をとおして、その支配を強化し増大させていることを示そうとするものである。

人は女に生まれない、女になるというボーヴァワールの主張に何か正しいものがあるとすれば、その次に出てくる考えは、女というのがそもそも進行中の言葉であり、なったり、作られたりするものであって、始まったとか終わったというのは適切な表現ではないということである。現在進行中の言説実践として、それは介入や意味づけなおしに向かって開かれているものである。たとえジェンダーがもっとも具象的な形態のなかに凝固しているようにみえたとしても、「凝固しつつある」ということ自体が、さまざまな社会手段によって維持され規制されている執拗で狡猾な実践なのである。ボーヴォワールにとっては、文化変容と構築のプロセスを取りしきる最終目的《テロス》があたかもあるかのように、最終的に女になるということは不可能なのである。ジェンダーとは、身体をくりかえし様式化していくことであり、きわめて厳密な規制的枠組みのなかでくりかえされる一連の行為であって、その行為は、長い年月のあいだに凝固して、実体とか自然な存在という見せかけを生み出していく。ジェンダーの存在論を政治的に系譜づける学問は、それがもしも成功すれば、実体の見せかけをとっているジェンダーを脱構築して、ジェンダーを構築しているさまざまな行為をつまびらかにし、ジェンダーの社会的見せかけを監視する種々の力によって設定されている強制的な枠組みのなかに、これらの行為を位置づけ、そのなかでこれらの行為を説明するものとなるだろう。すくなくともマルクス以降の文化批評の一部をなしてきた方策は、自然で必然という見せかけを作りだしている行為がじつは偶発的なものでしかないことをあばくものだったが、さらに今では、ジェンダー化された外見をつうじてのみ理解可能となる主体の概念が、その偶発的な存在を構築してきたジェンダーのさまざまな物象化によってこれまでやむなく締め出されていた可能性を、認めることもありうるのだということを示す責務が、これに加わった。

次章で考察するのは、性差についての精神分析的な構造主義の説明のいくつか、および、ここで概説したような規制的な体制に対抗する力に関連するセクシュアリティの構築、さらには規制的な体制の無批判な再生産がおこなわれるときの、この種のセクシュアリティの構築の役割についてである。セックスの単声性や、ジェンダーの内的首尾一貫性や、セックスとジェンダーの双方がもつ二元的な枠組みは、男中心主義と異性愛主義の双方による抑圧という集中的な権力体制を強化し自然化する規制的な虚構だとみなして、徹底的に考察しなおさなければならない。終章は「身体」を、意味づけを待つ表面としてではなく、政治的に意味づけられ維持される、個人的で社会的な一対の境域として考察する。もはや気質やアイデンティティの内的「真実」と信じることができないセックスは、パフォーマティヴに演じられる意味作用であり(したがって本質的な何かで「ある」のではなく)、自然化されている内部や表面から解放されれば、ジェンダー化された意味のパロディー的な増殖や、攪乱的な戯れを引き起こすことができるものとなるだろう。それゆえ本書は、男の覇権と異性愛権力を支えている自然化され物象化されたジェンダー概念を攪乱し置換する可能性をつうじて思考をすすめ、かなたにユートピア・ヴィジョンをえがく戦略によってではなく、アイデンティティの基盤的な幻想となることでジェンダーを現在の位置にとどめようとする社会構築されたカテゴリーを、まさに流動化させ、攪乱、混乱させ、増殖させることによって、ジェンダー・トラブルを起こしつづけていこうとするものである。

第 2 章

禁止、精神分析、異性愛のマトリクスの生産

ストレートな精神はこう主張する――その主たる禁止を表象するものは近親姦であって、同性愛ではないと。それならば、ストレートな精神の理解によれば、同性愛は異性愛にほかならないということになる。

――モニク・ウィティッグ「ストレートな精神」

フェミニズムの理論が折りにふれ依拠してきたのは、起源という考え方である。すなわち、女の抑圧の歴史が偶発的でしかないことを立証するために想像上の地平を与えてくれる、「家父長制」のまえの時代である。これまでなされてきた多くの議論は、家父長制以前の文化が存在したのか、それらは構造的には女家長的、母系的なものなのか、また家父長制はその始まりをもつ、ということは、いずれその終わりも訪れると言えるだろうか、という点についてであった。この種の問題提起の背後には、家父長制は必然だという反フェミニズムの議論こそ、歴史的で偶発的でしかない現象を物象化し、自然化してきたものだということを明らかにしたいという、フェミニズムの側からの熾烈な批判欲求があったことは間違いない。

だが、たとえ家父長制以前の文化状況へ回帰することが、家父長制の自己物象化をあばくためだとしても、この家父長制以前の図式もまた、別種の物象化の制度であることがわかってきた。さらに最近では、フェミニズムのなかの物象化構造を自己批判的に検証するフェミニズムの理論家も登場してきた。「家父長制」という考え方こそが、ジェンダーの非対称性をさまざまな文化の文脈で個別的に説明しようとする作業を踏みにじったり、あるいはその作業を何かにまとめてしまうような、普遍化概念になるおそれが出はじめたのである。フェミニズムはこれまで、人種差別や植民地主義に対抗する闘争としっかり手を結びたいと願ってきたが、それだからこそ、家父長制という超越概念をふりかざして、種々様々な支配の配置をその超越概念で説明するような、認識上の植民地化戦略に抵抗することが、なおさら重要になってくる。それとともに、家父長制の法を抑圧的で規制的な構造とみなしてしまうことも、この批判的見地から見なおす必要がある。またフェミニズムが想像上の過去に依拠するについては、男中心主義の権力の自己物象化のまやかしをフェミニズムがあばく過程で、フェミニズム自身が女の経験を物象化してしまうような政治的に問題のある行動とならないよう、心する必要がある。

抑圧的で支配的な法が自己を正当化しようとするとき、法の出現のまえに関する物語——つまりその法が必要不可欠な現在の形態をとって、いかに現れてきたかという物語——に、その土台を置こうとする。[1] こういった起源の捏造は、法のまえにどのような状況があったかを記述しようとしがちだが、そのような状況とは、じつは、法の構築によって完結し、それによって法の構築を正当化するような、必然という見せかけをとる単線的な物語なのである。だから起源の物語とは、回復不能な過去について単一で権威主義的な記述をすることによって、法の構築を歴史的に不可避のものに見せようとする語りの、戦略上の戦術なのである。

フェミニズムの批評家のなかには、法が制定されるまえの過去の形跡のなかに、ユートピア的な未来——現法の崩壊と新秩序の樹立を約束する攪乱や暴動の可能性——を見いだそうとする人もいる。けれども想像上の「そのまえ」が描かれるのは、現在の法制度を正当化したり、あるいは法のかなたの想像上の未来を正当化するのに寄与する前-史の物語のなかだけならば、この「そのまえ」は——フェミニズム的であれ、反フェミニズム的であれ——現在や未来の利権をまもろうとする自己正当化の作り話に、つねにすでに、どっぷりと浸かっているのである。フェミニズムの理論のなかで「そのまえ」を措定することは、もしもそうすることで未来が理念的な過去の実質化になったり、あるいはたとえそのつもりはなくても、真正な女性性という文化のまえの領域を物象化することになってしまうなら、それは政治的な問題となる。このように始原的《オリジナル》で正真正銘の女という概念に頼ってしまうことは、ジェンダーを複雑な文化構築として解明すべきだと主張する現在の要求とは矛盾する、懐古的で偏狭な理念である。この種の理念化は、文化的に保守的な目的に寄与するだけでなく、この理念化がのりこえるつもりの分断をまさに促進するという意味で、フェミニズムのなかに排他的な実践をもたらすものである。

エンゲルスの考察や、社会主義フェミニズムや、構造主義文化人類学を根拠にするフェミニズムの立場をとおして現れてくるのは、ジェンダーの階層秩序を打ちたてる契機や構造を、歴史や文化のなかに位置づけようとするさまざまな試みである。女の従属を自然なものとみなして普遍化する反動的な理論を拒否するためには、そのような構造や鍵となる時代を、歴史や文化のなかから取り出してこなければならない。このような理論こそが、抑圧の普遍化の身ぶりを批判的にずらすことができる重要な試みとなり、抑圧へのさらなる異議申し立てをおこなう現代の理論の場を構築するものとなる。ではあっても、ジェンダーの階層秩序に対するこういった有力な批判が、問題の多い規範化理念を生みだす前提的な虚構を使用しているかもしれないということについては、さらに注意深く検証する必要がある。

問題の多い自然／文化の区別を有するレヴィ＝ストロースの構造主義文化人類学は、セックス／ジェンダーの区別を支持しつつ、それを読み解こうとするフェミニズムの理論家によって利用されてきた。その立場とは、自然で生物学的なメスが存在し、その後そのようなメスは社会的に従属的な立場の「女」に姿を変え、そうして「セックス」を自然とか「生《なま》のもの」に、ジェンダーを文化や「調理されたもの」にしていくというものである。もしもレヴィ＝ストロースの枠組みが真実なら、かなり規則正しくその種の変換をもたらす文化の不動のメカニズム――すなわち親族の交換の規則――がどこに由来するかを位置づけることで、セックスからジェンダーへの変換の軌跡をたどることが可能となるだろう。

この見方では、「セックス」は文化的、政治的に決定されるものではなく、親族関係に従属することによって――従属したのちにのみ――意味づけられる文化の「生《なま》の素材」をなすものとして、法のまえに存在している。

しかし〈素材としてのセックス〉や〈文化の意味づけの道具としてのセックス〉という考え方こそが、自然と文化の区別や、その区別によって支えられている支配戦略の基盤――しかも自然化された基盤――となっている言説の編成なのである。文化と自然の区別は、文化が自然に対して自由に意味を「押しつけ」、それによって自然を自分の思うがままに利用できる《他者》にかえ、シニフィアンの観念性と、支配の様態をとる意味づけの構造を温存する階層秩序を促進するものである。

文化人類学者のマリリン・ストラザーンやキャロル・マコーマックによれば、自然／文化の言説は、つねに能動的で抽象的な男のイメージをもつ文化の下位に自然を置こうとして、いつもかならず自然を女のイメージでとらえてきたというものである。(2) 女性蔑視の実存主義の弁証法でもそうだが、これはまた、理性や精神を男性性や行為性《エイジェンシー》に関連させ、身体と自然を、男性的な主体からの意味づけを待つ女性的なものという物言わぬ現実とみなす考え方のひとつの例である。ここでは、あの女性蔑視の弁証法の場合と同様に、物質性と意味は相互に排除しあうものとなっている。この区別をつくり温存している性の力学を隠蔽しているのは、疑問の余地のない文化の基盤として、自然（実際のところは自然なセックス）を言説によって生産している作業である。クリフォード・ギアツのように構造主義に批判的な批評家の主張は、そもそも「自然」はさまざまな文化的配置を取りえるにもかかわらず、それがこの普遍化の枠組みによって阻害されるということである。自然を単一で前‐言説的なものとみなしてしまえば、ある特定の文化の文脈のなかで何が「自然」の資格をもつとされているか、またそうすることの目的は何かを、問うことはできなくなる。この二分法は、本当に必要なのか。セックス／ジェンダーと自然／

文化の二分法は、どのように互いのなかで、また互いをとおして、構築され、自然化されているのか。それらの二分法はどのようなジェンダーの階層秩序に役立っているのか、どんな従属関係を物象化しているのか。もしもセックスの意味づけが政治的なものならば、「セックス」――たいていは生《なま》のものだと考えられているもの――はつねにすでに「料理されたもの」ということになり、構造主義文化人類学の主たる区別は崩壊してしまうのである。(3)

性別化された自然を法のまえに位置づける試みの根拠には、家父長的な法が普遍的な真実でも、すべての決定項でもないと考えるさらに基盤的な企みがあることは、じゅうぶんうなずける。だがこの世に存在しているのが社会的に構築されたジェンダーだけならば、その「外部」は存在せず、現在のジェンダー関係を批判的に読み解くための新しい認識論の出発点を得ようとして、前-文化的な「まえ」に、その認識上の足場を置くことはできないと思われる。セックスをジェンダーに変換するメカニズムがどこで作動しているかを見きわめれば、ジェンダーが構築されたものだということや、その位置が自然なものでも、必然のものでもないことが明らかになるだけでなく、それが生物学とは無縁な場所で、抑圧の文化の普遍性となっていることも明らかになる。このメカニズムはどのように説明されるのか。それはそこにあるものなのか、それとも単に想像されているだけのものなのか。見せかけの普遍性を持ち出すことは、普遍的な抑圧の基盤を生物学に求める立場よりも、物象化の度合いが少ないのか。

ジェンダーを構築するメカニズムがその構築の偶発性を示すときにはじめて、「構築されている」ということが、ジェンダー配置の可能性の範囲を拡げる政治的な企てに、有益なものとなる。だがそのとき、フェミニズム理論の規準的な目標として登場するのが、法のかなたにある身体を備えた生であったり、法のまえに存在する身体の回復であったりする場合には、そのような規準的な目標自体が、文化闘争が試みられている現在の具体的な次元から、フェミニズムの理論の論点を結果的に逸らしてしまうことになる。事実、つぎに述べる精神分析や、構造主義や、ジェンダーを制定する諸々の禁止の位置やその権力は、まさにこのような法概念に依拠したものである。そういった存在の地位はどんなものか――それは法制的で、抑圧的で、還元的な作用をしているのか。それともそれは、予期せずにそれ自身の文化の内部に、ズレの可能性を生み出すものなのか。言語による分節化のまえに身体が存在すると語ることとは、どの程度パフォーマティヴに自己矛盾をきたし、その場所にべつのものをおびただしく産出することになるのか。

一　構造主義の危うい交換

あらゆる親族組織には、それを特徴づける規制的な交換という普遍構造が存在すると述べるレヴィ＝ストロースに同調して、構造主義の言説は、《法》を単数とみなす傾向がある。『親族の基本構造』によれば、親族関係を強化すると同時に差異化する役目をする交換の対象は女であり、それは結婚という制度をつうじて、父系的な氏族からべつの父系的な氏族へと、贈与として与えられる。[4] 花嫁、贈与、交換の対象は、交換通路を開く「記号と価値」となるものだが、これには交易を容易にする機能的な目的のほかに、この行為をつうじて差異化される各氏族の内的結束――つまり各氏族の集合的アイデンティティ――を強めるという象徴的、儀礼的な目的もある。[5] 換言すれば、花嫁は、男によって構成される集団をつなぐ関係項として機能するのである。花嫁はアイデンティティをもつことはなく、あるアイデンティティからべつのアイデンティティへと変わることもない。花嫁はまさにアイデンティティ不在の場所となることによって、男のアイデンティティを反映する。すべからく男である氏族の成員は、結婚――象徴的な差異化の反復行為――によって、アイデンティティを有するという特権を行使する。族外婚は、父の名によって特定される男たちの集団を区別立てし、かつ彼らを結束させるものである。父系制は、女を儀礼的に追放することと、ひるがえっては女を儀礼的に移入すること、この二つによって安定化する。妻として女は、名前の再生産を保証するだけでなく（機能的目的）、男の氏族間に象徴的な交わり《インターコース》を起こさせる。父の名を交換する場所として、女は父の名の記号であり、記号でない。それというのも、彼女たちはシニフィアン（意味するもの）から、つまり自分たちが運んでいるそのまさに父の名から、排除されているからである。結婚する女がもつのは、アイデンティティという資格ではなく、関係項――共通しているが内的に差異化されている父系列アイデンティティをもつ各氏族を、区別立てすると同時に相互に結束させる関係項――という資格である。

親族関係についてのレヴィ＝ストロースの構造主義的な説明が依拠しているのは、人間関係を構造化していると思われている普遍性の論理である。レヴィ＝ストロースは『悲しき熱帯』で、人間の生を分析するに当たって、文化人類学は哲学よりも具体的な文化の手触りを与えてくれるので、彼自身は哲学から離れていくと述べたが、それにもかかわらず、彼はその文化の手触りを、全体化という論理構造に吸収させることによって、自分の分析を、彼が立ち去ったはずの脱文脈的な哲学構造に回帰させたのである。（文化人類学者クリフォード・ギアツの『ローカルな知』でなされているように）レヴィ＝ストロースの著作に見られる普遍性の前提については多くの問題が提起できるが、ここでは、アイデンティティ主義が立てる仮説はすべてこの普遍性の論理のなかに位置づけられるものであること、および、普遍性の論理で記述される文化の現実のなかで女が従属的立場を占めることとアイデンティティ主義の論理が関係していることの二点に、問題を絞ってみよう。もしも交換の象徴的な特質が、普遍的な人間の性質と同義となり、またもしもその普遍構造がアイデンティティを男に、従属的で関係的な「否定」や「欠如」を女に配分するものなら、この論理は、その条件が排除する立場（一連の立場）によって疑義が突きつけられることになるだろう。ではもしも、それとはべつの親族理論が立てられるなら、それはどんなものになるのか。またアイデンティティ主義の論理体系は、社会的に不可能なアイデンティティという構築物に対して、どのように次のことを要求する——つまり、名もなく、排除され、しかし前提となり、だがのちにその論理自体によって隠蔽される関係となれと要求する——ものなのか。ここで、〈しるしをつけて排除する〉という男根ロゴス中心主義の機構《エコノミー》に対する、イリガライのやむにやまれぬ批判衝動が明らかになる。それはまた、男根ロゴス中心主義を効果的に批判するためには、レヴィ＝ストロースによって明確にされた《象徴界》の置換を必要とするのかどうかを問いかける、フェミニズムの内部の、おもにポスト構造主義の批判衝動と同じものである。

　言語の全体性と閉鎖性は、構造主義の前提であるが、同時に、構造主義によって疑問視されているものでもある。ソシュールはシニフィアンとシニフィエの関係は恣意的なものだと考えたが、それにもかかわらず、彼はこの恣意的な関係を、必然的に完結する言語システムの内部に設定した。あらゆる言語学の用語は、その言語の構造が全体性をもっていることを前提とする。言語の全一性は、ある用語が意味をもつためには前提とされ、また暗黙のうちに想定されているものである。この準ライプニッツ的な見方は、言語を体系的に全一なものとみなすので、シニフィエとシニフィアンのあいだに差異がおこる契機を巧妙に抑圧し、その恣意的な契機を、全体化をおこなう場のなかに関係づけ、統合しようとする。ソシュールと袂を分かち、またレヴィ＝ストロースに見られるようなアイデンティティで説明される交換構造と袂を分かつポスト構造主義者が異議を唱えるのは、この全体性や普遍性を主張する姿勢に対してであり、また二元的な構造の前提——言語的・文化的な意味づけにつきものの両義性と開放性を押さえ込むように暗黙のうちにはたらく二元的な構造——に対してである。[6] その結果、シニフィエとシニフィアンとのあいだの亀裂は、言語のなかで無限におこなわれる差延となり、あらゆる指示作用に無限の置換を与えうるものとなる。

レヴィ＝ストロースにとっては、男性的な文化アイデンティティは、父系氏族のあいだの差異化という、目にみえる行為をつうじて確立されるものである。この場合の「差異」とは、ヘーゲル的な意味――すなわち、区別と結合を同時におこなうもの――である。だが、男と、男同士を差異化させる女とのあいだの「差異」においては、ヘーゲル的な弁証法は機能しない。つまり、社会的な交換がなされるこの差異化の瞬間は、あくまで男たちのあいだに社会的結束をもたらすものであり、男たちのあいだにのみ種族的結束と個別的分化を同時にもたらす、ヘーゲル的な統一なのである。[7] 抽象的レベルでは、これは、両方の氏族が同じアイデンティティ――男であること、家父長的であること、父系的であること――をもっているがゆえに、〈差異のなかの同一性《アイデンティティ》〉とも言える。氏族の名は異なっていても、彼らは、あまねく男ばかりの文化アイデンティティのなかで、自分たちを個別化しているにすぎない。だがどのような関係が女を交換の対象に任じ、女に、まずある父の名の衣を着せ、次にはべつの父の名の衣を着せるのか。どのような種類の差異化のメカニズムが、このようなジェンダー機能の配分をおこなうのか。どのような種類の差異化する差延が、レヴィ＝ストロースの理論のなかのヘーゲル的な機構が有する否認――男の介入によってもたらされる明確な否認――によって前提とされ、かつ排除されているのか。イリガライが言うように、この男根ロゴス中心主義の機構が本質的に依拠しているのは、けっして表にあらわれず、つねに前提とされつつも否認される差延の機構である。事実、父系列の氏族関係の基盤にあるのは、抑圧され、したがって誇られているセクシュアリティ、つまりホモソーシャルな欲望（イリガライは駄洒落で、「ホモ・セクシャリティ（単一のセクシュアリティ）」[hommo-sexuality] と呼んだ）[8] なのである。すなわち、結局は男同士の絆に関わるものであるにもかかわらず、異性愛的な女の交換と配分をとおしてのみ形成される男同士の関係なのである。[9]

男根ロゴス中心主義の機構にひそむこの無意識のホモエロティシズムを明らかにしたくだりで、レヴィ＝ストロースは近親姦タブーとホモエロティックな絆の強化とのあいだの関連性について語る。

交換――およびその結果としての族外婚の規則――は、単なる事物の交換ではない。交換――およびその結果としての、それを表現する族外婚の規則――は、そもそも社会的な価値をもっているものである。それは男同士を結束させる手段となるのである。

近親姦タブーは族外婚の異性愛を生産していくが、これはレヴィ＝ストロースが理解しているように、規制を受けていない自然なセクシュアリティを禁止することによってのみ得られる非近親姦的な異性愛という、人工物なのである（フロイトも『性欲論三篇』でそう述べる）。しかしながら男同士の互恵関係は、男と女のあいだの根本的に非互恵的な関係や、女同士の（いわば）関係不在の関係を条件づけるものでもある。「象徴的な思考が出現するには、女が言葉と同じように、交換される事物となることが必要だったはずだ」というレヴィ＝ストロースの悪名高い主張は、レヴィ＝ストロース自身が、現在から過去をみるという無色透明な観察者の立場に立って、想定されているだけの文化の普遍的構造から、その必然性を導きだしてきたことを示している。だが「だったはずだ」という言葉は、パフォーマティヴに機能する推論にすぎないのではないか。なぜなら、象徴界が出現する瞬間をレヴィ＝ストロースは目撃することができず、彼はただ、かならず起こったであろう歴史をただ推量しているにすぎないからだ。したがってこの報告は、強制命令として機能することになる。

彼の分析に触発されてイリガライは、「物事が集合する」場合に何が起こりうるかを考察し、オルタナティヴなセックスの機構の予期しない行為体《エイジェンシー》を示してみせた。彼女は最近の著作『セックスと親族』[10]のなかで、男同士の互恵的な交換構造は、その機構の内部で分節不能となっている男女の非互恵的な関係や、女や女性性やレズビアン・セクシュアリティの名辞不能性を、いかにその前提とするものであるかを批判的に論じている。

もしも《象徴界》から排除されたセックスの領域があり、それによって、《象徴界》がその及ぶ範囲を全体化できているのではなく、ただ覇権的な力で支配しているにすぎないということが示されれば、この排除された領域を、この機構の内側に置くことも、外側に置くことも可能であり、その位置づけによって、介入の戦略を変えることも可能なはずだ。以下の節では、構造主義の法の再検討と、その法のなかで性差がいかに作られるかを語る物語の再検討をおこなうが、これらの再検討は、その法が前提としている固定性や普遍性を中心になされるものであり、それとともに、意図せずに自己防衛的な産出をおこなっていく法の力も、系譜的な批評をするなかで明らかにしていきたい。《法》はこういった位置をつねに一方的に作りだすのか。それとも、その法に異議を申し立てる別種のセクシュアリティの配置を作りだすのか。あるいは、そのような異議申し立てはつねに幻影にすぎないのか。またはそのような法の産出能力は変化することが可能で、攪乱的とさえ言えるものなのか。

近親姦を禁じる法は、まさに、族内婚を禁じる親族機構の場所である。近親姦タブーを論の中心にすえることによって、構造主義文化人類学と精神分析のあいだに重要なつながりができたと、レヴィ＝ストロースは主張する。フロイトの『トーテムとタブー』は、経験論のレベルではもはや信憑性がないことをレヴィ＝ストロースは認めるが、レヴィ＝ストロースのこの否定のポーズは、フロイトの論文を逆説的に擁護するものだと彼はみなしている。レヴィ＝ストロースによれば、近親姦は社会的な事実ではなく、広く蔓延している文化の幻想である。欲望の主体に異性愛の男性性を想定して、レヴィ＝ストロースはこう主張する。「母や姉妹への欲望、父の殺害、息子の悔恨は、歴史のなかの特定の場所を占めるいかなる事実あるいは事実群にも対応していないことは明らかだ。そうではなくて、おそらくそれは、古代から延々と続いてきた夢を象徴的に表現したものである」[11]。

レヴィ＝ストロースは、無意識の近親姦の幻想に関する精神分析の洞察を支持して、「この夢の魔法――それと気づかれずに、男たちの思考を形成する力」に言及し、「それが呼び起こす行為がなされたことはけっしてなかった[12]。なぜなら文化はいかなる時代においても、いかなる場所においても、それと対立していたからである」と言う。このかなり人を仰天させる言葉は、レヴィ＝ストロースの否定の力の強さ（近親姦の行為が「なされることはけっしてない」〔！〕）だけではなく、その禁止の効力を想定することがいかに困難かということについても語っている。禁止が存在しているということは、禁止が作動しているということではない。むしろ禁止が存在しているということは、近親姦の欲望や行為や、実際には社会によって倒錯的とされる実践が、まさにタブー化されることによって官能的になったがために、どんどん生みだされているということだろう。近親姦の欲望が幻影にすぎないということは、それが「社会的事実」でないという意味ではない。むしろ問題は、そのような幻影がいかにして生みだされ、禁止の結果としていかに制定されていくかということである。さらに言えば、禁止が効果をもっているという社会信念は（レヴィ＝ストロースによって徴候的に分節化されたものだが）、近親姦が禁じられずに自由に再生産されていくような社会空間を否定しながら、その否定によってそういった空間を切り拓いているものではないか。

レヴィ＝ストロースは、息子と母のあいだの異性愛を禁じる近親姦タブーは、近親姦の幻想と同様に、文化の普遍的な真理だとみなしている。ではいかにして異性愛の近親姦が、人為のまえに存在する自然な欲望のマトリクスと見えるものになるのか。いかにして欲望は、異性愛の男の特権となるのか。性の行為体《エィジェンシー》が男であることや異性愛を自然なものとみなす考え方は、言説によって構築されたものにすぎず、それを基盤にする構造主義の枠組みではどこにもきちんと説明されていないのに、どこでもかならず前提とされている事柄なのである。

ラカンがレヴィ＝ストロースを取り込むときに焦点としているのは、文化を再生産するときにはたらく近親姦の禁止と族外婚の規則である。そのさいに文化はおもに、一対の言語構造と意味作用として理解されている。ラカンにとって、息子と母の近親姦を禁止する《法》は、親族構造——言語をつうじておこなわれる高度に規則化された一連のリビドー置換——を起動させるものである。《象徴界》として集合的に理解されている言語構造は、その構造を作動させる個々の語りの行為体《エイジェンシー》からかけ離れた存在論的な全一性をもつものだが、他方で《法》は、あらゆる幼児が文化に参入する個別的な局面で、その《法》自身を再確認し、《法》自身を個体化していくものでもある。近親姦の禁止によって不満足が制定されるゆえに、発話が出現するのは、不満足という条件においてのみということになる。起源にある快楽《ジュイサンス》は、主体を基盤づける一次抑圧によって喪失させられる。そしてこの場所に記号がとってかわり、記号は、シニフィアンから遮断されると同時に、記号が意味する場所に、あの回復不能な快楽の回復を求めようとするものとなる。禁止に基盤をもつ主体がたとえ語ったとしても、それは欲望を、回復不能な快楽のメトニミー的な代替物に置き換えたにすぎない。だから言語は、満足させられることのない欲望の残余であり、そのべつの形の成就であり、けっして真には満足しない欲望の昇華を、文化が手を変え品を変え生産しているだけのものである。言語のつねなる意味作用の失敗は、言語の可能性に土台を与え、また指示作用が可能だという言語の自惚れを刻みこんでもいる禁止の、当然の結果なのである。

二　ラカン、リヴィエール、仮装の戦略

ラカンの議論のなかで、ジェンダーおよび／またはセックスで「あること」はどんなことかを問うていけば、ラカンの言語理論の目的を混乱させることになる。ラカンは、西洋の形而上学において存在論が最優先されていることに異議を唱え、「『存在（あること）』であるのは何か／『存在（あること）』をもつのは何か」という質問は、それに先立つ問い「『存在（あること）』が父系列機構《エコノミー》の意味実践によって、どのように制定され配置されているか」に従属するものだと主張する。「存在（あること）」と、その否定と、この両者の関係を存在論的に特定する作業は、父系的な法とその差異化のメカニズムによって構造化されている言語がおこなう作業だと彼は理解する。事物は「ある」という性質をもつが、それが存在論的な身ぶりによって起動するようになるのは、唯一、《象徴界》という、それ自身が前―存在論的である意味構造の内部においてなのである。

したがって、《ファルス》で「あること」――つまり、それ自身の理解可能性の前提として性差を持ちだす《法》の権威主義的な意味づけで「あること」――とはいったい何なのかを、まず問わなければならない。そうでなければ、存在論そのものを問題にすることはできない。また、「あること」にアク

セスすることもできない。《ファルス》で「あること」と、《ファルス》を「もつこと」は、言語の内部の多様な性位置、あるいは位置ナシ（実際のところは、不可能な位置）を指し示している。ファルスで「ある」ことは、《他者》の欲望のシニフィアンであるということであり、シニフィアンのように見えるということである。換言すれば、それは対象、つまり（異性愛化された）男の欲望の《他者》であることであり、同時に、その欲望を再=現前化《リプレゼント》し、反映するものであるということだ。これは、女という他性によって男性性の境界を構築している《他者》ではなくて、男性性の自己説明の場を構築している《他者》なのである。したがって女が《ファルス》で「ある」ことは、《ファルス》の力を反映し、《ファルス》の力を意味づけ、《ファルス》を「具象化し」、《ファルス》が貫く場所を供給しているということである。さらには、《ファルス》の他者、《ファルス》の不在、《ファルス》の欠如、《ファルス》のアイデンティティの弁証法的な確認で「ある」ことによって、《ファルス》を意味づけているのである。ラカンは、《ファルス》をもたない《他者》は《ファルス》である者とまず述べておいて、次に、権力というのは、〈もたない〉というこの女の位置によってふるわれるものであり、《ファルス》を「もつ」男の主体は、この《他者》に対して、《ファルス》を追認せよ、そしてそれによって「拡大的な」意味で《ファルス》になれと命じているのだと述べている[13]。

　この存在論的な性格づけの前提には、「あること」の外見や効果は、つねに意味構造によって生みだされるという考え方がある。《象徴界》の秩序は、《ファルス》を「もつ」立場（男の立場）と、《ファルス》で「ある」立場（逆説的だが、女の立場）という、相互に排他的な二つの立場によって、文化的な理解可能性を作りだす。この二つの立場の相互依存は、ヘーゲル的な主人と奴隷のあいだの不完全な互恵構造――とくに、自分のアイデンティティをその反映によって確立するために、主人が奴隷に不本意にも依存しなければならない構造――を思い起こさせる[14]。しかしラカンは、このドラマを幻想の領域に置く。「あること」と「もつこと」を二元的に分離したうえでアイデンティティを確立する試みはすべて、その幻想の構築物に基盤をあたえつつ《象徴界》と現実界の共約不可能性を刻みこんでいる不可避の「欠如」や「喪失」へと、たち戻っていくものである。

もしも《象徴界》が、文化の次元でのみ普遍化される意味構造であって、現実界のどこにもその十全たる裏付けをもたないと考えるなら、次のような問いを立てることは有効だろう――文化を横断するように見えるこの事柄のなかの何が、あるいは誰が、何を、あるいは誰を意味づけているのか。しかしながらこの問いは、あくまで主体をシニフィアン、対象をシニフィエと仮定する枠組みのなかでの問いかけにすぎず、構造主義が主体を放逐する以前に存在していた哲学の伝統的な認識論の二分法の枠組みを、温存したままである。たしかにラカンは、この意味づけの図式に疑問を投げかけてはいる。だが彼が両性間の関係を考察するときに前提としたのは、語る「わたし」を、抑圧作用の男の側の効果――つまり、自律的で自己に基盤をもつ主体として措定されてはいるが、アイデンティティの形成過程でそれが排除している性位置によってその首尾一貫性をつねに疑問視されるもの――とみなす見方である。ラカンによれば、主体が出現する――つまり、言語のなかで自己基盤的なシニフィアンとしてたち現れはじめる――ためには、(今は抑圧されている)母の身体に関連した、個体化以前の近親姦的な快楽を一次抑圧するという条件が必要なのである。

男の主体は、意味を編みだし、よって意味づけをおこなうものであると、見えているだけである。自分で自分を基盤づけているこの男の見せかけの自律性は、抑圧――自律性の基盤をなし、かつその基盤をつねに喪失の可能にさらすもの――を隠蔽しようとする。だが意味構築のこのプロセスは、男の力を反映する女――幻想の自律性でしかないものに、現実の力があるようにあらゆるところでくりかえし確認してくれる女――を必要とする。この作業は、少なく見積もってもかなり混乱したものである。というのも、男の主体／シニフィアンの自律性の反映を女に求めることが、その自律性の構築にどうしても必要なものとなり、それゆえにその自律性を結果的に切り崩してしまうような根本的な依存関係を、両者のあいだに作りあげてしまうからである。だがこの依存関係は、否定されているにもかかわらず、じつは男の主体が求めているものでもある。なぜなら、記号を再確認してくれる女は、置換された母の身体であり、個体化に先立つ快楽《ジュイサンス》の回復を、見果てぬ夢ではあっても、たえず約束してくれるからである。したがって男性性がもつこの矛盾は、抑圧や個体化に先立つ十全たる快楽への回帰を――またしても、にもかかわらず――約束するような自律性の存在を、ここで完全に認めることを要請するもののようだ。

　女は《ファルス》で「ある」と言われているが、それは女が、男の主体という自己基盤的な位置の「現実性」を反映し、またそれを再＝現前《リプレゼント》させる力をもっているという意味においてである。つまり女は、男性的な主体位置という基盤的な錯覚を打ち砕く力を（たとえ今は奪われてはいても）、理念的にはもつとされているのである。《ファルス》――すなわち、一見して男に設定されている主体位置を反映し、保証するもの――は、女である。そのような女は、ファルスで「ある」ために、男でないものになること、男でないもので「ある」ことが求められ（ただし「あたかもそうであるかのような身ぶりで」という意味においてだが）、男でないという、その欠如の位置につくことによって、男の本質的な機能をゆるぎないものにしなければならない。だから《ファルス》で「ある」ことは、男という主体「のために存在している」ことであり、男という主体は、この「〜のために存在する」ものを認めることによってのみ、彼のアイデンティティをくりかえし確認し、増大させることができる。語気強くラカンは、男が女の意味を意味づける、あるいは女が男の意味を意味づけるという考え方に反駁する。《ファルス》で「ある」ことと、《ファルス》を「もつ」ことの区別と両者の交換は、《象徴界》すなわち父の法によって確定されるものである。もちろんこの不均衡な互恵モデルの喜劇的側面は、男性的な位置と女性的な位置の双方がともに意味づけられているものにすぎないということ、そしてそれを意味づけているシニフィアンが、この二つの位置によって表徴形態として表されているだけの《象徴界》に属しているということである。

《ファルス》であることは、父の法によって意味づけられているということであり、法の対象であり、同時に法の道具だということであり、さらに構造主義的に言えば、法の権力の「記号」であり、約束であるということだ。したがって、父の法がその勢力を拡大するときの交換の対象（構築され、意味づけられる対象）として、また法が現れるときのその形態として、女は《ファルス》である――つまり、終わりなき循環の標徴である――と言える。だが、この《ファルス》で「ある」ということは、女が十全にその法を反映できないがゆえに、つねにかならず不満足なものとなる。そのせいで、女自身が欲望を断念すること（フロイトが女性性の基盤に位置づけた抑圧の「二重の波」に呼応するような二重の断念[15]）が要請されると述べるフェミニストもいる。このことは、女から欲望を取りあげて、その女の欲望を、《ファルス》のあまねく必然性の反映や保証になりたいという欲望に変えてしまう操作である。

他方、男は《ファルス》を「もって」おり、けっして《ファルス》で「ある」わけではないと言われている。というのもペニスは、そのような《法》と等価ではなく、《法》を十全に象徴化することができないからだ。だから《ファルス》を「もつ」という位置につこうとしても、それは必然的に、あるいはそもそもの前提として、不可能なのである。その結果、《ファルス》を「もつ」位置も、《ファルス》で「ある」位置も、ラカンの文脈では、喜劇的な失敗として――だがそれにもかかわらず、その不可能性を繰り返し分節化し演じることを強制される喜劇的失敗として――結局は理解されることになる。

だが、女は《ファルス》である――《ファルス》を具象化し、支える欠如である――ように、なぜ

「見える」のか。ラカンによれば、それは仮装、つまりそのような女の位置につきもののメランコリーの効果があるからである。ラカンは初期の論文「ファルスの意味作用」のなかで、「両性間の関係」についてこう述べている。

これらの関係は〈あること〉と〈もつこと〉をめぐるものであると言える。それらは、シニフィアン——つまり《ファルス》——を引きあいにだすがゆえに、一方ではこのシニフィアンをつうじて主体に現実性を与え、他方では、意味を与えられる関係を非現実的なものにするという、矛盾した効果をもつ。(16)

この文章の直後で、ラカンは、異性愛の「非現実性」と、男の主体の見せかけの「現実性」の両方に言及しているように思える。またさらに、女の位置も次のように語っているようにみえる(引用のなかで括弧にくくった部分はわたしの説明)——「今、述べたことが起こるのは、一方ではそれを守るために、他方ではその欠如を覆い隠すために、『もつ』ことの代わりに、『そのように見える』という句が挿入されるためである(もちろん、女は「もた」ないと言われているために、この句が必要となる)」。ここには文法的なジェンダーはないが、ラカンが述べているのは、「欠如」という性質をもち、したがってそれを覆い隠す必要があり、また明確にされない理由で保護の必要もある女の位置であるように思われる。したがってラカンの主張では、この位置は、「男女両方の行動の理想的、典型的な表出——性交に至るものであり、かつ性交を含むもの——が、結局は喜劇へとなだれ込む結果」(八四)を生み出していくのだ。

ラカンはなおもこの異性愛の喜劇を説明して、女に強制されている《ファルス》で「あるように見える」ことは、当然、仮装であると説明する。仮装という用語は、これが矛盾した意味をもつので、重要な用語である。一方で、もしも「あること」――すなわち《ファルス》という存在論的な個別性――が仮装ならば、すべての〈あること〉は見せかけ――〈あること〉の見せかけ――の形態となり、その結果、あらゆるジェンダーの存在論は見せかけの戯れとなってしまう。他方、仮装というのは、仮装に先立つ女性性で「あること」――すなわちそのような存在論的な個別性――も示唆するものである。その場合、女の欲望や女の欲求は、今は仮面をつけてはいるが、それをはずして本当の顔を見せることも可能であり、つまりは男根ロゴス中心主義の意味機構を、やがては解体し、置換する可能性もみせてくれるものとなる。

このラカンの分析の曖昧な構造からは、少なくとも二つのまったく異なった課題が見え隠れしている。一方で仮装というのは、セックスの存在論をパフォーマティヴに生産するもの――それ自身を「あること」として納得させる見せかけ――だと理解できるし、他方では、男根主義の機構ではつねに表象不能とされている先在的で存在論的な女性性を前提とした女の欲望を、覆い隠して否定するものとしても読める。イリガライは後者の考え方にそって、こう語っている――「仮装というのは〔…〕女がおこなう事柄である〔…〕その理由は、男の欲望に参与するためである。だがそのとき、女自身の欲望を断念するという犠牲を払うのだ」[17]。前者の課題は、パロディ的な（脱）構築として、ジェンダーの存在論を批判的に考察することであり、おそらく、「見えること」と「あること」の区分が不確定だという、区分の流動性の可能性を追求することになるだろう。つまりラカンによって部分的にだが追求されていた、セックスの存在論の「喜劇的」次元を突きつめることになるだろう。後者の課題だと、男根主義の機構のなかで抑圧されつづけている女の欲望（それがどんなものであれ）を取り戻し、解放するために、仮面をはずすというフェミニズムの戦略を起動させることになるだろう[18]。

おそらくこの二つの方向は、そう見えているほどには、互いに相手を排除するものではない。なぜならば、見せかけはこうしているあいだにも、ますます胡散臭いものになっていくからである。ジョーン・リヴィエールの「仮装としての女らしさ」と同様に、ラカンにおいても、仮装の意味の考察は、仮装によって隠されているものが何なのかの解釈によって大きく異なってきた。仮装とは、かならず否定され、したがって欠如とされ、にもかかわらず、何らかの方法でかならず現れる女の欲望が必然的に身につけるものなのか。仮装は、《ファルス》であるように見えるために、この欠如を否定した結果なのか。仮装は、異性愛化された女性性という継ぎ目のない構築物を破壊するかもしれない両性《バイセクシュアリティ》性の可能性を覆い隠すために、《ファルス》の反映として、女性性を構築しているのか。仮装は、リヴィエールが言うように、報復に対する恐怖と攻撃を、誘惑や恋の戯れに変えるものなのか。仮装は、先天的に与えられている女性性――男の主体に従属しない他者性であり、男性性がつねに失敗することをあばく女の欲望――を隠蔽し抑圧することに、そもそも貢献するものなのか。それとも仮装は、まず女性性そのものが確立されるときの手段であって、男性性は排除されて女というジェンダー位置の外側に置かれるような、排他的なアイデンティティを形成するものなのか。

ラカンは先の引用のあとにこう続ける。

> この公式は逆説的にみえるかもしれない。だが、女が女性性の本質的な部分を拒否しようとしても――とくに注目すべきは、あらゆる女の属性を仮装をつうじて拒否しようとしても――それは《ファルス》になるため、《他者》の欲望のシニフィアンになるためである。女が愛されると同時に欲望されることを望むのは、ただ、女がそうでないもののためである。だが女は、自分自身の欲望のシニフィアンを、自分が愛の要求を向ける相手の身体のなかに見いだす。意味づけの機能をもたせ

られたこの器官はフェティッシュの価値をもつことを、もちろん忘れてはいけない。（八四）

この名づけえない「器官」、ペニスと思われているもの（けっして発話してはならないヘブライ語のヤハウェのように扱われているもの）こそフェティッシュであるというならば、ラカン自身が考えているように、いともたやすくそれを忘れ去ることがなぜありえるのか。そして、否定されるべき「女性性の本質的な部分」とは、何なのか。かつては否定され、いまは欠如としてたち現れてくる、再度名づけえぬものとされた部分とは、何なのか。あるいは、女が《ファルス》それ自体としてたち現れるために拒否されるべきものは、欠如そのものではないのか。この「本質的な部分」の名づけえぬ性質とは、それを忘れる危険にわたしたちがつねに晒されている男の「器官」にまつわる、同じく名づけえぬ性質なのではないか。これこそ、女性性の仮装の中核で、抑圧を構築している忘却性ではないか。《ファルス》を確認し、よって《ファルス》となる欠如として現れるために没収されるべきものは、男性性と考えられているものではないか。つまり、《ファルス》の確認をおこなう欠如となるために否定されるべきものは、男根《ファルス》になりえるという可能性ではないか。

　ラカンは、「愛の拒絶を解決する手段である同一化《アイデンティフィケーション》を支配しているのは〔…〕仮面の機能である」（八五）と述べることによって、彼自身の立場を明確にした。つまり仮面は、メランコリーの体内化《インコーポレイション》の戦略の一部をなすものであり、喪失が愛の拒絶から生まれるときに、喪失された対象／《他者》の属性を自分が身に帯びようとすることである。[19] 仮面がこういった拒絶を「解決する」と同時に「抑え込む」ことができるのは、拒絶そのものを拒絶する戦略として、取り込み《アプロプリエーション》がなされるからである。つまり結果的に二重に喪失されたものをメランコリーによって吸収することで、アイデンティティの構造を二重にする、二重の否定がなされるのである。

ラカンが仮面の議論を、女の同性愛の説明と結びつけたのは、意味深い。「観察結果が示しているように、女の同性愛指向は、愛の要求のこの面をさらに強める絶望に由来している」（八五）とラカンは述べる。ここでは、誰が観察しているのか、何が観察されているのかは、都合よく語られていない。しかしラカンは、自分の発言が、そう見たい人には誰にでもそうと分かるように配慮している。「観察」によって見られているのは、女の同性愛者の基盤にある絶望であり、そこでは、仮装をつうじて抑え込まれ／解決されているはずの拒絶を、この絶望が呼びおこすのである。また女の同性愛者は、さらなる理想化——欲望を捨てるという代償を支払ってこそ追求できる愛の要求——に従属していると、どうしたわけか「観察」されてもいる。

ラカンは「女の同性愛」について、さきほど引用した箇所につづけて、こう述べる。「これらの説明が適切なものとなるのは、愛の拒絶の解決手段である同一化を支配している〔はずの〕仮面の機能に立ち戻るときでなければならず」、もしも「観察結果が示しているように」女の同性愛が絶望の結果というならば、この絶望は、観察されるためには見てとれる——しかもはっきりと見てとれる——ものでなければならない。観察結果が示していると言うが、もしも女の同性愛が絶望した異性愛に由来するとラカンが仮定するならば、異性愛が絶望した同性愛に由来することも、観察者には同じく明らかなのではあるまいか。「観察されている」のは、女の同性愛者の仮面なのか。もしもそうならば、どのようなはっきりとした読み取り可能な表現があって、それが、欲望を（理想化された）愛の要求に置換したことだけでなく、この「絶望」やこの「性指向」の存在をも証明するものとなるのか。ラカンがおそらく示唆しているのは、観察によってはっきりと見えているのは、脱性化されたレズビアンの位置——すなわち欲望の不在という形となって出現する拒絶の体内化——だということだろう。[20] だがこの結論は、レズビアンのセクシュアリティをセクシュアリティ自体の拒絶とみなす異性愛の男の観察視点から必然的に生まれてきたものと思われる。というのも、セクシュアリティは異性愛的なものと考えられており、またここで異性愛の男に設定されている観察者が、明らかに彼女たちによって拒絶されているからである。実際のところ、さきほどの説明は、観察者を絶望させた拒絶があったがゆえになされたのではないか。そのような絶望は、拒絶などなかったと否認し、拒絶をべつのものに投影し、そうすることによって、彼を拒絶した女に、本質的な性格というものを捏造していくものではないか。

ラカンは、代名詞の位置を彼特有に自在に動かすことによって、誰が誰を拒絶するかということを曖昧にした。しかしこの自由に浮遊する「拒絶」が、重要な道すじをとおって仮面に結びついていくと、読者は何となく考えるようにさせられている。あらゆる拒絶が、現在または過去に存在する、それとはべつの結びつきへの忠誠心に発するなら、拒絶は同時に、何かを温存するものでもある。したがって仮面はこの喪失を隠蔽するが、隠蔽によってこの喪失を保存（そして否定）してもいる。仮面は、メランコリーの二重の機能である二重の機能をもつ。仮面が付けられるのは、体内化というプロセスをつうじてであるが、このプロセスは、身体のなかに——身体のうえに——メランコリックなアイデンティティを刻み込み、次にはそのアイデンティティを身におびていくプロセスである。したがってそれは、拒絶された《他者》の鋳型で身体を意味づけていくことである。拒絶は拒絶した者を取り入れることによって、拒絶を支配しようとするので、すべての拒絶は意味をもたなくなり、拒絶した者は、拒絶された者のアイデンティティの一部となる。実際には、拒絶《リフューズ》された者の心的滓《リフューズ》となる。対象の喪失は、その喪失を体内化するまでに拡大した精神／身体の領域のなかに再配分されるがゆえに、けっして絶対的な喪失とはならない。そしてこのことは、ジェンダーの体内化のプロセスを、メランコリーという、それより広い軌道のなかに位置づけるものである。

一九二九年に出版されたジョーン・リヴィエールの論文「仮装としての女らしさ[21]」は、攻撃と闘争解決の理論で仮装としての女性性を説明するものである。この理論は一見すると、仮装を性位置の喜劇としてとらえるラカンの分析とかなり隔たっているように見える。彼女はまず、女のセクシュアリティは異性愛の形態か同性愛の形態かのどちらかに発達していくと説くアーネスト・ジョーンズの類型論を、敬意をもって考察することから始めている。だが彼女がおもに論じるのは、異性愛と同性愛の境界を曖昧にし、それによってジョーンズの分類法を暗に疑問視する「中間タイプ」である。リヴィエールは「中間タイプ」に焦点をあてて論じることの正当性を主張するために、日常的な認知や経験に頼ろうとするが、このくだりは、「観察」に安易に言及したラカンに類似するものだ。「たいていは異性愛の発達をしているが、反対のセックスの特徴を明らかに強く示している男や女の類型に、私たちは日常生活でよく出くわす」(三五)と彼女は語る。ここで示されているのは、男女の二つの属性をあわせもつ例が観察されることを前提として、それを自論に組み込む分類法である。明らかにリヴィエールは、あるセックスの特徴を示すとはどういうことか、そのような明白な特徴が性指向と思えるものを表出または反映しているとどうして考えられているかについての型どおりの考え方から論を始めている。(22) このような認知や観察は、セックスの特徴と欲望と「性指向」(23) のあいだの相関関係を想定しているだけでなく、このような認知行為そのものによって、三者のあいだに統一性を作りだしているものでもある。ジェンダーの属性と自然化された「性指向」のあいだにリヴィエールが置いた統一性は、セックスの「想像上の組成」とウィティッグが呼んだ事柄のひとつの例となるだろう。

だがリヴィエールは、二つのジェンダーの属性をあわせもつことの意味を「闘争の相互作用」(三五)で説明する精神分析に頼ることによって、セックスの類型論を自然なものとみる見方については疑問を投げかけている。ある種の女に見られる「男性的な」属性らしきものはそのひとの「根元的、基盤的な性向」だとする理論と、この種の精神分析の理論とを、リヴィエールが対比したことは、重要である。

換言すれば、そのようなジェンダーの属性を獲得することも、また異性愛指向や同性愛指向を完成することも、不安の抑圧を目標にした闘争の解決をとおして得られるものだと解釈したのである。自分の論と似た主張をおこなうものとして、リヴィエールはフェレンツィを引きあいにだす。

フェレンツィが指摘しているのは〔…〕同性愛の男は自分の同性愛を「防御」するために異性愛を誇張するということである。わたしがこれから示したいことは、男らしくありたいと望む女は、不安や、男から報復を受けるのではないかという恐怖をなくそうとして、女らしさの仮面をつけるということである。(三五)

同性愛の男が誇示するとされている「誇張された」異性愛の形態がどんなものかは、ここでは明らかではない。だがここで注目すべき現象は、ゲイ男性は、異性愛の男とさほど大きく異なっているようには見えないという、まさにそのことである。恰好や外見に目に見えるほどの相違がないということは、「防御」の徴候だと診断できるかもしれない。だがその理由はただひとつ、分析者が文化のステレオタイプから借りてきて持ちつづけている同性愛者の概念に、問題のゲイ男性が合致していないというだけのことである。ラカン派の分析者なら、次のように主張するかもしれない。それがどんなものであれ、一見して異性愛のように見える属性を「誇張したもの」が同性愛の男に見られるということは、《ファルス》——つまり能動的で異性愛化された欲望を必要とする主体位置——を、彼が「もとう」としているからだと。同様に、みずからに「男らしさを望む女」がつける「仮面」は、去勢によって《ファルス》を男たちから奪ったので、男たちからの報復を防ぐために、《ファルス》を「もつ」ことを断念しようとするのだと。リヴィエールは、報復の恐怖は、男の位置——もっと正確に言えば、父の位置——

につきたいと願う女のファンタジーの結果だと説明する。彼女が説明しているケースだと（それは彼女自身の自伝だと言う人もいるが）、父との争いは、予想されるような母への欲望をめぐるものではなくて、語り手、講演者、作家として——つまり、記号＝対象や交換物としてではなく、記号の使用者として——公的な言説をつかうという父の位置を、めぐるものである。去勢したいというこの欲望は、言語のなかで主体としてたち現れるためには〈記号としての女〉という位置を捨てたいと願う欲望として、理解できるだろう。

実際リヴィエールは、同性愛の男と仮面をつけた女のあいだに類似を見いだしたが、それは、彼女の見方では、男の同性愛と女の同性愛が類似しているということではない。女らしさとは、みずからに「男らしさを望む」女が、公的に男らしい外見をとることで受ける報復を恐れて、身につけるものである。だが男らしさは、女らしく見えることを、おそらく他人からではなくて自分自身から隠そうとしている同性愛の男が、身につけるものである。女は自分が去勢したいと願っている男の観客から、自分の男らしさを隠そうとして、それを承知で仮装する。だが同性愛の男は、自分自身の同性愛を認めることができないため（あるいはもしもそれが分析者のものであれば、分析者自身がそれを認めたくないから）、自分の「異性愛」（異性愛者として通用しうる男らしさの意味なのか）を、「防御」として、それと知らずに誇張すると言われている。換言すれば、同性愛の男は去勢を望むと同時に恐怖することによって、思わず知らず、自分自身に報復しているのである。フェレンツィやリヴィエールにはわかっているようだが、同性愛の男は、自分の同性愛を「わかって」いないのだ。

だがリヴィエールは、彼女が記述している仮装した女の同性愛については、わかっているのだろうか。仮装した女が、リヴィエールが言うように同性愛の男と類似したものであるなら、みずからに「男らしさを望む」女が同性愛的であるというその理由は、ただ単に男に同一化しているだけであって、彼女の性指向や欲望と関係があるものではない。リヴィエールは、まるでそれが男根の盾であるかのように、ジョーンズの類型論をふたたび持ちだして、仮装タイプとして理解される女の同性愛者たちを無性的なものとみなす「防御」について公式化し、このように述べる、「同性愛の女の第一グループは、他の女にはまったく興味がないけれども、男から自分の男らしさを『認めて』ほしいと願い、自分は男と同じだ、つまり男自身だと主張するような女なのである」（三七）。ラカンの場合と同様に、ここでもレズビアンは無性の位置、実際には、セクシュアリティを否定した位置に意味づけられている。フェレンツィと自分の主張の類似性を完璧なものにしようとして、リヴィエールの記述は、「同性愛の男」の女版であると理解されている、セクシュアリティの次元での女の同性愛からは、みずからを引き離して「防御」しているのである。しかし女に対する性的欲望については何も語らないまま、女の同性愛に言及するこの記述を読み解こうとしても、いまひとつはっきりしない。もしかしたらリヴィエールがわたしたちに信じさせようとしているものは、セックスの類型論のなかのこの興味深い異形グループは、抑圧された女の同性愛にも異性愛にも還元することができないということかもしれない。隠されているのは、セクシュアリティではなくて、怒りなのである。

　唯一可能な解釈は、仮装する女が男らしさを望む理由は、公的な言説で男と渡り合うため、しかも男同士のホモエロティックな交換に参与する一人の男となって渡り合うためだというものである。そして、男同士のホモエロティックな交換は去勢を意味するので、同性愛の男に「防御」の必要性を感じさせたのと同じ報復の恐怖を、女も感じることになる。実際、おそらく仮装としての女らしさは、男の同性愛——イリガライが言う、覇権的な言説が前提としているエロス、つまり「単一《ホモ》のセクシュアリティ[hommo-sexuality]」——から屈折してきたものとみなされている。どちらの場合にしてもリヴィエールが提示していることは、このような女が男に同一化しているとしても、その目的は、性関係のなかで何らかの位置を占めることではなく、むしろ、性の対象が不在である競争――少なくとも彼女が名づけることができるような対象は何もない競争――をすることだということだろう。

リヴィエールのテクストによって、次のような問題を再考する手段が得られる――仮装によって隠されているのはいったい何なのか。ジョーンズが厳密に区分している分類法から袂を分かつ重要な箇所で、リヴィエールは、「仮装」は「中間タイプ」の特徴を超えたものであり、すべての「女性性」の中心にあるものだと述べている。

> わたしが女性性をどう定義するか、本物の女性性とその「仮装」の境界をどこに引くかに、読者は疑問をもつかもしれない。だがわたしが言いたいのは、両者のあいだに差異はなく、その根源においても、表層においても、両者は同一だということである。（三八）

物真似や仮面に先立つ女性性はないという彼女の主張は、スティーヴン・ヒースによって「ジョーン・リヴィエールと仮装」という論文で、「本物の女性性は、それを演じる物真似であり、仮装である」という考えを証明するものとして取り上げられた。リビドーは男性性的な性質だという考え方に基づいて、ヒースは、女性性はそのようなリビドーを否定するものであり、「基盤に存在する男性性を隠蔽、偽装するもの[24]」だと結論づけた。

女性性は、男への同一化を抑え込み／解決する仮面となる。なぜならここで想定されている欲望の異性愛マトリクスのなかでは、男への同一化は、女という対象――《ファルス》――に対する欲望を生産するものとなるからだ。したがって仮面として女性性を装うことは、女の同性愛を否定していることを示していると同時に、否定した女という《他者》を、誇張して体内化していることを示すものでもある。

つまり、強制的異性愛を吹き込まれることから生じる、メランコリーによる否定的な自己愛の循環のなかで、同性愛を保存し、守っている奇妙な形態を示すものである。

リヴィエールは自分自身の男根主義を恐れているのだと、解釈する人もいるだろう。[25] つまり、彼女の講演や、彼女の著作——その論自体が隠蔽すると同時に実践している男根主義について書かれた彼女の著作——のなかで、自分がファルスに同一化していることが明らかになるのを恐れているのだと。しかし、愛することをみずからに禁じた、その対象に自分自身がなることによって、否定すると同時におこなおうとしている彼女の署名は、彼女自身の男のアイデンティティではなく、男の異性愛の欲望なのである。これは、女への欲望はすべて、男性的で異性愛的な位置から導きだされる主体（そのセックスやジェンダーは問わない）が有するものだと説明するマトリクスがつくりだす苦境である。ここでは、〈男のものであるリビドー〉こそ、あらゆるセクシュアリティが発生する源だと考えられているのである。[26]

ここでジェンダーとセクシュアリティの類型論は、ジェンダーは文化の産物だと説明する言説に道を譲らなければならなくなる。たとえリヴィエールの被分析者が、同性愛の感情をもたない同性愛者だとしても、その理由は、同性愛というオプションがリヴィエールにはあらかじめ与えられていないからである。文化のなかに存在するこの禁忌は、まさにそこ、彼女の講義のなかに存在しており、彼女を講演者に、聴衆のほとんどを男に定めて、彼女と聴衆をくっきりと区別する。彼女は、男を去勢したいという自分の願望が知られることを恐れているが、共通の欲望の対象をめぐって自分が男と競争しているとは、断じて認めない——もしもそのような欲望の対象をもたなければ、彼女が自認している男への同一化は、それを確認することもできず、それに必要な記号もなくしてしまうにもかかわらず、である。事実、彼女の説明の前提にあるのは、セクシュアリティへの攻撃という第一課題であり、男を去勢して男の主体位置につきたいという欲望、競争に根をもつと主張されている欲望であり、彼女にとっては置換という行為によってそれ自身を蕩尽してしまう欲望なのだ。だが次のような質問は有益だろう――このセクシュアリティへの攻撃はどのような性的幻想に貢献することになるのか――それはどのようなセクシュアリティを権威づけるものなのか。言語使用者の位置につくという権利は、その表面的な目標としては、被分析者を攻撃することだが、じつは女性性を捨て去ることではないか。つまり、言語使用者の位置を発話行為のなかに用意し、そうすることで語る主体の権威を幻想において確認する《ファルス＝他者》としてかならずふたたび現れる女性性を、捨て去ることではないか。

　したがってここでもう一度考えなければならないことは、このように構築されている男性性や女性性の概念は、解決される以前の同性愛の備給に、その根をもっているということである。メランコリーをつうじて同性愛を拒絶し／抑え込むことは、同性の欲望の対象を体内化することで完成し、それがふたたび登場してくるのは、互いを排除する対立するセックスを必要とし、それを制定する二つの別個のセックスの「資質《ネイチャーズ》」がつくられるときである。両性性《バイセクシュアリティ》／両性愛を一次的なものと考え、リビドーの一次的性質を男のものとみなすだけでは、まだこのようなさまざまな「一次性」という構築物を説明することはできない。精神分析の説明のなかには、女性性の基礎は男性的な部分の排除にあると主張するものがあり、そこでは男性性は、両性的な精神組成の一つの「部分」とみなされている。まず二つのものが共存していると想定され、次に抑圧と排除が介入して、この二つのものから別々の二つのジェンダー「アイデンティティ」が作りあげられ、その結果、アイデンティティは、つねにすでに、抑圧によって個々の成分に切り分けられるまえの両性的な気質を、生得的にもつものとなる。ある意味で、文化のなかに存在する二分法の制約は、両性《バイセクシュアリティ》愛が見慣れた異性愛に分岐して「文化」のなかに出現する以前の、前‐文化的な両性愛にその根をもつのである。しかしそもそもの始めから、セクシュアリティのなかに存在する二分法の制約がはっきりと示していることは、文化が両性愛のあとに現れて、両性愛を抑圧しているのではないということだ。なぜなら文化は、一次的な両性愛を思考可能なものにさせる理解可能性のマトリクスを構築するものであるからである。精神の基盤として措定され、のちに抑圧されると言われている「両性愛」は、あらゆる言説に先立つと主張する言説によって生産されるものであり、規範的異性愛という、強制的で産出的な排除実践をとおしてもたらされるものである。

ラカン派の言説は、「分割」の概念を中心におく。つまり、主体を内的に二つに分割し、それによってセックスの二元体を打ちたてる一次的あるいは基盤的な分離である。だがなぜ二つに分かれることに、これほど焦点を当てるのか。ラカンの主張では、分割はつねに法の結果であり、法が作用するまえに存在している条件ではないらしい。ジャクリーヌ・ローズは、「どちらのセックスにとっても、セクシュアリティは、その基盤にある分割を空洞化する二心性に必然的に関わっていくものである(27)」と述べ、抑圧の結果であるセックスの分割は、アイデンティティという戦略それ自体によって、かならず空洞化されることを暗示した。だが、性差という場に存在する二つの性的位置の単声的な身ぶりを空洞化しはじめるのは、言説のまえに存在していた二重性ではないか。しかしローズは説得的にこう述べている——「われわれが見てきたように、ラカンにとっては、前‐言説的な現実はなく（『個別の言説による以外、どうすれば前‐言説的な現実に回帰できるのか』SXX三三）、利用可能で回復可能な、法に先立つ地点はない」。男根主義の機構の外側に女の書きものの位置をしるそうとするイリガライの試みを間接的に批判して、ローズはこう付け加える。「そして言語の外側に、女性性は存在しない(28)」。もしも禁忌がセクシュアリティの「基盤的な分割」を作りだすものなら、そしてもしもこの「分割」が、分割の人為性ゆえに二心的なものだと示されれば、分割に抵抗する分割があるはずだし、すべての分離の試みを空洞化しはじめる精神の二重性や生得的な両性愛があるはずだと見なければならなくなる。この精神の二重性を《法》

の結果とみなすことは、ラカン自身の目的であるが、同時に、彼の理論のなかの抵抗の地点でもある。あらゆる同一化は、何らかの幻想をその理想としているがゆえにかならず失敗するとローズが主張したのは、たぶん正しい。所与の父＝息子や母＝娘の同一化の達成を前提とした、発達論の体をなす精神分析の理論はどれも、《象徴界》と現実界をまちがって融合し、両者を共約不能とする決定的な地点――「同一化」や、《ファルス》で「ある」ことや、《ファルス》を「もつ」ことのドラマが、つねに幻でしかないことをあばく地点――を見逃してしまう。[29] だがこの幻像の領域――《象徴界》と現実界の共約不能性を定めている規則――を決定しているものは何なのか。このドラマは、西洋の後期資本主義の家族成員に当てはまるものだと主張したり、たぶん未来のべつの《象徴界》の体制においても《象徴界》はセックスの存在論の言語を支配しているだろうと主張するだけでは、明らかにじゅうぶんではない。《象徴界》はすべからく幻だと措定することによって、この「すべからく」がいつの間にか「不可避に」という意味になってしまい、結果的に文化の安定化に力を貸すようなセクシュアリティの記述を産出してしまうからである。

　言説のまえにあるものを不可能性とみなすラカンの解釈は、《法》を禁止的でかつ産出的なものとして概念化する批評をつくりだすことになる。生理学や気質という言葉がここで使われていないのは喜ばしいことだが、それでも二分法の制約はいまだに作動して、セクシュアリティを枠づけ、定式化し、「現実界」への抵抗形態をまえもって制限している。抑圧されるものの領域をしるしをつけて追い払うことによって、排除は、抑圧に先立って――ということは、《法》とそれに従属する対象の境界を定める作業のなかに――作動している。ラカンにとって抑圧とは、抑圧されるものを禁止と父の法によって作りだすことだと言えるかもしれない。しかしこの主張は、彼の著作全体を覆っているノスタルジー――十全な発露を奪われた快楽《ジュイサンス》へのノスタルジー――を説明するものではない。事実、快楽の喪失は、もしもその回復不能性を、禁止の法によって現在から隔てられている過去に見いだすならば、それを喪失として理解することはできない。基盤にある主体の位置からはこの過去を知りえないと言ったからといって、過去が主体の発話のなかで失敗や不整合やメトニミー的な言い違えとしてふたたび現れてこないということにはならない。カントにとってさらに真実な本体的現実が存在していたように、法のまえに存在する快楽《ジュイサンス》という過去は、語られる言語の内部からは知りえないものとなっている。だがそれは、この過去に現実性がないという意味ではない。過去にアクセスすることができないということ自体が——現在なされている発話のメトニミー的な言い違えによって示されるものであるゆえに——その起源の十全さを究極の現実として、逆説的に確認するのである。

さらなる疑問が発生する。《象徴界》の説明として、そんなことは不可能だとわかっているのに《法》に順応せよと要求するものだとか、《法》そのものの融通性の余地を認めないもの、つまりもっと可変的な形態に《法》が文化的に定式化しなおせる余地を認めないものと言われているが、このような《象徴界》の説明に対して、どのようなもっともらしい根拠を与えうるのか。《象徴界》の処方どおりに性別化されよ、という命令はつねに失敗し、場合によっては、性的アイデンティティ自体が幻であることを露呈させる。現在の覇権的な形態のなかで文化的に理解可能な存在になれと《象徴界》は要求するが、この要求は、一方では、《象徴界》の幻想の力を結果的に強化するものであり、他方では、かならず失敗に終わるアイデンティティの形成のドラマを、多種多様に生みだすものでもある。では、アイデンティティの形成を完全に成功させればよいということにはならない。そうではなくて、ここにはある種のロマンティックな美化、実際には「失敗」——《法》のまえでの卑下や限界といったもの——に対する宗教的な理想化がはたらいており、それがラカンの語りをイデオロギー的に胡散臭いものにしているのである。けっして十全に実現されない法制的な命令と、「法のまえ」の不可避の失敗のあいだの弁証法は、「旧約聖書」の《神》と、報いられることなくしたがうだけの卑下した召人との、苦痛に満ちた関係を思い起こさせる。こういったセクシュアリティが、いまや欲求とも欲望とも異なった（セクシュアリティの影をまったく消してしまうほどの、一種の恍惚的な超越である）愛の要求（「絶対的な」要求とみなされるもの）の形をとって、宗教的な衝動を具現化するものとなり、その結果、すべてを決定づけるアクセス不能の神として人間主体のためにはたらくものとしての《象徴界》に、さらなる信憑性を付け加えるのである。

ラカンの理論のなかのこの宗教的な悲劇の構造は、欲望の戯れに向けてオルタナティヴな想像の世界を描こうとする文化の政治戦略を、ことごとく空洞化してしまう。もしも《象徴界》そのものが、《象徴界》が命じる課題の失敗を約束するものならば、その目的はおそらく、旧約聖書の《神》と同様に、目的論的なものではないと思われる――つまりそれは、何かの目標を達成するためのものではなくて、主体に、「法のまえ」にいることの限界感をもたせる服従と苦悩を強制するものなのだろう。もちろんアイデンティティの実現がつねに不可能になることを示すことによって、このドラマの喜劇的側面は明らかになる。だがこの喜劇的側面ですら、神を凌駕することが不可能だと認めることによって、神への隷属を、逆転的に表現するものとなるのである。

ラカンの理論は、一種の「奴隷の道徳律」として理解すべきである。ニーチェは『道徳の系譜』のなかで、《神》――アクセス不能な《象徴界》――は、権力なきものを規制によって制定する権力（権力への意志）のためにアクセス不能なものとなると考えたが、このニーチェの洞察をつかって、ラカンの理論をどのように説明しなおすことができるだろうか。[30] そのまえでは性別化された主体は失敗するしかない不可避で不可知の権力として、父の法をこのように比喩化することは、このような比喩をうながす神学的な衝動のためにも、またその向こうを指し示そうとする神学への批判のためにも、読み解いていかねばならないものである。失敗を約束するように構築された法が徴候的に示しているのは、《法》を永遠の不可能性として構築するために法が使っている産出権力に対して、そんなことはありえないと否定する奴隷の道徳律なのである。不可避の隷属を映し出すこの虚構を作りだす権力とは、いったい何なのか。自己否定の循環のなかで権力でありつづけるときの文化の賭け金とは、何か。また、偽装と自己＝隷属化／主体化《サブジェクション》によって権力となるような禁止的な法の企みから、その権力が抜けだすことができるなら、それはどのような方法によってであろうか。

三　フロイトおよびジェンダーのメランコリー

イリガライは、女性性やメランコリーの構造は相互に照合確認する「クロス・チェック」のようなものだと主張し、[31] クリステヴァは、『黒い太陽――抑鬱とメランコリー』や「ベリーニによる母性」のなかで、母性とメランコリーを同一のものとしたが、[32] この二人の分析は、異性愛の枠組みのなかでジェンダーを生産するさいに同性愛がメランコリーによって否定／保存されることを理解しようとするものではない。フロイトは、「自我形成」や「性格」の根幹にかかわるものとして、メランコリーのメカニズムをとくに取り上げたが、メランコリーがジェンダーの中心にあるとただ仄めかしただけだった。『自我とエス』（一九二三年）のなかで、彼は自我形成の初期構造のなかに、悲哀の構造があることを説明した。この論の片鱗は、すでに一九一七年に出版された「悲哀とメランコリー」の論文のなかに見ることができる。[33] フロイトによれば、自我は、自分が愛した人を失う経験をするとき、その他者を自我構造のなかに体内化《インコーポレイション》し、他者の属性を自分の身におびて、模倣という魔法のような行為をつうじて他者を「とどめておく」。こうして、自分が欲望し愛する他者を喪失した経験は、その他者を自己の構造の内部に住まわせようとすることの同一化の行為によって、克服することができる。「こうして愛は、自我のなかに逃げ込むことによって、消滅から免れるのである」(一七八)。このような同一化は、一過性のときたま起こるものではなく、アイデンティティの新しい構造となっていく。事実、他者は、その属性が永遠に自我のなかに内面化されることによって、自我の一部となる。[34] また他者との二律背反的な関係が喪失によって断ち切られる場合には、その二律背反が、自己批判や自己卑下の気質として内面化され、他者の役割を自我そのものが引き受け、演出することになる。「したがって自己愛的な対象への同一化は、愛の備給《カテクシス》の代償となり、その結果、愛する相手との葛藤があるにもかかわらず、愛の関係を諦める必要がなくなるのである」(一七〇)。のちにフロイトは、失った愛を内面化し、とどめておくプロセスは、自我形成と「対象選択」に不可欠なものであることを明らかにした。

フロイトは『自我とエス』のなかで、「悲哀とメランコリー」で記述したこの内面化のプロセスに言及して、こう述べる。

> 〔メランコリーに苦しむ人において〕失われた対象が自我のなかに再現されている——つまり、対象備給が同一化によって代償されている——と考えることで、メランコリーの苦悩を説明することができた。しかしこのときはまだ、このプロセスの意味を完全に理解しておらず、それがいかにありふれたものであり、いかに典型的なものかがわからなかった。それ以来、この種の代償が自我形成に大きな役割をし、「性格」と呼ばれるものをつくるのに重大な貢献をしていることがわかってきた。(一八)

しかし「自我と超自我(自我理想)」の章が進むにつれ、記述されている事柄は、単に「性格」ではなくなり、ジェンダー・アイデンティティの獲得となってきた。「この同一化は、エスがその対象を断念するときの唯一の条件になるだろう」と言うことによってフロイトが暗示しているのは、メランコリーの内面化の戦略は、悲哀の作用と対立するものではなく、他者との重要な感情的結びつきを喪失したのちも、自我が生きながらえていくための唯一の方法だということである。フロイトは続けて、「自我の性格は、断念した対象備給の沈殿であり、対象選択のこれまでの歴史を含み込んでいる」（一九）と主張する。他のどれにもまして近親姦タブーが、自我にとっては愛の対象の喪失の始まりであり、そしてタブーとされているこの欲望対象を内面化することによって自我がその喪失から立ち直ると理解されるなら、失った愛を内面化するこのプロセスは、ジェンダー形成の適切な要件となるだろう。異性愛の結合が禁止される場合、否定されるのは、欲望の対象だけで、欲望の様態ではない。つまり、欲望を反対のセックスのべつの対象に屈折する必要はない。だが同性愛の結合が禁止される場合には、欲望と対象の両方を断念することが求められ、それによってメランコリーの内面化戦略がとられることになる。こうして「若者は、父に同一化することによって、父をわがものとしていくのである」（二一）。

　息子＝父の同一化という初期の説明で、フロイトは一次対象の備給なしに同一化は起こると考え（二二）、同一化は、息子の父への愛の喪失や禁止の結果でないことを暗示した。しかしのちにフロイトは、性格とジェンダー形成のプロセスにおける複雑な因子として、一次的な両性愛を措定することになる。このようにリビドー気質を両性愛的なものにすれば、父に対する息子の始原《オリジナル》的な性愛を否定する理由は何もないはずだが、フロイトは、そこに何か理由があるように仄めかしている。他方、息子は母に対しては、一次的なリビドー備給を保持しており、そこで両性愛が可知のものになるのは、男児が母を誘惑しようとするときの男児の男性的および女性的な行為においてであるとフロイトは言う。

　フロイトはエディプス・コンプレックスを導入して、なぜ男児は母を諦め、父に対して二律背反的な態度をとるかを説明するが、その直後でこう述べる――「両親との関係に見られるこの二律背反は、その原因をおもに両性愛に求めるべきであり、これまで述べてきたように、母をめぐる抗争の結果としての同一化から展開したものではないと言った方が良いだろう」(二三、注一)。だが、このような場面の二律背反を条件づけているものは何だろう。明らかにフロイトが示唆しようとしているのは、男児が選択しなければならないのは、二つの対象のどちらかではなく、二つの性的な気質——男性気質か女性気質——のどちらかであるということだ。したがって男児がたいてい異性愛を選ぶのは、父による去勢に怯える結果ではなく、去勢不安の結果——つまり、異性愛文化のなかで男の同性愛に対して連想される「女性化」を恐怖する結果——なのである。したがって罰せられ、昇華されるのは、母に対する異性愛の欲情ではない。文化の認可を受けている異性愛に道をゆずるのは、同性愛のリビドー備給なのである。男児の女性性への断念と、父への二律背反的な感情を生み出すのが、母をめぐる抗争というエディプス・ドラマではなく、一次的な両性愛だとすれば、一次的な母へのリビドー備給は徐々に疑わしいものとなり、その結果、男児のリビドーの対象備給としての一次的な異性愛も、疑わしいものとなる。

男児が母を断念する原因が何かということとは無関係に(罰する父を、ライバルとみるのであれ、自分にそうしてはならぬと禁じる欲望の対象とみるのであれ)、この断念は、フロイトがジェンダーの「強化」と呼んだものを基盤づける契機となる。母を欲望の対象として諦めざるをえない男児は、母に同一化することによってその喪失を内面化するか、それとも自分の異性愛の愛情をべつの対象に向けるかのどちらかをおこない、後者の場合は、父への固着をつよめ、それによって自分の男性性を「強化」していくことになる。強化というメタファーが示しているように、心的風景や、気質や、性傾向や、性目的のなかには、男性性のさまざまな断片が存在しているが、もしも異性愛の対象選択が排除されることになれば、そういった断片はバラバラになり、混乱し、解体してしまう。事実、もしも男児が目標と対象の両方を断念し、それによって異性愛のリビドー備給も断念することになれば、その男児は母を内面化することによって、彼のなかにあった男性性を解体し混乱させ、男性性の場所に女性的なリビドー気質を強化する女性的な超自我を打ち立てることになる。

同じく女児にとっても、エディプス・コンプレックスは「肯定的」(同性への同一化)か、「否定的」(異性への同一化)かのどちらかとなる。近親姦タブーによって開始される父の喪失は、喪失した対象への同一化(男性性の強化)か、その対象からべつの対象への屈折のどちらかとなる。後者の場合は、異性愛が同性愛に打ち勝ち、父に代わる対象が発見されることになる。女児に見られる否定的エディプス・コンプレックスについての短い説明の締めくくりとして、フロイトは、どちらの同一化をなし遂げるかを決める因子は、女児の気質のなかの男性性と女性性のどちらが強いか弱いかによると述べている。しかし重要なことだが、「──それを構成しているものが何であろうとも──」(二二)という句を挿入して説明を中断したとき、フロイトは、自分が男性気質や女性気質が正確には何かということについて混乱をきたしていることを、率直に認めているのである。

それではフロイトが言いよどんでいるように見える一次気質とは、いったい何なのか。これらは無意識のリビドー組成がもつ属性なのか。どのようにしてさまざまな同一化がエディプス抗争の結果として打ち立てられ、男性気質、女性気質のどちらかを強化したり、解体させることになるのか。「女性性」のどの側面を私たちは気質的なものと呼ぶのか。同一化の結果として生じているのは、どれなのか。実際のところ、両性《バイセクシュアリティ》性の「気質」を、一連の内面化の結果とか、その所産であると、なぜ考えることができないのか。さらに言えば、どんなものが「女性」気質で、どんなものが「男性」気質かを、なぜまず最初に同定《アイデンティファイ》することができるのか。どんな痕跡があるために、それがわかるのか。「女性」気質や「男性」気質を、異性愛の対象を選ぶさいの前提条件として、どの程度、考えられるのか。換言すれば、一次的な両性《バイセクシュアリティ》愛を自明なものとしているにもかかわらず、欲望の異性愛のマトリクスから論を始めるという、ただそれだけの理由から、父に対する欲望を女性気質の証拠として、どの程度考えられるというのか。

女性気質と男性気質は、双方を意図的に関連づける異性愛という目標をもっているので、この枠組で両性愛を概念化したフロイトは、両性愛を、一つの精神のなかの二つの異性愛欲望の同時発生とみなした。その結果、男性気質は、性愛の対象として父に向かうことはけっしてなく、女性気質は母に向かうことがけっしてない(女児はそのような方向に向かうかもしれないが、これは、女児が自分の気質の「男性的な」部分を放棄する以前のことである)。母を性愛の対象として拒否することで、女児は、自分の男性性を必然的に否定し、ひるがえって自分の女性性を、結果として「固定」していくのである。したがって、両性愛を一次的なものとみなすフロイトの論においては、同性愛はありえず、対立する者のみが惹かれ合うということになる。

だがそのような気質の証拠として、フロイトがわたしたちに差し出しているものは何なのか。もしも内面化によって獲得される女性性と、厳密に気質的な女性性とのあいだに、区分をたてる方法がないならば、ジェンダー特有の性質とされているものはすべて内面化の結果だという結論を、あらかじめ排除しているものは何なのか。どんな根拠に基づいて、気質的なセクシュアリティやアイデンティティが個人に帰着するものとみなすことができ、どんな意味を初めから「女性性」や「男性性」に与えることができるのか。以下の節では、まず内面化の問題を出発点として、ジェンダー形成においていかに同一化が内面化によってなされるかを考察し、次には、内面化によって得られるジェンダー特有の性質と、同一化が内面化によってなされるさいの自己処罰的なメランコリーとの関係を考えてみよう。

「悲哀とメランコリー」のなかでフロイトは、メランコリーの自己批判的な姿勢を、喪失した愛の対象を内面化した結果だと解釈している。その対象は喪失されたがゆえに、たとえそれとの関係が二律背反的で未解決のものであったとしても、その対象は、自我の「内側に取り込まれ」、かつての葛藤は、精神の二つの部分がおこなう内的対話として、魔法のように立ち戻ってくる。「悲哀とメランコリー」の論文では、喪失した対象は自己批判的な声や作用《エイジェンシー》として自我のなかに据えつけられ、もともと対象に感じていた怒りは逆転して、内面化した対象が、自我に怒りを向けるようになる。

> メランコリー患者のさまざまな自責の訴えに辛抱づよく耳を傾けていると、そのうちのもっとも強烈なものは、たいていの場合、患者自身に向けられているのではなく、ささやかな修正をして、別のもの——患者が愛する人とか、愛した人とか、愛すべき人——に向けられているという印象をぬぐい去ることはできない。〔…〕自己非難は、愛する対象へ向けていた非難が方向を変え、自分自身に向けられたものである。(一六九)

メランコリーは、対象を喪失した事実を否定するものであり、また喪失した対象を内面化することは、その対象を魔法のように蘇生させる戦略となる。そうする理由は、喪失が辛いものであるからだけでなく、対象に感じていた二律背反の感情が、その差異がなくなるまで対象を保持しておくことを求めるからである。この初期の論文でフロイトは、リビドー備給を当初の対象から引き上げて新しい対象へうまくふりむけた転移が、悲哀であると考えた。だが『自我とエス』では、フロイトは悲哀とメランコリーの区分を修正し、メランコリーに関連した同一化のプロセスは、「エスが対象を諦める唯一の条件」(一九)なのかもしれないと述べた。換言すれば、メランコリーの特徴である喪失した愛との同一化は、悲哀のはたらきの前提条件となるものである。その結果、そもそも対立的だと考えられていた悲哀とメランコリーの二つのプロセスが、ここで最終的には、悲哀のプロセスに統合される同系列の事柄として理解されることになる。[35] この考え方では、喪失の内面化は一種の代償行為になるとフロイトは述べて、次のように言う。「自我が対象の性質を身に帯びるとき、『ほら、おまえは私を愛することもできる――私は対象と、それほどよく似ているのだから』と言って、自我は、いわばエスに対して、愛の関係を結んでいこうとする」(二〇)。厳密に言えば対象を諦めることは、リビドー備給をやめることではなく、対象を内面化することであり、その結果として対象を保存することなのである。

では喪失した愛と自我が永遠に共生する精神のトポスは、正確には何なのか。たしかにフロイトは、自我を概念化したおりに、自我はさまざまな道徳的な作用《エイジェンシー》としてはたらく自我の理想像をつねに伴うものであると述べた。自我のなかに内面化された喪失は、道徳的な監視という作用の一部となって、ふたたび確立される。つまり、もともと外部の対象に向けられていた怒りや非難が、内面化されるのだ。この内面化においては、喪失によって必然的に高められていた怒りや非難は、内側に向けられ、保持されていく。自我は内面化した対象に場所をゆずって、その内面化された外部に、道徳的な作用と力を与える。そして自我によって保持されているにもかかわらず自我と対立するこの自我理想に、自我はその怒りやはたらきを吸収させていくのである。換言すれば、自我は自我自身に対立する道を構築していくのだ。実際フロイトは、この自我の理想像が超道徳となる可能性を警告しており、それは極端な場合、自殺を引き起こすこともありえると述べている。[36]

心の内部に自我の理想像を構築することは、ジェンダー・アイデンティティを内面化することでもある。フロイトによれば、自我の理想像はエディプス・コンプレックスの解決であり、したがって男性性や女性性をうまく強化していく手段でもある。

しかしながら超自我は、エスが最初に対象選択したさいの単なる残存物ではない。それはまた、その対象選択に対する精力的な反動形成をも意味する。自我と超自我の関係は、「このように（父のように）ならなければならない」という勧告に尽きるものではない。それは、「このように（父のように）なってはならない――つまり父がおこなうことをすべて、おこなってはならない。いくつかは父だけの特権なのだ」という禁止を含むものでもある。（二四）

したがって自我の理想像は、認可とタブーの内的作用《エイジェンシー》として機能し、それはフロイトによれば、欲望の適切な再誘導と昇華をとおしてジェンダー・アイデンティティを強化させるものである。親を愛の対象として内面化することは、意味の必然的な逆転をこうむるものである。親は愛の対象として禁じられるだけでなく、愛を禁じたり抑制したりする対象として内面化される。こうして自我の理想像がもつ禁止機能は、親への欲望の表出を禁じたり、実際にその欲望を抑圧するためにはたらくだけでなく、愛が保存される「場所」を、心のなかに作りあげるものでもある。エディプス・ジレンマの解決は、「肯定的」なものにも、「否定的」なものにもなれるので、異性の親への欲望の禁止は、喪失されたその親と同じセックスに同一化するか、そういった同一化を拒否するかのどちらかとなり、後者の場合は、その結果、異性愛欲望へと屈折していく。

自我の理想像は、一連の認可とタブーとして、男への同一化や女への同一化を規定し、決定するものである。同一化は、自己と対象との関係を代償したものであり、また対象喪失の結果でもあるために、ジェンダーの同一化は、禁じられる対象のセックスを、禁止として内面化する一種のメランコリーとなる。この禁止が、明確に区分されたジェンダー・アイデンティティや異性愛欲望という法を認可し、規定していく。だからエディプス・コンプレックスの解決は、ジェンダーの同一化にたいして影響を及ぼすものだが、それがおこなわれるのは、近親姦タブーを通してだけではなく、それに先立つ同性愛タブーを通してでもある。その結果、ひとは同性の愛の対象に同一化することになり、それによって、同性愛のリビドー備給の目標と対象の両方を、内面化してしまう。メランコリーへと帰結していく同一化は、解決されない対象との関係を保存する方法なので、自分と同じジェンダーに同一化する場合、解決されない対象との関係はつねに同性愛的なものとなる。したがって、ジェンダー特有の性質とされているものが厳密で不動なものであればあるほど、起源の喪失はますます解決されえないものとなり、その結果、仮借ないジェンダー境界がかならず作動して、（それと知らないまま）解決できなかった起源の愛の喪失は隠蔽されていくのである。

だがすべてのジェンダーの同一化が、同性愛タブーをうまく実行したことに基づいているわけではない。もしも女性気質と男性気質がそのタブーを効果的に内面化した結果であり、そしてもしも同性の愛の対象の喪失をメランコリーによって解決することが、自我の理想像の構築をとおしてその対象を体内化したり、事実、その対象となることならば、ジェンダー・アイデンティティは、そもそも、アイデンティティの形成要素とされている禁止の内面化のはずである。もっと言えば、ジェンダー・アイデンティティは、同性愛タブーを一貫して採用することによって――つまり、明確に区分されたセックスのカテゴリーにしたがって身体を形成するだけでなく、性的欲望を生産し、それを「気質として定置《ディスポジション》」することによって――構築され、維持されるものとなる。気質《ディスポジション》という言葉は、〈定置される《ディスポウズド》〉という）動詞形態から名詞形態へと動き、そこで固定される（〈気質《ディスポジション》をもっている〉という意味になる）。ここにいたって「気質」という言葉はまちがった基盤主義の言葉となり、その結果、情動が、禁止の効果をつうじて形成され、「固定」されていくのである。ということは、男性気質や女性気質は、精神の一次的な性的事実ではなくて、自我の理想像が共謀しておこなう価値転換行為によって、また文化によって、押しつけられる法が生みだす結果にすぎないのである。

メランコリーにおいては、愛する対象はさまざまな方法で喪失されている。別れ、死、感情的な絆の切断である。だがエディプス状況においては、喪失は一連の罰を伴う禁止を必要とする。したがってエディプス・ジレンマを「解決する」ジェンダーのメランコリックな同一化は、外から強いられるタブーによってその構造とエネルギーを得ている道徳命令の内面化であると、理解すべきである。フロイトは明白に断言していないが、同性愛タブーが、異性愛の近親姦タブーに先立つものであるはずだと言っているように思われる。つまり同性愛タブーが異性愛「気質」を作りだし、この異性愛気質によってエディプス抗争が可能になると言っているのである。異性愛の近親姦を目標とするエディプス・ドラマに参与する男児や女児は、明確に区分されたセックスの方向へと彼らを「定置していく《ディスポーズ》」禁止に、すでに隷属しているのである。したがって、フロイトが性生活の基本であり、それを構成する事実であるとみなした気質《ディスポジション》は、内面化されてはいるが、二つのジェンダー・アイデンティティと異性愛を生産し規定していく法の、結果なのである。

こういった気質は、もとからあった基盤的なものではなく、それ自身の成立過程の隠蔽を目的としたプロセスの結果である。換言すれば、「気質」とは、言葉に出されず、また禁止によって語りえないものにされている強制された性の禁止の歴史の痕跡なのである。その結果、気質を自明なものとみなして語られるジェンダー獲得の物語は、その物語こそが禁止の自己増殖の戦術であることをあばく語りの出発点を、あらかじめ締め出しているのだ。精神分析の物語では、気質は禁止によって育成され、固定され、強化されていくが、その禁止は、のちに文化の名で到来して、同性愛欲望の備給が抑制されない場合におこる壊乱を、抑えるはたらきをするのである。禁止の法を物語の基盤にある契機と捉える視点で語られる法は、「気質」の形態でセクシュアリティを生産すると同時に、「自然」のように見えているそれらの気質を、族外婚という文化的に容認しうる構造に変えるために、その後しかるべきときに、ふたたび巧妙に登場してくる。法は、通路を与えるか、あるいは抑圧しているにすぎないと主張している現象を、じつは生産している系譜を隠すために、第三の機能をおこなう《パフォーム》。第三の機能とは、この法の配置が、心的事実をその出発点とみなすような因果関係で語られる物語の論理的一貫性として、それ自身を位置づけ、それによって、さらに根本的な系譜をたどる可能性をあらかじめ封じてしまい、セクシュアリティや権力関係の文化起源を遡ろうとする試みを締め出すという機能である。

ではフロイトの因果関係の物語を逆転して、一次気質を法の結果だと捉えることには、いったいどんな意味があるのだろう。『性の歴史』の第一巻でフーコーが批判したのは、抑圧的な法に関して、存在論的な全一性と時間的なまえを温存する起源としての欲望（ラカンの用語では「欲望」ではなく、快楽《ジュイサンス》）を想定する抑圧仮説である(37)。フーコーによれば、この法は、次にはその欲望を沈黙させ、あるいは変質させて、二次的でつねに不満足な形態や表出（置換）に変えてしまうものである。フーコーが主張しているのは、起源であったり抑圧されたものであると見なされている欲望は、従属を強いる法の結果にすぎないということである。したがって法は、法の自己増殖的な戦略を合理的に説明するために、抑圧される欲望という奇妙な思いつきを生みだしていく。ここでは、他のところと同様に、法制的な法は抑圧機能を行使するのではなく、ものを生産したり産出したりする言説実践なのだと考えなおさなければならない。つまり法は、目的論の道具というそれ自身の位置を保持するために、抑圧される欲望という言語による虚構を生みだし、それゆえに、法はきわめて言説的なものなのである。目下問題となっている欲望は、「抑圧されている」という意味をおびているが、その理由は、法が、そういった文脈を与える枠組みになっているからである。事実法は、そのような「抑圧された欲望」を同定《アイデンティファイ》し、それに生命を吹き込み、「抑圧された欲望」という言葉を流通させ、その結果、「抑圧された欲望」と呼ばれる経験——自意識的になされる経験、言語によって説明される経験——を語る言語空間を築きあげていくのである。

近親姦タブーおよび、それとなく暗示されている同性愛タブーは、「気質」という概念のなかに起源としての欲望を措定する抑圧的な命令であり、その結果欲望は、起源としての同性愛リビドーを抑圧せざるをえず、かつそれに置きかわった異性愛欲望という現象を生みだすものとなる。幼児発達におけるこの特殊なメタ物語の構造では、性の気質は、言説以前のもので、時間的には一次的で、存在論的には二つの性衝動——言語と文化のなかに登場するまえに目的と意味をもっている二つの性衝動——だと見なされる。文化の領域に入るということは、その欲望を当初《オリジナル》の意味から屈折させるということであり、その結果、文化の内部の欲望はかならず一連の置換を受けることになる。したがって抑圧的な法は、異性愛を結果的に生産し、単に否定的で排他的な掟としてではなく、認可として、もっと適切な言葉をつかえば、語りうるものと語りえないものを区分する（語りえない領域を枠づけ、それを構築する）、または合法的なものと非合法的なものを区分する言説の法としてはたらくものなのである。

四　ジェンダーの複合性、同一化の限界

ラカン、リヴィエール、およびフロイトの『自我とエス』をこれまで分析してきたが、それによって、ジェンダーの同一化《アイデンティフィケーション》がどのように機能しているか――実際には、それらが「機能する」と言えるのかどうか――ということについて、相反する見方があることがわかった。ジェンダーの複合性や内的不協和は、文化的に不協和を奏でるさまざまな同一化の増殖や集中によって、説明できるものなのか。それともあらゆる同一化は、同一化そのものを疑問に付すようなセクシュアリティを排除することで、構築されているものなのか。まず最初の例では、複合的な同一化は、単声的なジェンダーの属性の優位性を疑問視するような同一化――移動し、重なり合う同一化――という非階層的な配置を構築することができる。ラカンの枠組みでは、同一化は、《ファルス》を「もつ」か《ファルス》で「ある」かという、相いれない二元論のなかで固定されていると理解されており、その結果、この二元論から排除された項は、あらゆる同一化が有する首尾一貫性の見せかけに出没して、その見せかけの首尾一貫性を壊してしまう。排除される項とは、排除されるセクシュアリティであり、それが疑義を突きつけているのは、欲望の源や対象を知りえているという主体の主張に対してだけでなく、自己の基盤を位置づけることが

できるとみなす主体の自惚れに対してでもある。

たいていの場合、同一化について語られる精神分析の問題点を論じようとするフェミニズムの批評は、母への同一化にかかわる問題に焦点を当てることが多く、母への同一化から出発して、フェミニズムの認識論的な位置を説明したり／または、母への同一化とその困難さという見地から、母についての言説を展開しようとしてきた。そういった作業の多くは非常に重要であるし、影響力も大きいことは明らかだが、それはまた、出現しつつあるフェミニズムの理論の正典のなかで、覇権的な位置を占めはじめているものでもある。しかもそれは、ジェンダーを男性的なものと女性的なものに切りわける、二元的で異性愛的な枠組みを増強する傾向をもち、そういった枠組みは、ゲイ・レズビアンの文化の特徴である攪乱的でパロディ的な集中についての適切な記述を、あらかじめ封じてしまうものでもある。しかし《象徴界》を攪乱させる母性としてクリステヴァが述べている原記号界については、母性主義の言説に妥協したものとみなして、次章で検討することにする。

どのような批判的戦略や攪乱の拠点が、これまでなされたきた精神分析の説明の結果、浮上してくるのか。無意識を攪乱の拠点とする見方も意味がなくはないが、それも、「アイデンティティ」を幻想的だが固定した事象とみなす厳密で普遍的な決定項として、父の法を理解した場合のみである。だがたとえアイデンティティを幻想とみなす考えを受け入れたとしても、その幻想の項目を固定している法が、歴史的な可変性や可能性に晒されていないと考える根拠は何もない。

まえもってアイデンティティを固定しておく基盤的な《象徴界》の《法》に対峙するものとして、そのように固定的で基盤的な《法》を前提としないで構築される同一化の歴史を、ここで再考した方がよいかもしれない。父の法の「普遍性」は、文化人類学の学会でも疑問に付されているようだが、どのような歴史的文脈においても法によって維持されている意味は、ラカン派が主張しているほどには、単声的でもなく、また決定論的な効果をもつものでもないと、考えた方がよい。文化によって押しつけられているジェンダーの統一性に、同一化の布置が適応していく方法、あるいは適応に失敗していく方法の概略図を描くことは可能なはずだ。文化人類学が語る構築的な同一化は、つねにいくぶんかは、語ることで編み出されているものである。ラカンの主張によれば、私たちはけっして私たちの起源の物語を語ることができない。なぜなら言語は、発話の抑圧されたリビドー起源から、発話主体を隔てるものであるからだ。しかし、主体が誕生する基盤的な瞬間（法の制定）が無意識と同様に、発話主体のまえに存在しているが、父の法が主体を制定するときの基盤的な瞬間は、語ることができるというだけでなく、語らなければならないメタヒストリーとして機能していると思われる。

　精神分析理論から導き出される同一化に関するもう一つの視点は、父の法に関連して固定されている男性性や女性性の位置に異議を唱える不一致や集中や革新的な不調和をジェンダー配置の内部に生産していくものは、多層的で異種共存的な同一化だというものである。事実、多層的な同一化の可能性（男性的位置や女性的位置のなかで固定される一次的あるいは基盤的な同一化に帰することができない同一化）は、《法》が決定論的なものでもなく、また「その」法は単数でさえないかもしれないことを示すものである。

　同一化の意味やその攪乱の可能性についてのこれまでの議論は、そのような同一化をどこに見つけだすかということに関しては、曖昧だった。その場所は、同一化が保持されていると考えられている内的な精神空間だと言えるかもしれないが、そう言えるのも、そのような内的空間が、それとはべつの精神機能を果たす幻想化された場所だと考えられる場合のみである。ニコラス・アブラハムとマリア・トロクに賛同して、精神分析家ロイ・シェイファーは、「体内化《インコーポレイション》」は幻想であり、プロセスではないと主張した。愛する対象が取り込まれる内的空間は想像上のものでしかなく、しかもそのような空間を呼びおこし物象化する言語のなかで、想像されているものにすぎない。(38) もしもメランコリーによって保持される同一化が「体内化」されたものならば、残る問題は、この体内化される空間はどこにあるのかということである。それが文字通り身体のなかにないのであれば、おそらくそれは、身体そのものが体内化された空間として理解されるために意味が書き込まれる、表面としての身体のうえなのである。

アブラハムとトロクが主張してきたのは、取り入れ《イントロジェクション》〔外界の対象とその特質を幻想的に主体の内部にとりいれる。体内化と異なって、身体領域に関与するものではない〕は悲哀の作用（対象が喪失されるだけでなく、喪失としてはっきりと認知される作用）に寄与するプロセスだということである。(39) 他方、体内化は、当然メランコリー——対象が何らかの方法で「身体のなかに」保持される、否定され宙づりにされた悲哀の状態——に属するものである。アブラハムとトロクが示唆しているのは、悲哀を特徴づける喪失の取り入れは、空っぽの空間——発話や意味づけの条件となる空っぽの口として字義どおりに表現される空間——を打ち立てるものであるということだ。喪失した対象からリビドーをうまく置換させるには、その対象を意味すると同時に、それを他のものによって置き換える言葉の編成をつうじてなされなければならない。もとの対象からのこの置換は、言葉が不在を「比喩であらわし」、そうすることでそれを乗り超えていく、本質的に隠喩的な活動である。したがって取り入れは悲哀の作用であるが、体内化は喪失を魔法のように解決してしまうので、メランコリーを特徴づけるものと考えられる。取り入れはその基盤に、隠喩による意味づけの可能性をもち、他方、体内化は、喪失を究極的に名づけえないものとして温存するがゆえに、反隠喩的なものとなる。換言すれば、体内化は喪失を名づけたり、認めたりできないだけでなく、隠喩による意味づけという条件をも崩していくものである。

ラカンと同様に、アブラハムとトロクにとっても、母なる身体を断念することは、《象徴界》でおこなわれる意味づけの条件であるが、彼らはさらに論を進めて、この一次抑圧が個体化を可能にさせる基盤であり、かつ指示対象——欲望の対象——がそこでは永遠に置換されているがゆえに、意味をもつためには必然的に隠喩的なものにならざるをえない発話の基盤でもあると主張する。事実、愛の対象としての母の身体の喪失は、そこから言葉が発生する空っぽの空間を打ち立てるものと理解されている。だがこういった喪失を否定した場合——メランコリーの場合——は、言葉への置換に失敗する。事実、母なる身体の場所は、身体のなかに保持され——アブラハムとトロクの言葉を使えば「秘匿されて」——そこは永遠に、身体の死んだ部分と死につつある部分、あるいは多様な幻が棲みついたり、とり憑いたりする場所となる。

ジェンダー・アイデンティティをメランコリーの構造と考えれば、その同一化を達成する方法として「体内化」を考えても良いだろう。事実これまで述べてきた図式にしたがえば、ジェンダー・アイデンティティが確立されるのは、喪失の否定をつうじてであり、喪失の否定は、それを身体のなかに秘匿するものであるために、生きている部分と死んでいる部分という分割をおこなうものとなる。反隠喩的な活動である体内化は、喪失を身体のうえに、あるいは身体のなかに、字義どおりに表現し、それによって身体の事実性として——つまり身体が字義どおりの真実として「セックス」をもつときの手段として——立ち現れてくる。所与の「性感」帯に快楽や欲望を位置づけ、そして／または、禁じることは、ジェンダーの差異を生みだすメランコリーの所業であり、これは、身体の表面をすべておおうものである。快楽を得られるはずの対象を失ったことは、まさにその快楽の体内化によって解決され、その結果その快楽は、ジェンダーの差異を生みだす法の強制的な効果によって、決定づけられると同時に、禁止されるのである。

もちろん近親姦タブーは、同性愛タブーよりも包括的なものではある。だがおなじ異性愛アイデンティティが確立されるときでも、異性愛の近親姦タブーがはたらく場合は、喪失は悲哀として保持されるが、同性愛の近親姦に対する禁止がはたらく場合は、喪失はメランコリーの構造をつうじて保持される。フロイトによれば、異性愛の対象の喪失は、その対象の置換という結果をうみ、異性愛という目標そのものは置換されない。他方、同性愛の対象の喪失には、目標と対象の両方の喪失が必要となる。換言すれば、対象が喪失されるだけでなく、欲望も完全に否定され、「私はその人を失ったわけではない、その人を愛したことなどない、事実、その種の愛を感じたことなどまったくない」ということになる。こういうふうに愛をメランコリーで保存することは、この否定が全過程でおこなわれるために、いよいよ確実に守られるのである。

イリガライが、フロイトの著作におけるメランコリーの構造と女性性の発達構造はきわめて類似していると指摘したとき、彼女が言及しているのは、発達を完了した女性性の特徴である抑圧の「二重の波」を構成している対象と目標の双方の否定である。イリガライにとって、「根本的にどのような表象もされない『喪失』」へと女児を導くものは、去勢の認識である。[40] したがってメランコリーは女の精神規範となり、ペニスをもちたいという見せかけの欲望――うまい具合に、もはや感じたり、認識したりできないものとなっている欲望――に依存する規範となるのである。

嘲笑的な引用に満ち満ちているイリガライの読みは、フロイトのテクストに充満しているセクシュアリティと女性性に関する発達論的な議論の正体をあばいたという点で、正しいものである。さらに彼女が示しているように、フロイトの理論のなかには、彼が述べようとしている事柄を超えたり、それを転倒させたり、置換させたりするような読みの可能性もある。同性愛のリビドー備給（欲望と目標の両方）の否定――社会のタブーによって強制され、発達段階のなかに取り込まれる否定――は、継続的な否定によって確立される身体的空間――つまり「秘密の場所」――のなかに、その目標と対象をうまく囲い込むメランコリーの構造なのである。もしも異性愛の観点から同性愛を否定することがメランコリーへと導くものならば、そしてもしもメランコリーが体内化をつうじて作動するものならば、否認された同性愛の愛情は、対立的に定義されるジェンダー・アイデンティティを養成していくことで保存される。つまり、否認された男の同性愛は、男性性を高め、それを強化していくことで頂点に達し、そのとき女性性は思考できないもの、名づけえぬものとしてしまいこまれるのである。そして異性愛欲望の認知の方は、もともとの対象から二次的対象への置き換えや、フロイトが標準的な悲哀の特徴とみなしたリビドーの引き上げとそれの再固着につながるものとなる。

　他方、異性愛欲望を思考不能なものとする同性愛者の場合も、当然、体内化というメランコリーの構造をとおして――つまり、認知できず、嘆くこともできない愛に同一化し、それを肉体化する構造をとおして――異性愛を保持しようとする。だがここでさらにはっきりしたことは、異性愛者による一次的な同性愛の否定は、同性愛の禁止という文化的な強制によってもたらされるものなので、同性愛者のメランコリーの構造とはけっして同列に扱うことはできないということだ。換言すれば、異性愛のメランコリーは文化によって制定され、維持されるが、それと交換に、異性への欲望をつうじて獲得できる安定したジェンダー・アイデンティティが得られるのである。

　だが表面と深さについてのどんな言語が、メランコリーのこの体内化の効果を適切に表現できるのか。この疑問に対する取りあえずの答えは、精神分析の言説のなかに見つけだすことが可能だが、このことの完全な理解は、ジェンダーはそれ自身の見せかけの内的安定性をパフォーマティヴに構築する演技であると論じる本書の終章まで、お預けにしておこう。しかし現時点で確かなことは、体内化が幻想だということは、同一化がおこなわれるさいの体内化は〈字義どおり〉と錯覚する幻想――あるいは字義どおり化する幻想――だということである。(41) まさにメランコリーの構造のせいで、身体の字義どおり化のプロセスは、その系譜を隠蔽し、「自然な事実」というカテゴリーのなかにみずからを位置づけるのである。
　では、字義どおり化する幻想を保持しているとは、どういうことなのか。もしもジェンダーの差異化が、近親姦タブーと同性愛に関する一次タブーの結果ならば、ジェンダーに「なる」ことは、自然なものになるための骨の折れるプロセスということになる。なぜならこのためには、身体の快楽と身体の各部を、ジェンダー化された意味に基づいて差異化していく必要があるからだ。快楽はペニスや膣や胸に宿り、そこから発散すると言われているが、そのような記述は、そのジェンダー特有のものとしてすでに構築され、自然化されている身体に呼応させたものにすぎない。換言すれば、身体のその部分は、ジェンダー特有の身体の標準的理想と呼応しているがゆえに、快楽の震源と考えられるのである。ある意味で快楽は、ジェンダーのメランコリー構造によって決定され、その構造によって、ある器官は快楽を感じない死んだ場所とみなされ、べつの器官は快楽を感じる生きた場所とみなされる。どの快楽が生かされ、どの快楽が死んだものとされるかは、たいていの場合、ジェンダー規範のマトリクスのなかでなされるアイデンティティ形成の合法化実践に寄与する事柄なのである。[42]
　性転換者《トランスセクシャル》は、自分の性的快楽と身体部分に根本的な不整合があると主張する場合が多い。快楽に関して求められるものは、たいていの場合、身体部分に対する想像的参与である——その身体部分が、からだの付属部分であろうと、開口部であろうと、実際に所有していないものであろうと構わない。あるいは快楽が求めるものは、誇張されたり、矮小化された身体部分を想像することだと言えるかもしれない。もちろん欲望が仮想地点で発生するということは、性転換者のアイデンティティのみに限るものではない。欲望の幻影的な性質は、身体が欲望の基盤や原因ではなく、欲望の契機であり対象であることを明らかにするものである。欲望の戦略は、ある意味で身体を、欲望する身体に変えていくことである。事実、ともかくも欲望するためには、想像上のジェンダー規則に照らして欲望をもちうる身体要件を満たすように変えられた身体自我を信じることが必要となる。[43] このように欲望が想像上のものだということは、欲望がはたらく手段であり場所である物質的な身体を、つねに越えているものなのである。

身体はつねにすでに文化の記号であるので、身体が引き起こす想像上の意味の境界を定めるものであるが、しかしそれ自身が想像上の構成物であることからは、けっして自由になれない。幻想でしかない身体は、現実の身体との関連で理解することはけっしてできない。それは文化によって制定されたもう一つの幻想——「字義どおり」で「現実的な」ものが住まう場所だと主張する幻想——との関連でのみ理解可能となるのである。「現実」の境界が作られていくのは、物質的な事実を原因とみなし、欲望をその物質性の動かしえない結果とみなす、身体を自然化し異性愛化する枠組みのなかなのである。

欲望と現実の混同——すなわち、快楽と欲望の原因は身体のある部分、「字義どおりの」ペニスであり、「字義どおりの」膣であるという信仰——は、メランコリックな異性愛症状を特徴づける〈字義どおり化〉という幻想なのである。メランコリーによって獲得された異性愛に基づいて否定された同性愛は、セックスの自明な解剖学的事実性としてふたたびたち現れ、そこで「セックス」は、解剖学と「自然なアイデンティティ」と「自然な欲望」とのあいだに漠然とした統一性を示すことになる。喪失は否定され、体内化され、この変容の系譜はまったく忘れ去られ、抑圧される。そうして性別化された身体の表面は、自然な（自然化された）アイデンティティや欲望を指し示すための不可避な記号として、たち現れてくるのである。同性愛の喪失は否定され、その愛は身体のある部分に保持され、秘匿され、セックスの見かけの解剖学的な事実性として、字義どおりのものになる。ここに、字義どおりにみなすという普遍的な戦略が、忘却の形態をとる様子を見てとることができる。字義どおり化された性の解剖学的事柄において、その戦略は、すべてが想像物にすぎないことを「忘れ」、それとともに、想像することができるはずの同性愛も「忘れる」のである。メランコリックな異性愛の男は、けっしてべつの男を愛したことなどなく、彼は男であり、それを証明する経験的事実をいくらでも示すことができるのだ。だが解剖学的事柄の字義どおり化は、何も証明しないだけではなく、男のアイデンティティの記号として守られているまさにその器官のなかに、快楽を字義どおり化して限定してしまうものでもある。父への愛はペニスに蓄えられ、何によっても動じない否定によって保護され、そのペニスに集中することになった欲望は、絶え間ない否定を、その構造と役割にもつことになる。事実、〈対象としての女〉の存在は、男が同性愛の欲望をけっして感じたことがないだけでなく、その喪失を悲しんだこともないことを示す記号なのである。事実〈記号としての女〉は、異性愛を綻びのないものとして聖化するために、異性愛よりまえの性の歴史を効果的に追い払い、それを隠蔽するよう要請されているものなのだ。

五　権力としての禁止の再考

基盤主義に対するフーコーの系譜学的な批判は、レヴィ＝ストロースやフロイトや異性愛のマトリクスに対する、これまで述べてきたような読みを導くものであったが、ここでさらに、いかに精神分析の法制的な法（抑圧）が、それが管理しようとするジェンダーを生産し増殖させているかを、もっと正確に把握する必要がある。フェミニズムの理論はこれまで、性差に関する精神分析の説明に頼ってきた。その理由の一つは、エディプス力学と前エディプス力学が、一次的なジェンダー構築の軌跡をたどるのに、有効な方法を与えるようにみえたからである。では、階層的で二元的なジェンダーの位置を規定し認可する近親姦の禁止が、それとはべつのジェンダーの文化的な配置を、意図せずして産出する力をもつものだと概念化しなおすことは可能だろうか。近親姦タブーは、フーコーが提示した抑圧仮説への批判をこうむるものなのか。もしもそのような批判をフェミニズムがおこなうことができるなら、それはどういうものになるのか。そのような批判は、セックス／ジェンダーに対して異性愛のマトリクスが押しつけている二元的な制約を打ち破る企てを、起動させるものなのか。レヴィ＝ストロース、ラカン、フロイトをフェミニスト的に読んだもののなかで、もっとも影響力のあるのは、一九七五年に出版されたゲイル・ルービンの「女の交易——セックスの『政治機構』」である。[44] この論文のなかにフーコーは登場していないが、ルービンはすでにフーコー的な批判のお膳立てをおこなっている。のちに彼女がラディカルな性理論を展開する折りに、自著のなかにフーコーを取り込んでいることから推し量って、[45] 影響力が大きいこのルービンの論文を、フーコーの枠組みでどのように書きなおせるかを考えてみよう。

禁止の法は文化を生産するとみなすフーコーの分析は、『文明とその不満』のなかでフロイトによって説明され、『エロスと文明』のなかでマルクーゼによって再解釈された、既存の昇華理論に関係したものであることは明らかだ。フロイトもマルクーゼも、昇華の生産効果を認めて、文化の産物も制度も、昇華されたエロスの結果であると述べた。フロイトはセクシュアリティの昇華は普遍的な「不満」を生みだすものとみなしたが、マルクーゼはプラトン的なやり方でエロスをロゴスの下位に置き、昇華行為のなかに人間精神のもっとも満足のいく表出を見た。しかしフーコーは、こういった昇華理論からは根本的に離脱し、起源としての欲望を措定せずに、生産的な法について語ろうとする。つまり禁止の法の作用とは、それ自身が権力関係のなかにどっぷりと浸っていることを隠しおおせるような、それ自身の系譜を語る物語を作りあげ、それによってそれ自身を正当化し強化するのだと、彼は主張した。したがって近親姦タブーは、一次気質を抑圧しているのではなく、「一次的な」気質と「二次的な」気質の区別を結果的に作りだし、それによって合法的な異性愛と非合法的な同性愛の区別を記述し、再生産するものとなる。事実もしも近親姦タブーを、結果として一次気質を生産するものとみなせば、「主体」を基盤づけ、主体の欲望の法として生き延びる禁止は、アイデンティティ——とくにジェンダー・アイデンティティ——を構築するさいの手段となる。

近親姦タブーは、禁止と認可の両方だと強調して、ルービンはこう語る。

近親姦タブーは族外婚と同盟という社会目的を、セックスと出産という生物学的事象に押しつけるものである。近親姦タブーは、性対象の選択領域を、容認される性パートナーと禁止される性パートナーという、二つのカテゴリーに分割する。(一七三)

あらゆる文化はそれ自身を再生産しようとするので、また個々の親族集団の社会的アイデンティティは保持されなければならないので、族外婚が制定され、またその前提として族外婚の異性愛が制定されるのである。したがって近親姦タブーは、同族の成員間の性的結合を禁じているだけでなく、同性愛タブーを包摂するものでもある。ルービンはこう語る。

近親姦タブーが前提とするのは、それに先立ち、それよりも分節化されていない同性愛タブーである。いくつかの異性愛の結合の禁止は、非異性愛の結合に対するタブーという形をとる。ジェンダーは、ひとつのセックスに自己同一化しているというだけでなく、性的欲望がべつのセックスに向けられることも、当然ながら意味している。性の分業は、ジェンダーの両面に関与し——男と女を作りだし——異性愛者を作りだす。(一八〇)

ルービンは精神分析——とくにラカンの精神分析——は、親族関係に関するレヴィ＝ストロースの記述を補完したものだと理解している。とくに彼女が理解を示すのは、「セックス／ジェンダーの制度」——生物学的なオスとメスを、明確に区分され階層化されたジェンダーに変容させる規制的な文化のメカニズム——は文化の制度(家族、「女の交換」の残余形態、義務的異性愛)からお墨付きを得ているが、それと同時に、個人の精神発達を構造化し推進する法をつうじて繰り返し教えこまれる、ということである。したがってエディプス・コンプレックスとは、近親姦に対する文化タブーを傍証するもの、そのタブーを執行するものであり、その結果、男と女に明確に区分されたジェンダーへの同一化と、その帰結としての異性愛気質を作りだす。この論文でさらにルービンは、生物学的なオスやメスが男と女というジェンダーに変容するまえの「すべての幼児は、人間が表現できるあらゆるセックスの可能性をもっている」(一八九)と述べている。

「法のまえの」セクシュアリティを、一次的な両性愛や、抑制されてない理想的な多形性欲と位置づけ、そう語ることとは、逆説的に、法がセクシュアリティに先行していることを暗示するものである。起源の完全さを制限する法は、懲罰以前に存在していた性の可能性を禁じ、それ以外のものを認可していく。だがもしも抑圧仮説に対するフーコーの批判——抑圧の法がパラダイムとして機能するということ——を近親姦タブーに応用すれば、その法は認可される異性愛と、境界侵犯的な同性愛の両方を生みだすものと考えられるだろう。事実両方とも、時間的にも、存在論的にも、法よりあとに起こる結果なのであり、法のまえのセクシュアリティという幻想それ自体が、その法によって作りだされたものなのである。

ルービンの論文は、セックスとジェンダーの区分に頼っており、その区分は「セックス」を、法の名で作りかえられ「ジェンダー」にのちに変容する、法に先行する明確に区分された存在論的な現実だとみなすものである。こうしてジェンダー獲得の物語は、法のまえとあとの両方にあるものを「知る」位置に語り手を置く時間秩序を必要とする。だがこの物語は、厳密にいえば、法のあと——法の結果——なのであり、それよりあとの地点から遡及的に眺められる言語の内部で語られているものなのである。もしもこの言語が法によって構造化され、法が言語を介して例証され、施行されるものならば、こういった物語、こういった記述は、その外側にあるもの——つまり法に先立つもの——を知ることができないだけでなく、そういった「まえ」という記述こそ、つねに、その「あと」のために存在するものということになる。換言すれば、物語は、定義上（その言語性のために）あらかじめ締め出されているはずの「まえ」にアクセスできると主張するだけでなく、「まえ」についての記述が「あと」の次元で語られるために、法そのものをその不在の位置につけて、法を見えなくさせているのである。

ルービンは、制限されていない性の可能性の世界は、前エディプス期の幼児に存在していると言いつつも、一次的な両性愛についての議論には仲間入りしない。事実彼女によれば、両性愛は、男親と女親の両方がいて、やがてその両方が子供の世話をし、女性性の否定が男女両方にとってジェンダー・アイデンティティの前提条件とならないような子育てがおこなわれるときの結果なのである（一九九）。ルービンが「親族の革命」を求めるとき、彼女が頭に描いているのは、女の交換を払拭すること――つまり、現在の異性愛の制度化においてのみならず、異性愛の次元でセクシュアリティやジェンダー・アイデンティティを認可し構築する精神規範の残余形態（精神の制度化）においても見られる、女の交換の痕跡を払拭すること――である。ルービンが頭に描いているのは、異性愛主義の強制的性質をゆるめることであり、同時に、両性愛や同性愛の文化的可能性を、行為やアイデンティティとして出現させることであるが、さらに、ジェンダーそのものを打倒することでもある（二〇四）。生物学的な多形的セクシュアリティを、文化的権限をもつ異性愛に変容させたものがジェンダーであるかぎり、また異性愛というものが、その目的を達成するために、明確に区分され階層化されたジェンダー・アイデンティティを配備するものであるかぎり、異性愛の強制的性質を破壊することは、ルービンには当然、ジェンダーそのものを破壊することになる。ジェンダーが完全に払拭されるのかどうか、そしてその「破壊」がどういう意味で文化的に想像しうるかどうかということは、彼女の分析のなかでは面白い箇所だが、ただ不明瞭に仄めかされているだけである。

ルービンの議論が依拠しているのは、法が結果的に転覆する可能性――理念的にはジェンダーの不均衡とは無縁の、今とは違う形で性化された身体が文化的に解釈できる可能性——である。たしかに強制的異性愛の制度は改まるかもしれないし、実際、変化してきており、女の交換がたとえどんな残余形態であろうと、かならずしも異性愛的な交換を意味する必要がないことも明らかである。この意味でルービンは、レヴィ＝ストロースの悪名高い非弁証法的な構造主義に含意されている女性蔑視を、明確に把握している。だがなぜ彼女は、ジェンダーは単に強制的異性愛の機能にすぎないという結論や、強制的という位置がなければ身体の領域はもはやジェンダーがらみでしるしづけられることはないだろうという結論にいたるのか。たしかにルービンは、オルタナティヴな性の世界を心に描いており、それは、幼児の発達段階におけるユートピア的な期間——法の死あるいは分散の「あとに」ふたたび出現するはずの法の「まえ」の世界——である。しかしそういった「まえ」を想定し言及することの正当性を批判したフーコーやデリダの主張をわたしたちが受け入れたあとで、ジェンダー獲得のこの物語は、どのように修正していけばよいのか。もしも近親姦タブーのまえに理想的なセクシュアリティを措定しないなら、さらにもしも近親姦タブーを文化的に永続的なものとみなす構造主義の前提を受け入れないならば、ジェンダーを記述するに当たって、セクシュアリティと法とのあいだにどんな関係が残っているのか。現在のジェンダー関係や、ジェンダー・アイデンティティの懲罰的な生産が抑圧的だということを言うために、法のまえに存在していた幸福な期間に頼る必要があるだろうか。

『性の歴史』第一巻で抑圧仮説を批判したフーコーは、こう論じた。(a)構造主義の「法」は権力の一つの編成である——つまり、ある特定の歴史的な配置である——と考えられる、(b)法はそれが抑圧していると言われている欲望を生産し、産出するものと考えられる。抑圧されるべき対象は、抑圧すべき明白な対象とみなされている欲望ではなく、権力の多層的な配置であり、法制的で抑圧的な法の見せかけの普遍性や必然性を放逐するかもしれない権力の複数性なのである。換言すれば、欲望とその抑圧は、法構造を強化するための契機であり、欲望は、それによって法モデルがそれ自身の権力を行使し強化するための儀式的で象徴的な身ぶりとして、製造され、また禁じられているものである。

近親姦タブーは、近親姦の欲望を禁じると同時に、強制的な同一化のメカニズムによってある種のジェンダーの主体性を構築していく法制的な法である。だがこの法の普遍性や必然性を保証しているものは何か。たしかに文化人類学のなかには、近親姦タブーの普遍性を主張する派と、それに異を唱える派のあいだに議論があり、(46) またかりにその普遍性を主張できたとしても、それが社会化プロセスの意味に関してどういうはたらきをしているかについては、さらに議論が交わされている。(47) 法が普遍的であるということは、それが文化を横断してつねに同じ方法で作動しているとか、それが一方的に社会生活を決定しているということではない。実際、法が普遍的であると言っても、それは、社会関係が発生するときの支配的な枠組みとして、法がはたらいているというにすぎない。また実際、法が社会生活のなかに普遍的に存在しているということは、目下の社会形態のすべての側面に法が存在していると言うことではなくて、最小に見積もってもそれが意味しているのは、どの社会形態においても、それがどこかに存在し作動しているというだけのことである。

ここでの課題は、そのような近親姦タブーが作動しない文化があることを示すことではない。そうではなくて、まさにそのタブーが作動している場でそれが産出能力をもっていることを言挙げすることであり、ただ単にその法制的な位置を示すことではない。換言すれば、近親姦タブーは、ある形態のセクシュアリティを禁じたり命じたりするだけでなく、ある意味で「代用」という以外、どんな意味においてもまえもって制約することができないさまざまな代用的な欲望やアイデンティティを、意図せずして作りだしているものでもある。もしもフーコーの批判を近親姦タブーに応用すれば、近親姦タブーや母／父への始原的《オリジナル》な欲望を歴史化することは可能であり、それによって、ラカンの公式に見いだされる普遍性に抵抗することができるだろう。このタブーは、母／父への欲望と同時に、その欲望の強制的な置換も生みだし、それを保持するものだと考えてよいかもしれない。したがって、永遠に抑圧され禁じられる「始原的な」セクシュアリティという概念は、つづいてそれを禁じるという機能をもつ法によって、生産されるものなのである。もしも母が始原的な欲望の対象であり、そのことが後期資本主義の家族成員すべてにおいて真実ならば、その欲望は、そのような文化の文脈のなかで生産され、同時に禁止されている欲望なのである。換言すれば、母との結合を禁じる法は、それを招く法と同じものであり、法制的な近親姦タブーのなかの抑圧機能と生産機能を分離することは、もはや不可能なのである。

　たしかに精神分析の理論は、近親姦タブーのなかに生産的な機能があることをつねに認識し、それが異性愛欲望と、明確に区分されたジェンダー・アイデンティティを作りだすと主張してきた。また近親姦タブーが、かならずしも意図したようなジェンダーや欲望を生みだすようにはたらかないことも、精神分析は明らかにしてきた。だが、否定的なエディプス・コンプレックスの例として、近親姦の禁止が同性の親よりも異性の親について強力にはたらくという一例のみが挙げられ、禁じられた親が同一化のさいの心象《フィギュア》とされているのである。だがこの例は、近親姦タブーを法制的かつ産出的とみなす考え方のなかで、どのように記述しなおすことができるだろうか。タブー視されることで同一化の心象となる親への欲望は、権力の同じメカニズムによって生産され、同時に否定される。だが、その目的は何か。もしも近親姦タブーが明確に区分されたジェンダー・アイデンティティの生産を規定していくのなら、もしもその生産が異性愛の禁止と認可を要求するものなら、同性愛は、抑圧されるためには生産されなければならない欲望として現れることになる。つまり、異性愛がはっきりとした社会形態として無傷でいるためには、同性愛という認知可能な概念が必要となり、また同時に、それを文化のレベルでは認知不能とすることによって、その概念を禁じる必要がある。精神分析のなかでは、両性愛と同性愛は一次的なリビドー気質とみなされ、異性愛は段階的な抑圧を受けることで何とか獲得できる骨の折れる社会構築物とみなされている。この論議でも異性愛を撹乱する可能性があるようにみえるが、精神分析の文献のなかで両性愛と同性愛の双方も言説によって構築されているということの方が、それが前‐文化的なものであるという主張を、効果的に覆すものとなるだろう。両性愛的な気質を語る言語について論議することが、この場合、適切なことなのである。(48)

《象徴界》の「外部」と言われ、撹乱地点としてはたらく両性愛は、実際のところ、言説によって「外部」として構築されているものにすぎない。それは、完全に「内部」であるにもかかわらず、「外部」として構築されるもの――文化のかなたにある可能性ではなく、不可能として否定され記述しなおされている具体的な文化の可能性――にすぎない。現在の文化の形態のなかで「思考不能」で「語りえない」ものは、かならずしも、その文化の理解可能性のマトリクスから排除されているのではない。そうではなくて、それは周縁化されているのであり、排除されているのではなくて、恐怖や、少なくとも認可の欠如を呼び起こすような文化の可能性なのである。社会に通用する異性愛者という社会的認知を得ていないということは、可能な社会的アイデンティティは持っていないが、社会的に認可されていないアイデンティティは持っているということである。したがって「思考不能」なものは、文化のなかに完全に含み込まれているけれども、支配的な文化からは完全に排除されているものなのである。両性愛や同性愛を文化の「まえ」に想定し、それによって、この「先行するもの」を前‐言説的な撹乱の源とする理論は、結局、文化が守り、かつまったく逆のことだが、文化がそれから自分自身を守っているような撹乱を、その文化のなかで禁じるものである。したがってこのような撹乱は、クリステヴァの節で論じるつもりでいるが、べつのかたちの文化実践にはけっして翻訳されない非現実的な審美的な様態のみではたらく、無益な身ぶりなのである。

近親姦タブーの場合、（欲求の対極にある）欲望は法をつうじて制定されると、ラカンは論じる。《象徴界》のなかの「理解可能な」存在は、欲望の制度化とその不満足の両方――母なる身体に関連する始原的な快楽と欲求を抑圧したためにおこる必然の結果――を求めるものである。けっして得られないものとして欲望のなかに出没するこの完全な快楽は、法のまえの回復不能な快楽の記憶である。法のまえの快楽など幻にすぎないこと、それが欲望の無限の幻のなかに反復されることについては、ラカンは明快である。だがその幻が、始原的な快楽――文字どおりのリビドー位置に呼応しているかどうかはともかく、「始原性《オリジナリティ》」という幻想の構築物――の文字どおりの回復となることを禁じられているのは、どのような意味においてなのか。事実どの程度、このような疑問がラカンの理論のなかで解決しうるのか。置換や代用は、始原――この場合は回復できず、知ることもできないもの――との関係においてのみ、置換や代用として理解できる。この推論的な起源は、つねに回顧的な地点からのみ思考されるものであり、その地点から眺められて、理想的という性質を身にまとうのである。快楽に溢れた「かなた」[49]を認めることは、本質的に変化しえない《象徴界》の秩序を引きあいに出してはじめて可能となる。事実、《象徴界》や欲望や性差の制度というドラマは、文化的な理解可能性の内部で〈思考できるもの〉と〈思考できないもの〉をしるしづけて分類するときに権力を行使している自己支持的な意味機構だと解釈しなければならない。文化の「まえ」にあるものと、文化の「なか」にあるものを区別することは、文化の種々の可能性をはじめから締め出しておく方法なのだ。「現象の順序」や記述の基盤にある時間性は、それが主体のなかに分裂を、欲望のなかに不満足を導き入れることで語りの首尾一貫性に疑義をつきつけているが、そうすることで逆に、時間的な説明のレベルでの首尾一貫性を再制定してしまうことになる。その結果、この語りの戦略は、回復不能な起源と永遠に置換される現在との区分にいつまでもかかずらわって、攪乱の名でその起源を回復しようとするあらゆる試みをつねに遅延させるのである。

第 3 章

攪乱的な身体行為

一　ジュリア・クリステヴァの身体の政治

原記号界《セミオティック》についてのクリステヴァの言語理論は、一見してラカンの前提に切り込み、その限界をあばき、言語の内部で父の法を攪乱する地点として、とくに女の位置を打ち出そうとしているようにみえる。[1] ラカンによれば、父の法は《象徴界》と名づけられ、言語による意味づけのすべてを構造化するものである。したがってそれは、文化そのものを全般的に組織化する原理でもある。この法は、母の身体への幼児の根源的な依存をふくむ一次的なリビドー欲動を抑圧することによって、有意味な言語、すなわち有意味な経験の可能性を作りだす。ゆえに《象徴界》が可能になるのは、母の身体とのあいだに結ばれていた一次的な関係を断念することによってである。この抑圧の結果、誕生する「主体」は、抑圧の法の担い手となり、その提示者となる。母への初期依存の特徴をなすリビドーの混沌は、法によって構造化される言語を有する統一的な行為者《エイジェント》によって、完全に抑えこまれる。逆に言えば、そのような言語は、多様な意味（母の身体との一次的な関係を特徴づけるリビドーの多様性をつねに想起させるもの）を抑制し、その場所に、単声的で明確に区分された意味をおき、世界を構造化していくのである。

母の身体との一次的な関係を抑圧することが文化の意味づけに必要なものだとみなすこのラカンの物

語に対して、クリステヴァは挑戦している。彼女の主張によれば、「原記号界」は、そのような一次的な母の身体に起因している言語領域であり、その領域は、ラカンの基本的前提をくつがえすだけでなく、《象徴界》の内部に攪乱を起こしつづける源ともなる。クリステヴァにとって、原記号界がその始原的《オリジナル》なリビドーの多様性を表出する場所は、文化の条件の内部であり、もっと正確に言えば、多様な意味や意味論的な非閉鎖性が充満している詩的言語のなかである。事実、詩的言語は、言語の次元で母の身体を回収したものであり、父の法を粉砕し、攪乱し、置換する潜在力をもつものである。

しかしラカンを批判しているにもかかわらず、クリステヴァの攪乱の戦略には問題が多い。というのも彼女の理論は、彼女が追放しようとしている父の法の安定性と再生産能力に依存しているようにみえるからである。たしかに彼女は、父の法を言語の次元で普遍化しようとするラカンの理論の限界を、うまくあばいてはいる。だがそれにもかかわらず彼女は、原記号界はつねに《象徴界》に従属すると述べ、原記号界の特質を、どのような挑戦にもビクともしない階層秩序の内部にあるものと捉えている。たとえ原記号界が父の法の攪乱や置換や粉砕の可能性を促すものであるとしても、他方で《象徴界》がみずからの覇権的勢力を繰り返し確認しているとすれば、このことはいったいどんな意味をもちえるというのか。

以下で展開するクリステヴァ批判は、原記号界を効果的な攪乱の源として積極的に評価しようとするクリステヴァの議論のいくつかの段階に、異を唱えるものである。まず最初に、クリステヴァとラカンの双方が容認しているようにみえる母の身体との一次的な関係についてだが、これが本当に存在可能な構築物なのかどうか、また二人の言語理論のどちらによっても認識可能な経験なのかどうかという点は、じつは明らかではない。原記号界の特徴である多様な欲動は、言語のなかにときおり認識可能となって現れる一方で、言語に先立つ存在論的な地位も同時に保持している、前‐言説的なリビドー機構を構成しているものである。そして言語――とくに詩的言語――のなかに現れるこの前‐言説的なリビドー機構が、文化を転覆させる地点だと、クリステヴァは言う。二番目の問題は、攪乱の源であるこのリビドーを文化の次元で持ちつづけることは不可能であり、もしもそれが文化のなかにとどまる場合には、かならず精神病や文化生活の破綻となると、クリステヴァが述べていることである。つまりクリステヴァは、あるときは原記号界を解放理念として位置づけ、あるときは、解放理念にならないと否定する。つまり、原記号界は一定の抑圧を受ける言語の領域だと述べる一方で、それを一貫して保持しておくことは不可能な言語だとも言うのである。

この自己矛盾をきたしている理論を正しく見定めるためには、リビドーの多様性がどのように言語のなかに現れるか、またリビドーの多様性が発現する期間を定めているものは何なのかを問う必要がある。さらに言えば、クリステヴァは母の身体を、文化に先立つ一連の意味を担うものと記述し、それによって、文化を父性的な構造とみなす見方に加担し、母性を本質的に前‐文化的な現実に閉じ込めてしまっている。その結果、母の身体についてのこの自然主義的な記述は、母性を物象化してしまい、母性が文化によって構築されたものであり、可変的なものであるとみなす分析を、あらかじめ封じてしまうのである。本節では、前‐言説的なリビドーの多様性が可能かどうかを問うことによって、前‐言説的な母の身体のなかに発見したとクリステヴァが主張しているものが、じつは特定の時代の言説によって生産された産物にすぎず、文化の隠れた一次的な原因などではなくて、文化の結果にすぎないのではないかということについて考えてみよう。

たとえ一次欲動についてのクリステヴァの理論を受け入れたとしても、その欲動の攪乱効果が原記号界をつうじてはたらくことによって、父の法の支配を一時的に無益に混乱させる以上のことができるかどうかは疑わしい。本節で示そうとすることは、彼女の政治戦略の失敗の一因は、欲動理論をほぼ無批判に取り込んだことに起因するということである。さらにまた、言語の内部における原記号界の機能について述べられた彼女の記述を子細に検討することで、クリステヴァが原記号界というレベルで父の法をふたたび制定してしまったことが明らかになるだろう。その結果、クリステヴァがおこなったことは、おそらく、継続した政治実践とはけっしてならない攪乱の戦略を提示しただけだったと思われる。この節の最後の部分では、欲動と言語と家父長的な特権の関係を概念化しなおす方法をしめすつもりだが、それは、クリステヴァが提示したものよりも効果的な攪乱の戦略となるだろう。

原記号界についてのクリステヴァの記述は、数多くの問題含みの段階をへて展開されている。彼女が想定していることは、欲動が言語のなかに登場する以前にその目標を持っているということ、言語はつねにそういった欲動を抑圧し昇華すること、欲動が姿をあらわすのは、《象徴界》の領域ではつねに「単声的」であることが要求される意味作用に抵抗するような言語表現のなかだけだということである。さらに彼女が主張するのは、多様な欲動が言語のなかに出現するのは、原記号界——つまり、詩的な発話のなかに現れる母の身体なので、《象徴界》とはまったくべつの言語の意味領域——においてであるということだ。

『詩的言語の革命』(一九七四年)ですでにクリステヴァは、欲動の異種混淆性と、詩的言語の多声的な可能性とのあいだに、必然的な因果関係があると論じている。ラカンと異なってクリステヴァは、詩的言語は、一次欲動を抑圧した結果、誕生するものではないと主張する。そうではなくて詩的言語とは、単声的な通常の言語条件が欲動によってバラバラになり、多様な音と意味が渦巻く抑圧不可能な異種混淆性が露呈するときの、言語上の契機である。したがってクリステヴァは、詩的言語には、単声的な指示作用の要請に合致しない独自の意味の様態があると主張して、《象徴界》を、言語の意味作用のすべてとみなすラカンに反駁する。

この同じ書物でクリステヴァは、何ものにも備給されない自由なエネルギーが、詩の機能をつうじて言語のなかに表出するという考え方に賛同している。たとえば彼女はこう述べる。「言語のなかに欲動が混在するとき〔…〕そこに詩的言語の機構を見ることができる」。そしてこの機構においては、「統一的な主体は彼〔ママ〕自身の場所を、もはや見つけることができない」(2)。この詩的機能とは、意味を破砕させたり多様化させる傾向をもつ拒絶的で〔ミニマルアートにおいて、形態や色彩をできるだけ切り詰め、意味を拒絶する手法〕、分裂的な言語の機能である。それは単声的な意味づけを増殖させ、破壊することによって、欲動の異種混淆性を演じるものである。したがって高度に分化した多声的な意味の集合に向おうとするこの衝動は、《象徴界》の規則に対する欲動の報復として現れるが、ひるがえって《象徴界》の規則は、その欲動を抑圧した結果、誕生するものである。クリステヴァは原記号界を、言語のなかに現れる欲動の多様性だと定義した。執拗なエネルギーと異種混淆性という特徴をもつこの欲動は、意味機能を粉砕する。したがってこの初期の著作においては、彼女は原記号界を、「一次プロセス〔の〕様態に関連した〔…〕意味機能」であると定義した(3)。

『言語における欲望』(一九七七年)に収められている論文のなかでは、クリステヴァは原記号界の定義の根拠を、さらに完全に精神分析に置いている。《象徴界》が抑圧し、原記号界が遠回しに指し示す一次欲動は、母の欲動――つまり母に属している欲動というだけでなく、幼児(セックスは問わない)の母への依存を特徴づける欲動――と理解されている。換言すれば、「母の身体」は連続性をもつ関係を意味しており、そこでは、欲望主体と欲望客体は明確には区別されていない。事実それは、欲望や欲望の前提となる主体/客体の二分法のまえに存在する快楽《ジュイサンス》を指し示している。《象徴界》が母の断念に基づくものならば、原記号界はリズムや類音や抑揚や音の戯れや反復によって、詩的な発話のなかに母の身体を再-現前《リ・プレゼント》させ、それを回収するものである。「幼児期の最初の反響言語」〔乳幼児が他人の言葉をそのまま真似て反復する行為〕

や「精神病患者の舌語り」〔患者が勝手に作りだす言語で、とくにパラノイア患者に見られる〕は、母親＝幼児の関係の連続性――つまり近親姦タブーの押しつけによって引き起こされる母親と幼児の分離／個体化に先立つ異種混淆的な衝動の領域――があらわれでたものである。(4) 近親姦タブーの結果である幼児と母親の分離は、言語的には音と意味の切断としてあらわれる。クリステヴァの言葉をつかえば、「意味の弁別要素である音素は、《象徴界》の言語に属する。しかしこの同じ音素が、リズムやイントネーションのなかに含まれる場合があり、そのときこの音素は意味から自律して、本能的な欲動をもつ身体に近接する原記号界の性質を温存しようとする方向にむかう(5)」。

クリステヴァは原記号界を、《象徴界》を破壊し浸食するものと記述し、それは、子供がしゃべりはじめるときのように意味の「まえ」にあるか、精神病患者が意味をなす言葉を使えなくなるときのように意味の「あと」にあるかの、どちらかだと言う。もしも《象徴界》と原記号界が言語の二つの様相だと考えるなら、そしてもしも原記号界がたいていは《象徴界》によって抑圧されていると考えるなら、クリステヴァにとって言語とは、原記号界が省略や反復やただの音や（意義が曖昧なイメージやメタファーを使った）意味の多様化などによって意味づけのプロセスを破壊する場合をのぞき、依然として《象徴界》によって支配されている体系だと思われる。《象徴界》の様式をとる言語は、母への依存関係を切断し、それによって抽象《アブストラクト》的となり（言語の物質性から引き離され《アブストラクティッド》）、単声的となって、成立するものである。これは数量的、もしくは純粋に形式的な論理のなかに、よくあらわれている。他方、原記号界の様式をとる言語は、母の身体――明確に区分された単声的な意味づけに抵抗する拡散的な母性――を詩的言語によって回収するものである。クリステヴァは以下のように言う。

> どの詩的言語においても、たとえばリズムを重視しようとする制約のために、その国語の文法規則

を破ることがあるが、それだけでなく〔…〕最近のテクストにおいては、こういった原記号界の制約（リズムや、象徴主義の作品にみられる母音の音色や、ページのうえの文字配列）のために、回復不能な統語論上の省略が起こることもある。この場合、省略された統語論のカテゴリー（目的語や動詞）——発話の意味を決定するもの——を復元しようとしても無駄である。(6)

クリステヴァにとって、この決定不能性は、言語における本能の契機であり、言語の破壊機能である。したがって詩的言語は、首尾一貫した意味する主体を、母の身体の一次的な連続性へと解体させていく。

言語がみずからを《象徴界》の機能としてつくりあげるには、本能的な欲動を抑圧したり、母との連続的な関係を抑圧するという犠牲を払わなければならない。逆に、この抑圧された本能的な母性的な要素をふたたび活性化するという犠牲を払わなければ、詩的言語の不安定で不確かな主体は（そこから発せられる言葉は、けっして単なる記号ではない）、みずからを保持することはできない。(7)

クリステヴァが詩的言語の「主体」について語るのは、適切だとは言いがたい。なぜなら、詩的言語が浸食し破壊するものは、《象徴界》に参与している《語る存在》だと考えられている主体であるからだ。ラカンにならってクリステヴァは、母との近親姦的な合体を禁止しているのは、主体を基盤づけている法——母への依存という連続的な関係を切断したり破壊する基盤——であると主張する。主体を作りだす過程で、この禁止の法は、《象徴界》という領域——すなわち単声的な意味づけの記号体系という言語領域——を作りだす。したがってクリステヴァは、「詩的言語は、その不確かな現在進行中の主体にとっては、近親姦と等価になるだろう(8)」と結論づける。《象徴界》の言語とそれを基盤づける法との衝突、逆に言えば、言語内部の本能性から言語のなかに走る亀裂は、リビドーの異種混淆性が言語のなかに噴出したものというだけではない。それは自我の個体化に先立つ母の身体への依存という、身体状態をも意味するものである。したがって詩的言語はつねに母の領域への回帰を指し示し、そこでは母なるものは、リビドーへの依存と、欲動の異種混淆性の両方を意味するものとなる。

「ベリーニによる母性」のなかでクリステヴァが示唆しているのは、母の身体は、首尾一貫し明確に区分されたアイデンティティの喪失を意味するので、詩的言語は精神病と紙一重だということである。そして女が原記号界を言語のなかで表現しようとする場合、母性への回帰は、クリステヴァがはっきりと精神病に関連づけた前 - 言説的な同性愛を意味することになる。クリステヴァは一方では、《象徴界》に参与することによって――つまり言語による意志伝達の規範にしたがうことによって――詩的言語は文化的に保持されるものとなると認めつつ、他方で同性愛については、精神病とならない社会表現を持つことはできないものだと言う。同性愛を精神病だとみなすクリステヴァの考えの根拠には、異性愛と《象徴界》の基盤が同延上にあるとみなす構造主義の仮定を、彼女が受け入れているということがあるようだ。だからクリステヴァによれば、同性愛の欲望の備給は、詩的言語や出産行為といった、《象徴界》の内部で認可される置換をとおしてのみ達成可能なものとなるのである。

出産によって、女は母と接触する。彼女は自分自身の母になっていく――自分自身の母そのものとなる。母娘は同質のものの連続体で、それ自身の内部で差異化しているにすぎない。こうして女は、母性のなかに潜む同性愛的な側面を現実のものとし、この同性愛的な側面をつうじて、自分の本能の記憶に近づくとともに、自分の狂気へもさらに開かれ、その結果、社会との象徴的な絆をさらに断ち切っていく。(9)

クリステヴァによれば、出産行為は、個体化に先立つこの連続的な関係を、もう一度取り戻すことができるものではない。なぜなら幼児は、つねに近親姦の禁止をこうむり、明確に区分されたアイデンティティに分離されていくからである。だが女児から母を分離する場合は、分離が完全に達成されないので、その結果は、母にとっても娘にとってもメランコリーとなる。

悲哀や喪においては、分離がはっきりと認識され、元の対象へのリビドー固着が、代用の対象にうまく置換される。しかしこれと対照的にメランコリーの場合は、喪失が内面化され、その意味で喪失が否定されるので、メランコリーは「悲哀」の失敗を意味するものとなる。母の身体への固着を否定する代わりに、母の身体は否定として内面化され、その結果、女児のアイデンティティは喪失そのもの、女児特有の欠損、欠如となるのである。

したがって精神病とみなされる同性愛の場所は、父の法から完全に断絶された場所であり、母の身体からの分離に対してメランコリーで反応することで形成される女の「自我」基盤（たとえどんなに希薄な基盤にせよ）からは、完全に断絶された場所なのである。ゆえにクリステヴァによれば、女の同性愛は、精神病が文化のなかに出現したものとなる。

> 同性愛＝母性の局面は、言葉の渦巻きであり、意味と理解の完全な欠如である。それは女にとって、感情、置換、リズム、音、閃光、突入を防ぐ遮蔽幕としての、つまり喪失してはいるが、一見したところすぐそばにあるように見える楽園としての母の身体に、想像のなかで執着していくこと〔…〕なのである。(10)

しかし女にとって、この種の同性愛は、詩的言語のなかにのみ――つまり、《象徴界》の次元で保持することができる、出産以外の原記号界の唯一の形態のなかにのみ――現れるものである。それゆえクリステヴァにとって、あからさまな同性愛は、近親姦タブーを媒介なしに破るものなので、文化のなかでは保持できない営みとなる。だが、なぜそうなるのか。

クリステヴァは、文化が《象徴界》と同義だという前提、また《象徴界》が「《父》の《法》」に完全に包摂されていて、したがって《象徴界》に参与する営みでないものはすべて精神病になるという前提を、受け入れている。それゆえ彼女の戦略的課題は、《象徴界》を原記号界に置き換えたり、《象徴界》に対峙する文化の可能性として原記号界を作りあげることではなくて、《象徴界》と原記号界を隔てる境界を示すような経験を、《象徴界》の内部で批准していくことなのだ。ちょうど出産が目的論的な社会目標をもつ本能欲動の備給と考えているように、詩的生産も、文化的に伝達可能な形態をとって本能と表象の分裂がなされる場所だと考えているのである。

> 語り手は、唯一「芸術」と呼ばれる特殊な言説実践のおかげで、この境界――この社会性の要件――に到達することができる。女もそれを得ることができるが（とくにわたしたちの社会では可能であるが）、それは、出産行為という分裂した象徴化の奇妙な形態（言語と本能欲動の境目、また「象徴界」と「原記号界」の境目）をつうじてなのである。[11]

それゆえクリステヴァにとっては、母の領域を特徴づける異種混淆性と依存が精神病にならない経験になる特権的な実践があり、その実践を、父によって認可される文化のなかで表象しているものが、詩と母性なのである。詩（ポエーシス）の行為は、《象徴界》のなかで抑圧されている基盤をあかるみにし、そうして単声的なシニフィアンの支配に挑戦して、その必要不可欠の基盤とされている主体の自律性を拡散させる本能の異種混淆性をみせてくれるものである。欲動の異種混淆性は、置換という攪乱的な戦略――つまり、言語の内部で抑圧されていた多様性を解放することで、父の法の支配を追い払おうとする戦略――として、文化のなかで作動するのである。この本能の異種混淆性は、父の法のなかで、それをつうじて、再 - 現前されなければならないので、近親姦タブーに挑戦することはできず、《象徴界》というもっとも脆弱な領域のなかにとどまっていなければならない。それゆえ統語法の要請にしたがう詩＝母性の実践は、たとえ父の法を置換しようとするときにも、わずかにではあれ、つねにその法に繋がっているのである。だから《象徴界》を完全に拒否することは不可能であり、クリステヴァにとって「解放」言説など問題外なのだ。法に対する戦術的な攪乱や置換といっても、せいぜいできることは、その自己基盤的な前提に挑戦することぐらいである。だがここでもクリステヴァは、禁止という父の法を文化の基盤とする構造主義の仮定に、本気になって挑戦してはいない。それゆえ父の法によって認可されている文化を攪乱することは、文化のべつの形態から起こるものではなく、文化それ自体の抑圧された内部から――文化の隠蔽された基盤を構成している欲動の異種混淆性から――のみ起こるものとなっている。

異種混淆的な欲動と父の法とのこの関係は、精神病について、極度に問題の多い見解を生み出すことになる。それは一方では、女の同性愛を本質的に精神病であって、文化のなかでは理解できない実践だとみなし、他方では母性に対して、リビドーの混沌を守る強制的な手段になれと命令するのである。クリステヴァはどちらの考え方も明確には表明していないが、法や言語や欲動についての彼女の見解から、この両方の考え方を暗に主張しているように思われる。クリステヴァにとって詩的言語とは、近親姦タブーを破るものであり、それゆえつねに精神病と紙一重のものであるということを考えれば、これはうなずける。母の身体への回帰と、それに付随する自我の脱‐個体化としての詩的言語は、女によって発せられた場合、とくに脅威のものとなる。詩的なものは近親姦タブーに挑戦するだけではなく、同性愛タブーにも挑戦するものとなるからだ。したがって詩的言語は、女にとっては母への依存からの置換であり、同時に、その依存がリビドー的なものであるゆえに、同性愛からの置換なのである。

クリステヴァにとっては、女の同性愛の欲望を媒介なしに備給した場合、それはかならず精神病となる。だからこの欲動を満足させるには、一連の置換によるしかない。つまり母のアイデンティティの体内化――母そのものになること――とか、母への依存という特徴をもつ欲動の異種混淆性を遠回しに表出する詩的言語によるしかないのである。母性と詩は、社会によって唯一認可され、それゆえ精神病にならない同性愛の欲望の置換であるが、異性愛にうまく順応した女にとっては、この二つはメランコリーの経験となる。異性愛の詩人＝母親は、同性愛の備給を置換したことにいつまでも苦しむのである。だがクリステヴァにとってこの欲望を出しきることは、アイデンティティのなかの精神病的な部分を開陳することになる。つまりここでは、異性愛と首尾一貫した自己との固い連結が、前提とされているのである。

では、レズビアンの経験を回復不能な自己喪失の場所としてこのように構築することを、どう解釈していけばよいか。クリステヴァは明らかに異性愛を、親族や文化の先行条件とみなしている。したがって彼女は、レズビアンの経験を、父によって認可された法を受け入れない精神病的なものだと言う。だがなぜレズビアニズムは、精神病として構築されなければならないのか。どのような文化の視点が、レズビアニズムを自他の融解とか、自己喪失とか、精神病の場所として構築していくのか。

レズビアンを文化の《他者》とみなし、レズビアンの発話の特徴を精神病患者の「言葉の渦巻き」とするクリステヴァは、レズビアンのセクシュアリティを、本来的に理解不能なものとして構築する。クリステヴァは法の名のもとで、レズビアンの経験を放逐し矮小化するが、その戦術によって彼女は自分自身を、父系列＝異性愛主義の特権の枠内にとどめている。レズビアニズムの根源的な非‐一貫性からクリステヴァを守ってくれる父の法は、まさにレズビアニズムを非合理の場所として構築するメカニズムなのである。重要なことは、レズビアンの経験についてのこのような記述は外側からなされたものであり、それが語る事柄は、レズビアンの経験そのものではなく、同性愛の可能性を恐れている異性愛文化が、それから身を守るために作りだす幻想であるということだ。

　レズビアニズムは自己喪失を意味すると言ったクリステヴァは、個体化には抑圧が必要だという精神分析の真実を鵜呑みにしているようだ。だからそのような同性愛への「退行」を恐れる気持ちは、文化による認可と特権の両方を失う恐怖なのである。この種の喪失は文化に先立つ場所を指し示しているとクリステヴァは述べるが、その喪失が、いまだ承認されていない新しい文化の形態と考えることもできるはずだ。換言すればクリステヴァは、レズビアンの経験を文化の順応のまえに存在する退行的なリビドー状態として説明したいのであって、文化の法はつねに父の認可を受けるとみなす自分の狭量な視点に対して、レズビアニズムがいどんでいる挑戦をみずからやってみようとは思っていないのである。レズビアンを精神病的とみなすことに潜む恐怖は、発達論が必要とする抑圧の結果なのか。それともそれは、文化の合法性を失うかもしれないという恐怖、つまり文化のそとや文化のまえではなく、文化の合法性のそとにいること――文化のなかにありつつも、文化によって「法外者《アウトロー》」とされること――への恐怖なのか。

　クリステヴァは、それを失うことを自分が恐れているとはけっして認めない認可された異性愛の立場から、母の身体とレズビアンの経験の両方を記述する。父の法のこの種の物象化は、女の同性愛を否認するだけでなく、文化の実践としての母性の多様な意味や可能性をも否定する。実際、文化を攪乱することは、クリステヴァの関心事ではない。なぜなら彼女にとっては、たとえ攪乱が起こっても、それは文化という表面のうえで起こるものではなく、その下から起こるものであって、結局はいつもその下へと帰っていく攪乱でしかないからだ。たとえ原記号界が父の法を免れる言語の可能性であっても、それはつねに父の法の領域の内部に——あるいは実際には、その法の領域の下に——とどまったままである。したがって詩的言語や母性の快楽は、父の法の局所的な置換——つまり、もともと反抗していたはずの法に結局は従属してしまう一時的な攪乱——を構築するものなのである。攪乱の源を文化のそとに放逐することによって、クリステヴァは、攪乱を効果的で実現可能な文化実践とする可能性をあらかじめ締め出していると思われる。父の法のかなたにある快楽は、不可避の不可能性として想定されているだけである。

つねに挫折する攪乱というクリステヴァの理論は、欲動と言語と法の関係についての、彼女の問題の多い見方に起因している。欲動を攪乱的な多様性にしてしまったことから、経験論的で政治的な問題が、数多く発生する。まず、もしもそういった欲動が、《象徴界》としてすでに決定されている言語や文化の形態のなかにのみ現れるものならば、そういった欲動が《象徴界》のまえの存在論的な位置を占めるとどうして立証できるのか。クリステヴァは、生来的な多様性をそなえた欲動へアクセスする方法のひとつが、詩的言語だと述べるが、この答えは満足のいくものではない。詩的言語が多様な欲動という前-存在に依拠するものだと語られるので、議論は循環的になり、このような欲動の存在を、詩的言語に頼って措定することはできなくなる。もしも言語が存在するためには、まず欲動を抑圧せねばならず、またもしも言語において抑圧可能なものにしか、意味を帰結させることができないならば、言語に出現するまえの欲動に、意味を帰することは不可能となる。同様に、欲動を言語に変えるのを助け、言語そのものを説明する役割をもつ作因を、欲動に帰することも、言語の制約のなかでは道理にあわないことである。換言すれば、私たちがそういった欲動を「原因」として理解するのは、欲動の結果において、またその結果をつうじてなのであり、だからこそ、欲動と結果は同じものだと考えてならない理由は、なにもない。このことから、次のどちらかの結論が導きだされる。(a)欲動とその表象は同延上にある。あるいは(b)表象は欲動それ自体のまえに存在する。

後者の結論は、考察すべき重要な事柄だと思われる。というのも、クリステヴァの言説の対象である本能は、その言説自身によって構築されたものだと考えられるからである。ゆえにこの対象――この多様な領域――を、意味づけに先立つものと設定するどんな根拠を、わたしたちはもっているのか。もしも詩的言語が文化のなかで伝達可能なものになるために《象徴界》に参与しなければならないなら、もしもクリステヴァ自身の理論的著作が《象徴界》を表徴しているなら、この領域の納得のいく「外部」をどこに見つければいいのだろう。母の欲動は「生物学的宿命」のひとつで、「非‐象徴界的、非‐父性的な作因[12]」が表れ出たものだと彼女が考えていることを知れば、前‐言説的で身体的な多様性を措定する彼女の議論は、ますます疑わしいものとなる。クリステヴァにとって、この《象徴界》のまえにある非‐父性的な作因は、原記号界の母性的な作因、もっと正確に言えば、母の本能という目的論的な概念なのである。

> 母の抑えがたい衝動を永続化するために、互いに結合するか、分裂するかという、種に属する記憶の閃き――生＝死の生物学的循環という永遠の回帰以外どんな意味も持たない一連の標徴。この前‐言語的で、表象不能な記憶をどうやって言語化すればよいのか。ヘラクレイトスの生成流転、エピクロスの原子、舞い上がるカバラ的な塵、アラブやインドの密教、幻覚剤の常用者が描く点描的なデッサン――すべては、《存在》やロゴスやその法についての理論より、もっと適切なメタ

ファーのように思われる。(13)

ここでは、抑圧された母の身体は多様な欲動の地点というだけでなく、生物学的な目的論の担い手ともなっている。つまりそれは、西洋哲学の初期段階において、また非西洋的な宗教の信仰や実践において、また精神病あるいは精神病に近い状態の人間が生みだす美的表現において、また前衛的な芸術実践においてすら、現れ出るものなのだ。だがこういったさまざまな文化表現が、母の異種混淆性という同一原理の表出となぜ考えなければならないのか。クリステヴァはこれらの文化契機のすべてを、ただひとつの原理に従属させているのである。その結果、原記号界はロゴスを放逐する文化営為のすべてを代表することになり（面白いことに彼女は、ロゴスとヘラクレイトスの生成流転を対照させている）、他方ロゴスは、単声的なシニフィアンやアイデンティティの法則を代表するものになるのである。原記号界と《象徴界》を対立的にとらえることは、矛盾してはいけないという命令を逃れる多様性の原理と、多様性の抑制によって成り立つ同一化《アイデンティフィケーション》の原理との、形而上学的な論争に矮小化されている。奇妙なことにクリステヴァがあらゆるところで擁護しようとしている多様性の原理自体が、同一化の原理とほぼ同じやり方で作用しているのである。「原始的」で「オリエンタル」な風物をすべて手っとり早く母の身体の原理にしたがわせている様子を見れば、これは一目瞭然である。事実彼女は、彼女に対するオリエンタリズムの批判を正当化しているだけでなく、多様性が皮肉なことに単声的なシニフィアンになってしまうのではないかという、重要な疑問も提起することになった。

　目的論的な目標を、言語すなわち文化の構築のまえに存在する母の欲動に帰そうとするクリステヴァの政治的なプログラムからは、数多くの問題が生じる。たしかに彼女は、父の法の支配に挑戦する原記号界の表現のなかに、攪乱や破壊の潜勢力を見てはいる。しかしこの攪乱が正確にどこに存在するかという点については、それほど明快ではない。もしも法が社会構築された土台に基づくものであり、抑圧された母の領域がその土台の下に隠れ潜んでいるのであれば、どんな具体的な文化の選択肢が、この母の領域が姿をあらわした結果として、文化のなかに登場してくるのか。たしかに表面的には、母性的なリビドーの機構に関連する多様性は、父というシニフィアンの単声性をバラバラに破砕してしまって、矛盾するなという法の命令に拘束されない別種の文化表現の可能性を生みだす力を持つもののようにみえる。だがこの破壊作用は、意味の領域を切り拓くものなのか、それとも、「前‐父性的な」自然の作因にしたがって作動する昔風の生物学的決定論が、ふたたび表れ出ているだけなのか。かりにクリステヴァが前者を信じているなら（実際はそうではない）、文化の可能性を増殖させようとして、父の法を置換することに興味をもったはずである。だがそうではなくて彼女が処方するのは、閉じた概念――つまり単線的で単声的な目的論によって制限されている異種混淆性――でしかない母の異種混淆性の原理へ、回帰することだけである。

クリステヴァは出産欲望を、種の欲望――永遠に繰り返される形而上学的な現実を構成している昔風の集合的な女のリビドー欲動の一部――と理解している。ここでクリステヴァは母性を物象化し、次にはこの物象化を原記号界の破壊能力に格上げしている。その結果、単声的な意味づけの土台として理解されている父の法は、同様に単声的なシニフィアン――「多様な」表出を目標とはせずに、同一的な状態を保ちつづける母の身体の原理――によって、置き換わっただけなのだ。

クリステヴァがこの母の本能を、父の法に先立つ存在論的な位置をもつものと捉えるかぎり、まさにその父の法が、それが抑圧しているはずの欲望の原因となっていることを、理解することはできない。だがこういった欲望は、母性が、前‐父性的な作因の表出などではなく、親族の要件によって必要とされ反復される社会的実践にすぎないことを証明するものである。女の交換は、親族の絆を強化するための先行条件であるというレヴィ＝ストロースの分析を、クリステヴァは受け入れている。だが彼女が理解しているのは、この交換が、母の身体が抑圧されるさいの文化の契機だというだけで、それが、女の身体を母の身体として強制的に文化が構築するときのメカニズムだということには、思い至っていない。だが実際は、女の交換は、生殖の義務を女の身体に強制的に押しつけることだと理解した方がいいだろう。ゲイル・ルービンによるレヴィ＝ストロースの読解によれば、親族関係は「セクシュアリティの〔…〕彫塑」を成しとげ、その結果、出産欲望は、生殖という目的を遂行するためにその欲望を必要とし、またその欲望を出産する社会実践の、結果ということになる。(14)

ではどういう根拠があって、クリステヴァは母性という目標を、文化に登場するまえの女の身体に帰するのか。このような疑問は、母の身体というクリステヴァの概念を前提として《象徴界》と原記号界を区別することに対する疑問のなかに、すでに含まれている。始原的な意味づけのなかにいる母の身体は、意味づけ自体に先行しているとクリステヴァは考える。だから母性はひとつの意味づけでしかなく、文化変容に向かって開かれているとみなすことは、彼女の枠組みのなかでは不可能になる。彼女の議論が明らかにしていることは、母の欲動は、言語がつねに抑圧し昇華する一次プロセスを構成しているものだということである。だが彼女の議論を、もっと大きな枠組みのなかで練りなおすことは可能だろう。つまりどのような言語――実際には言説――の文化配置が、前－言説的なリビドーの多様性という比喩を生みだしていくのか、またその目的は何かという問いである。

父の法を禁止機能あるいは抑圧機能としてのみとらえたために、クリステヴァは、父の法が情動を産出するメカニズムを理解できなかった。原記号界を抑圧するものと考えられている法は、じつは原記号界を支配している原理のはずで、したがって「母の本能」とみなされている事柄は、自然主義的な語彙で解釈されてはいるが、文化によって構築された欲望であるはずだ。しかもその欲望が、欲望の異性愛的な生産と再生産を要求する親族の法にしたがって構築されているなら、自然主義的な情感を語る語彙は、その「父の法」をうまく不可視のものにしたということになる。クリステヴァが前‐父性的な作因と考えたものは、じつは父性的な作因が、自然な作因とか――とくに母性的な作因――という擬態をまとって現れているものにすぎない。

重要なことに、母の身体や目的論的なその本能を、自己同一的で執拗な形而上学的原理だとみなす考え方――つまり、集合的で、セックスの特徴が刻まれている生物学的な構築だとみなす昔風の考え方――は、その考えの根拠を、女のセックスという単声的な概念においている。そして起源であり作因であると考えられているこのセックスは、純粋な産出能力という原理に位置づけられるのである。事実クリステヴァにとって、女のセックスはポエーシス――プラトンの『饗宴』で誕生と詩的着想の両方の行為を意味する〈作る活動〉――と同義である。[15] だが女の産出能力は、実際には、原因のない原因ではないか。それはあらゆる人間性を近親姦タブーの影響力のもとに置き、そして次にはそれを言語のなかに導き入れようとする物語の始まりなのではないか。クリステヴァが語る前‐父性的な作因は、女の快楽と意味の一次的な機構なのか。あるいは原因と結果の順序を逆にして、この原記号界の機構はそれに先立つ言説によって生みだされていると理解することはできないか。

『性の歴史』の第一巻の終章で、フーコーは、セックスのカテゴリーを「虚構の統一体〔と〕〔…〕原因をなす原理〔の両方〕」として利用することに警告を発し、セックスという虚構のカテゴリーは因果関係の逆転を促して、その結果、「セックス」は、欲望の構造や意味の原因と理解されることになったと主張する。

「セックス」という概念があるからこそ、解剖学的要素や生物学的機能や行動や感覚や快楽を、人為的な統一体のなかに纏めあげてしまうことが可能になり、この虚構の統一体を、原因をなす原理や遍在する意味として使うことが可能になった。こうしてセックスは、唯一のシニフィアン、また普遍的なシニフィエとして機能することができるようになったのである。(16)

フーコーにとって身体は、自然で本質的なセックスという「概念」を身におびるものとして言説によって決定される以前には、どのような意味の次元においても、「性別化された」ものではない。身体は権力関係の文脈においてのみ、言説上の意味を獲得するのである。セクシュアリティは、権力と言説と身体と情動を、特定の時代が組織化したものにすぎない。フーコーの理解によれば、このようなセクシュアリティは、人為的な概念である「セックス」を生産し、この「セックス」という概念が、それを誕生させた権力関係を効果的に拡大させると同時に、それを隠蔽もするのである。

フーコーの枠組みは、女の身体についてのクリステヴァの見解から発生する認識論的で政治的な問題のいくつかを解決する手段を示してくれるものだ。フーコーの枠組みによって、「前 - 父性的な作因」に関するクリステヴァの主張を根本的に転倒させることができる。クリステヴァは母の身体を、言説のまえにあって、欲動構造のなかで原因として作用するものとみなしているが、フーコーが明確に述べていることは、母の身体を前 - 言説的なものとして言説によって生産することこそ、母の身体という比喩を生みだす特定の権力構造がおこなう自己拡大や隠蔽の戦術だということである。フーコーの文脈では、もはや母の身体は、あらゆる意味づけの隠れた根拠とか、あらゆる文化の物言わぬ原因として理解されることはない。そうではなくてここでは、母の身体は、女の身体に女の自己の本質や欲望の法としての母性を身につけさせようとする特定のセクシュアリティの制度の、結果であり、帰結なのだと理解されている。

もしもフーコーの枠組みを受け入れるなら、母性的なリビドーの機構を、ある特定の時代がおこなうセクシュアリティの組織化の産物として、記述しなおす必要がある。さらに言えば、セクシュアリティの言説は権力関係にまみれたものであるにもかかわらず、前 - 言説的な母の身体という比喩の、本当の根拠となってしまうのである。クリステヴァの公式が、ここで完全に逆転する。《象徴界》と原記号界は、もはや、母性的なリビドーの機構の抑圧あるいは表出として示される二つの言語の次元として理解されるものではない。そうではなくてこの母性的なリビドーの機構は、女に強制される母性の制度を拡大し、同時にその制度を隠蔽する物象化として理解されるものである。事実、母性という制度を支えている欲望が、父のまえにあり、文化のまえにある欲動と考えられて、その位置が逆転されるとき、母性という制度は女の身体という不変の構造のなかに、永遠の合法化を得るのである。事実、女の身体を生殖機能という特徴によって認可し、その特徴を持たねばならないと要求する明確に父なる法は、女の身体のうえに、自然の必然性という法となって、みずからを刻みこむのである。クリステヴァは、生物学的で必然的な母性という法を、父の法のまえに存在して攪乱的なはたらきをするものとみなして、母性を擁護しようとしたが、そうすることによって彼女は、不可視性を組織的に生産し、その結果として不可避性という幻想を生産することに寄与したのである。

クリステヴァはもっぱら、父の法の禁止的側面だけに自分の議論を限定してしまったために、父の法がいかに自然な欲動という形態で、ある種の欲望を産出しているかを説明できなかった。彼女が表現しようとした女の身体は、女の身体によって空洞化されるはずの法によって生産される構築物なのである。だが父の法についてのクリステヴァの見解を批判したからといって、文化や《象徴界》は女の身体の否定にその基盤をおくという、彼女の一般論を無効にするものではない。だがわたしがここで指摘したいのは、意味作用が女の原理の否定や抑圧に基づくものだという主張はすべて、女であることが、それを抑圧する文化の規範の本当の外部かどうかを検討すべきだということである。換言すれば、わたしの読みでは、女性的なものを抑圧するためには、抑圧行為と抑圧対象が存在論的にべつのものである必要はない。事実、抑圧は、それが否定することになる対象を、生産するのだと考えた方がよい。そうした生産は、抑圧という行為を巧みに作り上げていくものだと言うことができる。フーコーが明らかにしているように、抑圧のメカニズムの相矛盾する文化的企てとは、禁止と産出を同時におこなうことであり、それによって「解放」という問題がとくに面倒なものとなる。父の法の拘束から自由であるはずの女の身体は、じつはその法のべつの形の具象化でしかなく、攪乱的であると同時に、その法の自己拡大と増殖に貢献するものであるとみなすのが適切だろう。被抑圧者の名で抑圧者を解放することを避けるために、法の複雑さや巧妙さを完全に把握し、法のかなたの本物の身体という幻想から脱却することが必要なのである。もしも攪乱が可能となるなら、それは法の次元のなかからの攪乱であり、法が法自体に挑戦し、それ自身の予期しない組み合わせをおびただしく生産する可能性をつうじてなのである。そのとき文化によって構築される身体は、「自然な」過去や始原的な快楽に向かってではなく、文化の可能性という開かれた未来に向かって、解き放たれることになるだろう。

二　フーコー、エルキュリーヌ、セックスの不連続の政治

フーコーの系譜学的な批評は、文化的に周縁化されているセクシュアリティの形態を文化の理解不能性として放逐するラカン派や新ラカン派の理論を、批判する手段を与えるものである。解放としてのエロスという幻想を捨てたところから論じることによって、フーコーは、セクシュアリティを権力にどっぷりと浸かったものと理解し、法のまえやあとにセクシュアリティを措定する理論を、批判的にみる視点を与えた。だがフーコーがセックスのカテゴリーやセクシュアリティの権力体制を批判するとき、どんなテクストを根拠にしたかを考えると、近年保持することがますますむずかしくなっている解放理念を、彼自身が自分の厳密な批評装置のなかにさえ温存していることがわかる。

『性《セクシアリテイ》の歴史』第一巻でフーコーが示したセクシュアリティの理論は、一九世紀のフランスの両性具有者エルキュリーヌ・バルバンの日記をフーコーが翻刻したときに、彼がつけた短いが重要な序文と矛盾している。エルキュリーヌは誕生のとき「女」のセックスをもつ者とみなされたが、医者や司祭へ一連の告白をしたのち、二〇代はじめには、自分のセックスを「男」に変えるよう法的に強いられた。フーコーが見つけたと主張している日記には、彼／女の「本当のセックス」を決定する根拠を論じた医

学や法学の資料が添えられている。またそこには、ドイツ人作家オスカー・パニッァが書いた諷刺的な短編も入っている。この日記の英訳につけた序文でフーコーは、「本物のセックス」という考え方がはたして必要なものかどうかについて疑問を投げかけている。この疑問は一見したところ、『性の歴史』第一巻の結論近くで示されている「セックス」のカテゴリーに対するフーコーの批判的な系譜学にそったもののように思われる。[17] だがこの日記と序文を読むと、フーコーのエルキュリーヌ読解が、じつは『性の歴史』第一巻で展開した彼自身のセクシュアリティ理論と齟齬をきたしていることがわかる。フーコーは『性の歴史』のなかでは、セクシュアリティは権力と同延上にあると論じているが、ここでは、エルキュリーヌのセクシュアリティの構築と弾劾の両方をおこなう具体的な権力関係を、認識できずにいるのである。実際フーコーは、彼/女の快楽の世界を美化して、「アイデンティティのない幸福な中間状態《リンボー》」(xiii)——セックスやアイデンティティのカテゴリーを超えた世界——と呼んでいる。しかしエルキュリーヌ自身の自伝的著作では、性差の言説やセックスのカテゴリーがふたたび登場してきており、これによって、フーコーがおこなったテクストの美化と無視とはべつのエルキュリーヌ読解が可能だと思われる。

『性の歴史』第一巻でフーコーが論じているのは、「セックス」の単声的な構築(ひとはあるセックスであり、したがってべつのセックスではない)は、(a)セクシュアリティの社会規制と管理をつうじて生産されるものであり、(b)まったく別物で相互に関連性のないさまざまな性機能を隠蔽して、人為的にひとつに統合するものであり、(c)そののちに、あらゆる様態の感情や快楽や欲望を、そのセックス特有のものとして作り上げると同時に、それらを理解可能にする内的本質として、つまり原因として、言説の内部に位置づくものである。換言すれば、身体の快楽は、セックス特有の本質をその原因とするものではなく、むしろその種の「セックス」の表出とか記号として解釈可能なものになっているにすぎない。[18]

「セックス」をこのように単声的な原因として構築する誤った見解に対して、フーコーはそれと正反対の説をもちだし、「セックス」を起源《オリジン》ではなく、結果だと捉える。身体の快楽の始原的《オリジナル》で連続的な原因や意味とみなされている「セックス」の場所に、彼はセクシュアリティをおき、それこそが、言説と権力にかかわる複雑で開かれた歴史的な制度であり、権力関係を隠蔽し、それによって権力関係を永続化させる戦略としての誤称された「セックス」を生産するものだと言う。権力を永続化し、同時に隠蔽する方法は、（抑圧や支配とみなされている）権力と、（解放や真なる自己表出を待つ勇敢だが挫折したエネルギーとみなされている）セックスとのあいだに、外側から恣意的な関係を作りあげることである。この法制的モデルを使う前提には、権力とセクシュアリティの関係が存在論的に識別可能であるばかりでなく、権力はつねに、セックス——根本的に無傷で、自己充足的で、けっして権力ではないもの——を抑制したり解放するためにはたらくという考えがある。こうしてひとたび「セックス」が本質化されると、それは、権力関係や「セックス」自身の歴史性とは無縁の、存在論的な位置についてしまう。その結果セクシュアリティの分析は、「セックス」の分析に衰微し、「セックス」というカテゴリーを生産する歴史を問題にしようとする視点は、そのように逆転され偽造された因果関係によって、まえもって封じられてしまうのである。フーコーによれば、「セックス」はセクシュアリティの次元で概念化しなおさなければならないだけでなく、法制権力もまた、あるものを生産しておきながら、次にはそれを隠してしまう産出権力によって生みだされるひとつの構築物にすぎないと、理解しなおさなければならない。

セックスという概念は根本的な転倒を引き起こした。それは権力とセクシュアリティの関係の表象を逆転させて、セクシュアリティを、権力とのあいだに本質的で実際的な関係をもつものではなく、権力がなんとか支配しようとする特殊で還元不能な衝動に根をもつものとして出現させてしまった（二五四）。

『性の歴史』でフーコーは、解放主義や自由主義のモデルとしてセクシュアリティを捉える見方に対して、はっきりと反対の立場をとっている。そういったモデルは、カテゴリーとして――つまり権力関係を曖昧化する「結果」として――「セックス」を歴史的に生産していることを認めない法制的モデルに賛同するものであるからだ。彼がフェミニズムと問題を起こすように見えるのは、おそらくここである。フェミニズムの分析はセックスのカテゴリーや、したがって彼によればジェンダーの二元的な制約を、その出発点とするのに比べ、フーコーの場合は、彼の研究目的は、「セックス」のカテゴリーや性差が、身体のアイデンティティに不可欠な要素として言説の内部で構築される様子を探究することである。彼の見方によれば、フェミニズムの解放モデルの構造となっている法の法制的モデルの前提には、解放主体――つまりある意味で「性別化されている身体」――は批判的な脱構築を受ける必要がないという主張がある。だが人間主義による刑務所改革の試みについて論じたときと同じく、解放後の犯罪者の主体は、人間主義が考えている以上に、解放前よりもきつく拘束されているかもしれないのである。フーコーにとって性別化されるということは、一連の社会的規制に従属するということであり、この社会的規制を、セックスやジェンダーや快楽や欲望を形成する原理として、かつ自己解釈のための解釈原理として存続させようとする法を、所有してしまうことになるのである。したがってセックスのカテゴリーは、必然的に規制的なものであり、このカテゴリーを前提とした分析はどれも、権力／知の体制という規制戦略を無批判に拡大し、その合法化を推し進めるものとなる。

エルキュリーヌ・バルバンの日記の編集と出版によってフーコーがはっきりと示そうとしていることは、半陰陽的あるいは間性的な身体が、セックスのカテゴリー化という規制的な戦略をそれとなくあばき、それに異を唱える様子である。フーコーの理解によれば、「セックス」は、そもそも互いに何の必然的な関係もないさまざまな身体機能と意味をひとつに統合するものなので、「セックス」がなくなれば、多様な機能や、意味や、器官や、身体的・生理学的なプロセスが喜ばしくも拡散し、また単声的な二つのセックスによって強要されている理解可能性の枠組みの外側に、快楽が増殖することができるようになると予言する。フーコーによれば、エルキュリーヌが住むセックスの世界は、身体の快楽が、一次的な原因や究極の意味としての「セックス」を直接に指し示すことのない世界である。フーコーの言葉を使えば、それは「猫がおらず、猫のニヤニヤ笑いだけが充満する」(xiii) 世界である。事実このような快楽は、それに課せられる規制を明らかに超えるものであるが、しかしここでわたしたちが目にするのは、『性の歴史』のなかでフーコーの分析が放逐しようとしている解放主義の言説に、フーコー自身が感傷的に溺れてしまっている様子である。解放主義的な性の政治のこのフーコー・モデルでは、「セックス」の打倒は、一次的なセックスの多様性を解放することになる。つまり一次的な多形性欲を措定する精神分析や、文化という道具によって抑圧されるまえの始原的《オリジナル》で創造的な両性愛のエロスというマルクーゼの概念から、このフーコーのモデルはそう遠く隔たったものではないのである。

『性の歴史』第一巻のフーコーの立場と『エルキュリーヌ・バルバン』の序文とのあいだにあるこの重要な隔たりは、『性の歴史』そのもののなかに、解決不能な緊張としてすでに内在していたものである。そこで彼は、さまざまな規制的な戦略の押しつけに先立って存在する年齢差のある性的交換という、「牧歌的」で「無垢な」快楽に言及している (三一)。一方でフーコーは、言説と権力の複雑な相互作用によって生産されることのない本来的な「セックス」など存在しないと主張したいのだが、他方で、特定の言説／権力の交換の結果ではない本来的な「快楽の多様性」があると言いたいようだ。換言すれば、「法のまえの」セクシュアリティ――つまり「セックス」の拘束からの解放を待つセクシュアリティ――を結果的には前提とする前‐言説的なリビドーの多様性という比喩を、フーコーはここで持ちだしているのである。他方フーコーは、公的には、セクシュアリティと権力は同延上にあって、セックスについては肯定し、権力については否定することはできないと断言する。反法制的で反解放主義的な論法をとる「公的な」フーコーは、次のように述べる――セクシュアリティはつねに権力の種々のマトリクスのなかに位置づけられるものであり、特定の時代の言説と制度の双方の実践の内部で、つねに生産され構築されるものであって、法のまえのセクシュアリティに頼ることは、解放主義的な性の政治が権力と共謀するさいにおこなうこじつけにすぎない。

ところがエルキュリーヌの日記は、フーコーをフーコーに逆らって読む機会を与えてくれるものである。たぶんもっと適切な言葉をつかえば、性の自由を希求する反解放主義者というフーコーの立場にひそむ構造的な矛盾を、あばく機会が与えられるのだ。テクストのなかで一貫してアレクシナと呼ばれているエルキュリーヌが語るのは、不当な犠牲化と、虚偽と、渇望と、避けえない不満足にみちた人生を送る者が経験する悲劇的な苦境である。彼／女の報告によれば、少女の頃から彼／女は他の少女と違っていた。この他の少女と違うということは、語りをつうじて彼／女が不安と尊大さのあいだを交互に揺れ動く原因となっているが、それは、法が語りのなかで明確な演技者《アクター》となるまえの物言わぬ知として、そこに存在しているものである。エルキュリーヌは日記のなかで、自分の解剖学的な事柄を直接には語らない。しかし彼女のテクストと並べてフーコーが掲載した医者の報告書によれば、エルキュリーヌは小さいペニスあるいは肥大したクリトリスらしきものをもっていると言って差し支えなく、膣があるべきところに――医者の言葉をつかえば――「盲管《クル・ド・サック》」があり、さらには、女の胸とはっきりと言えるようなものは見当たらない。また医者の資料ではじゅうぶんに説明されていないが、射精能力もいくぶんあるようだ。エルキュリーヌ自身はこのような自分の解剖学的な事柄にはけっして言及せず、彼／女の苦境を自然の過ち、形而上学的なホームレス、満足することのない欲望状態、根源的な孤独ととらえ、その苦境は、手術以前には、はじめは男に対して、次にはこの世界全体に対して発せられる全身全霊の憤怒になったと述べる。

エルキュリーヌは途切れ途切れではあるが、学校時代の他の少女たちとの関係や、修道院での「マザー」たちとの関係、最後には、彼／女の恋人となったサラへの情熱的な愛について語る。最初は罪意識にとらわれ、次には明瞭に述べられていない生殖器の病気を患ったエルキュリーヌは、彼／女の秘密を医者に、次には司祭に告白し、この一連の告白行為のせいで、結果的にはサラとの離別を強要されることになった。権威者たちは協議し、彼女が法的に男に変わるようにはからったが、そのせいで彼女はそれ以降、男の服装をしたり、男のさまざまな社会的利権を行使することを義務づけられることになった。センチメンタルなメロドラマの口調で、日記は、自殺で頂点に達するたえまない彼／女の危機意識を語る。法的に男になるまえのアレクシナには、「セックス」のカテゴリーの法制的で規制的な圧力を逃れる快楽を享受する自由があったと言ってよいかもしれない。実際フーコーは、この日記が暗示しているのは、単声的なセックスという法の押しつけのまえに存在する規制を受けない快楽の世界だと考えているようだ。だが彼の読みが根本的に誤読していることは、このような快楽は、あまねく存在しているが分節化されない法のなかに、つねにすでに埋め込まれており、それが歯向っているはずの法によって、実際には生産されているということである。

エルキュリーヌのセクシュアリティを、「セックス」の押しつけや規制に先立つユートピア的な快楽の戯れとして美化したいという誘惑は、きっぱりと否定されなければならない。しかしここで、フーコーの問いをべつの形で問いかけてみることができるかもしれない――「どのような社会実践や慣習が、このような形態のセクシュアリティを生産するのか」。この問いを突きつめていくことによって、(a)権力の生産能力（規制的な戦略が隷属的な主体を生産していく方法）についてや、(b)この自伝的語りという文脈で権力がセクシュアリティを生産していく個別的なメカニズムについて、いくばくかのことを理解する機会がもてるだろう。性差の問題が新しい視点でふたたび問題となるのは、形而上学の次元で多層的なセクシュアリティを物象化することをやめて、エルキュリーヌという事例にみられる具体的な語りの構造や政治的・文化的慣習を調べてみるときである。そういった語りの構造や慣習は、優しく交わされるキスや、拡散する快楽や、挫折したが侵犯的なスリルにみちたエルキュリーヌの性的世界を作りだすと同時に、規制しているものでもある。

エルキュリーヌと彼／女のパートナーのあいだにセクシュアリティを生みだす権力のさまざまなマトリクスのなかには、修道院やそれを支える宗教理念が奨励しつつ弾劾する、女の同性愛の慣習があることは明らかである。エルキュリーヌについてわかっていることは、彼／女が読書家だったこと、それも大量の読書家だったこと、また当時一九世紀のフランスの教育はフランス・ロマン派と古典を教えることだったので、彼／女自身の語りはこういった文学の既存の慣習の内部で語られているということである。事実こういった慣習が、フーコーもエルキュリーヌもその慣習のそとにあるとみなしたセクシュアリティを生みだし、それをそのようなセクシュアリティとして解釈していくものなのである。不可能な愛というロマンティックで感傷的な物語が、このテクストに登場するあらゆる形態の欲望や苦悩を作りだしているが、他方で、不運な運命をたどる聖者たちについてのキリスト教の伝説や、自殺する両性具有者を描くギリシア神話や、キリスト像そのものもまた、同じ役割をはたしているようだ。多層的なセクシュアリティという法の「まえ」であれ、不自然な侵犯という法の「そと」であれ、このような位置づけは、テクストの「そと」にある勇敢で反逆的なセクシュアリティという配置をとおしてセクシュアリティを生産し、次にはその生産を隠蔽する言説の「なか」に、つねに存在しているのである。

エルキュリーヌと少女たちの性的関係を、彼／女の生物学的な二重性の男性的部分にたよって説明しようとする誘惑が、このテクストにはつねに存在している。もしもエルキュリーヌが女に欲望するなら、おそらくそこにはホルモンや染色体構造やあるいは無孔のペニスなどの解剖学的事実という証拠があり、それらの証拠が、異性愛の能力や異性愛の欲望を結果的に産出するような、さらに明瞭な男のセックスの存在を指し示しているというのである。快楽、欲望、行為——そういったものは、何らかの意味で生物学的な身体から発生するものではないのか、そのような発生は身体という原因から必然的に生みだされ、性的特徴を表出したものと理解できる手がかりはないのか、というのである。

おそらくエルキュリーヌの身体が半陰陽のため、彼／女の一次的な性的特徴についての記述と、彼／女のジェンダー・アイデンティティ（ちなみに彼／女自身は、自分のジェンダーを絶えず変化し不明瞭なものと感じている）や彼／女の欲望の方向性や対象とを、概念的に分離することは、とくにむつかしくなっている。いろいろなところで彼／女は、自分のジェンダーの混乱や侵犯的な快楽の原因は自分の身体にあると考えている。あたかもそういった混乱や快楽が、事物の自然な／形而上学的な秩序の外側に位置する本質的な性質の結果であり、その表出であるかのように。だが彼／女の解剖学的な身体を、彼／女の欲望やトラブルや情事や告白の原因と考えず、ここで徹頭徹尾テクスト化されている身体を、単声的なセックスを語る法制的な言説によって生みだされる解決不能な二律背反の記号として、読むことはできないだろうか。このことは、フーコーがわたしたちに求めているような、単声性の場所に多層性を発見することではない。そうではなくて、禁止の法によって作りだされ、その喜ばしい拡散という結果があったにもかかわらずエルキュリーヌの自殺で頂点に達する逃れがたい二律背反を、わたしたちは論じるべきなのである。

語りによるエルキュリーヌの自己開示――一種の告白による自己生産――をたどっていけば、彼／女の性的気質《ディスポジション》がそもそもの初めから二律背反的であって、彼／女のセクシュアリティは、一方では修道院という拡大ファミリーのなかで「シスター」や「マザー」たちとの愛を追求せよという制度的な命令と、他方でその愛をあまりに全うしすぎてはいけないという絶対的な禁止として解釈できるような、セクシュアリティの生産構造がもつ二律背反を反復しているようにみえる。フーコーはついうっかりと、エルキュリーヌの「アイデンティティのない幸福な中間状態《リンボー》」は、特定の時代のセクシュアリティの編成によって可能になった――すなわち、「ほとんど女しかいない排他的な集団に隔離された」ために可能になった――とほのめかす。フーコーの言葉をつかえば、この「奇妙な幸福状態」は、修道院の慣習の枠のなかでは「義務的なものであり、同時に禁止されたもの」である。彼がここではっきりと語っているのは、この同性愛的な環境は、エロス化されたタブーの場合と同じ構造をもち、「アイデンティティのない幸福な中間状態」を巧みに奨励していくものである。ゆえにフーコーはこのあとすぐに、エルキュリーヌが女の同性愛の慣習を実践したという自分の指摘を引っ込め、そこに戯れているのは多様な女のアイデンティティではなく、「アイデンティティがないこと」だと強調する。もしもエルキュリーヌが「女の同性愛」という言説の位置にいるとなると、セックスのカテゴリー――それこそ、エルキュリーヌの物語がわたしたちに拒絶するよう促しているとフーコーが信じているもの――に、フーコー自身が関与してしまうからだ。

だがおそらくフーコーは、これについては二つの観点で捉えようと思っているのだろう。事実、彼は間接的にではあるが、アイデンティティがないことは、同性愛の文脈で生産されるもの――つまり同性愛は、セックスのカテゴリーの打倒の手段――であると言いたいようである。そのことは、エルキュリーヌの快楽についてのフーコーの以下の記述のなかに、セックスのカテゴリーが引き合いに出されると同時に、拒否される模様が描かれているのを見ればよくわかるだろう。学校や修道院は、「〈性的アイデンティティがない〉状態によって見いだされ導き出される優しい快楽を、育むものである。なぜなら、互いによく似ている身体どうしのあいだでは、性的アイデンティティが行き場を失ってしまうからである」(xiv)。ここで彼が考えているのは、こういった身体の類似性が、アイデンティティのない幸福な中間状態――論理的、歴史的に受容するのはむずかしい事柄――を作りだす条件となり、エルキュリーヌについては適切な説明になっているということである。修道院の若い女たちの性的な戯れを条件づけているのは、彼女たちの類似性の自覚なのだろうか。あるいは、強制的な告白の様式で侵犯的な快楽が生産されるのは、同性愛を禁じる法がエロス化して存在しているせいなのか。エルキュリーヌは、この同性愛的とみえる文脈のなかにおいても、彼/女自身の性差の言説を保持している。彼/女は自分が欲望する若い女たちと自分が違っていることに気づいており、それを楽しんでもいるが、この相違は、欲望に関する異性愛のマトリクスの単純な再生産ではない。この愛の交換では、自分の位置は侵犯的であり、彼/女の言葉をつかえば、自分が男の特権の「簒奪者」であって、それを模倣しているときでさえ、その特権に自分が異を唱えているということを、彼/女は知っている。

簒奪という言葉は、彼/女がそこからの距離を感じていたはずのカテゴリーのなかに、彼/女自身が参与していることを示し、またそれと同時に、そのようなカテゴリーが性の固定性という前提と結びついてその原因や表出となることがなくなったとき、そのカテゴリー自体が脱自然化され、流動的になりうることも示している。エルキュリーヌの解剖学的な事実は、セックスのカテゴリーのそとにあるものではなく、セックスのカテゴリーを構築している要素を混乱させ、それを再配分するものなのである。

事実、属性の自由な戯れは、さまざまな属性が固着するとされている永続的で実質的な基質としてセックスをとらえることが幻想にすぎないことを、明らかにしていく。さらにエルキュリーヌのセクシュアリティは、異性愛のエロスの交換とレズビアンのエロスの交換が、曖昧に重なり合って配分しなおされている点を強調することによって、両者のあいだの区別に異を唱える一連のジェンダー侵犯をも構築している ものである。

だがここで問いかけなければならないことは、言説によって構築されるセックスの曖昧さのレベルにおいてさえ、「セックス」にかかわる問題――実際には、セックスのカテゴリーの自由な戯れに制限をもうける「権力」と「セックス」の関係にかかわる問題――が存在するのではないかということである。換言すれば、そのような戯れは、前‐言説的なリビドーの多様性として考えられるものであれ、あるいは言説によって構築された多様性として考えられるものであれ、本当に自由なものなのか。当初フーコーがセックスのカテゴリーに反対していた点は、セックスのカテゴリーが、存在的に二分された一対の性機能とその要素に、統一性と単声性という人為的な特質を押しつけるということに対してであった。ほとんどルソー的な手を使ってフーコーは、自然な異種混淆性と理解されるべきものと、それを矮小化し変形する人工的な文化の法という二分法を構築してしまっている。エルキュリーヌ自身、自分のセクシュアリティを、「論理に歯向かう自然のたえまない闘争」（一〇三）と呼んでいる。だがこのように明確に区別された「要素」に対するぞんざいな検討は、「機能」や「感覚」や、ときには「欲動」という言葉さえも使う完全な臨床化を指し示すものである。したがってフーコーが拠り所にしている異種混淆性は、彼自身が抑圧的で法制的な法とみなした医学の言説によって、まさに構築されているものなのである。ではフーコーが崇めているように見えるこの異種混淆性とは、いったい何なのか。またその目的は何なのか。

もしもフーコーが、同性愛の文脈において〈性的アイデンティティがないこと〉が奨励されると主張するなら、アイデンティティを構築するものは異性愛の文脈であると彼が考えていることになるだろう。事実フーコーは、セックスのカテゴリーやアイデンティティのカテゴリーを、たいていは規制的な性体制の結果であり手段であると理解している。だがここで明瞭にされていない事柄は、この規制が生殖的、異性愛的なものなのか、それともべつのものなのかという点である。セクシュアリティのこの規制は、対称的な二元関係にある男女のアイデンティティを生産するものなのか。もしも同性愛が〈性的アイデンティティがないこと〉を生産するのなら、同性愛が、互いに似ているというアイデンティティに依拠することはできなくなる。事実、同性愛は、もはやそのようなものとして記述することはできない。では同性愛は、名づけえないリビドーの異種混淆性の場所を意味しているというのなら、おそらく次には、それが本当に、その名を語れない、あえて語らない愛なのかどうかを問わなければならない。換言すれば、フーコーは同性愛に関するインタヴューは一つしかおこなわず、また自分の著作では自分自身の告白の契機にはつねに抗っていたにもかかわらず、エルキュリーヌの告白については、厚顔にも教訓的な口調でそれをわたしたちに提示するのである。ということは、これは、彼の人生と彼女の人生のあいだに連続性や平行性があるとみなす一種の置換された告白だと考えてよいのか。

フーコーはフランス語版の表紙に、傑出した人物たちは平行した生き方をし、それは結局永遠で出会うことになる無限軌跡を描くというプルタルコスの考えを記している。フーコーが暗示していることは、無限軌道から逸れて、けっして回復されない無名性に消滅するかもしれない人生があるということだ——いわば「まっすぐ《ストレート》」な道を歩んで、偉人たちの永遠の仲間に入るのではなく、逸脱し、けっして回復されない危険を冒す人生があるということである。彼はこう述べる、「本書はプルタルコスの言葉を逆転させたものとなるだろう。ひとつに収斂することのない平行した地点にいる人生があるのだ」（英訳バトラー）。むろんここでフーコーの言葉が直接示しているのは、あとから与えられた男の名前エルキュリーヌ（面白いことに女を意味するeで終わっている）と、エルキュリーヌが女の様態にいたときの名前アレクシナとの分裂である。だがフーコーの言葉はまた、エルキュリーヌと彼／女の恋人サラとの関係を示唆するものでもある。二人は文字通り別れさせられ、二人の道ははっきりと別々のものとなった。だがおそらくまた、ある意味でエルキュリーヌは、フーコーとも平行している。いかなる意味においても「まっすぐ《ストレート》」ではない逸脱した二つの人生があったと言えるという意味で、エルキュリーヌとフーコーは平行しているのだ。事実彼らは、字義通りの意味では平行していないが、字義通りということに挑戦しているという意味で――とくにセックスのカテゴリーについてそうだという意味で――平行している。

　ある意味で互いに「よく似ている」身体があるというフーコーの序文の言葉は、欲望する相手の女と自分はまったく異なっていると語るエルキュリーヌの発言ばかりでなく、彼／女の身体の半陰陽的な特徴も軽視するものである。事実ある種の性的交換ののち、エルキュリーヌは領有と勝利の言葉を使って、「これからサラは私のもの〔…〕！！！」（五一）と述べ、サラを自分の永遠の所有物だと宣言した。ではなぜフーコーは、身体の同質性を主張するために、自分が使おうとするテクストに逆らった読みをするのか。同性愛についてのフーコーのインタヴューのなかで、インタヴュアーのジェイムズ・オヒギンズはこう言った、「アメリカの知的サークルのなかでは、とくにラディカル・フェミニズムのあいだでは、男の同性愛と女の同性愛を区別する傾向がでてきています」。オヒギンズによれば、レズビアンとゲイ男性では、性関係の持ち方が異なっており、レズビアンは単婚《モノガミー》およびそれに類するものを好む傾向にあるが、ゲイ男性はたいていそうでないと言われている。フーコーは笑って（インタヴュー記事では「〔笑って〕」と括弧に入っていたので）、「笑って吹き飛ばすしかないですね」と言った[19]。この吹き飛ばす笑いは、おわかりのように、『言葉と物』の序文のなかのフーコーのボルヘス読解に由来するものでもある。

> この本はボルヘスの一節から着想されたものである。その一節を読んだとき、思想の馴れ親しんでいた道標のすべてが粉々になった笑い、その笑いから生まれたものである。〔…〕その笑いは、事物の増殖を押さえるのに使われてきた秩序だった表面とか、秩序だった側面のすべてを打ち砕き、その破壊によって、《同一性》と《他者性》という古くからの区分を揺るがし、それを脅かしていくものであった。[20]

この一節はもちろん中国の百科事典から引用されたものだが、普遍的なカテゴリーと個別的な例というアリストテレス的な区分を混乱させるものでもある。だがここにはまた、ピエール・リヴィエールの「粉々にする笑い」——彼の家族（あるいはフーコーにとっては、家族という概念）を徹底的に壊すことが、親族の（ひいてはセックスの）カテゴリーの字義どおりの否定となるような笑い——もある。[21] それにまたもちろん、デリダが『エクリチュールと差異』で、ヘーゲルの弁証法の概念支配を逃れる過剰さをあらわすものとして語ったバタイユの、今では有名になった笑いもある。[22] したがってフーコーが笑ったのは、まさにその質問が、彼が放逐しようとしている二分法——弁証法の遺産だけでなく、セックスの弁証法をも毒している《同一性》と《他者性》というおぞましい二分法——を設定してしまうからなのだろう。したがってここにはもちろん、エレーヌ・シクスーが言ったような、ものを石化させる凝視によって作りだされる安定した表面を打ち砕き、《同一性》と《他者性》の弁証法が性差の軸にそって出現していることをあばくメデューサの笑いもある。[23] メデューサの物語に意識的に共鳴する身ぶりをみせながら、エルキュリーヌ自身も、出会う人を「凍りつかせる〔ような〕わたしの視線の冷たい不動性」（一〇五）について語っている。

だがもちろん、《同一性》と《他者性》のこの弁証法が贋の二分法であること——それが、男根ロゴス中心主義の形而上学的な機構（同一性という機構）を強化する役目をもつ対称的な差異という幻想であること——をあばくのは、イリガライである。彼女の視点では、《同一性》と同じく《他者性》にも、男性性というしるしがついており、《他者性》は、男の主体を裏側から手を貸して作りあげているものにすぎず、それによって女のセックスを表象不能なものにしてしまう。つまりこの意味機構においては、女のセックスはひとつではないセックスである。だがそれがひとつでない理由は、《象徴界》の特徴である単声的な意味づけをすり抜けるからであり、またそれが、実体的なアイデンティティではなく、自分自身を不在のものとみなす機構とのあいだにつねに不決定な差異の関係しか持てないものであるからだ。それが「ひとつ」でないのは、その快楽において、その意味の様態において、多様で、かつ拡散しているからである。してみれば、おそらくエルキュリーヌの多層的な快楽のように見えるものは、単声的な意味づけという還元的な試みに服従することを拒み、また多価性も有する女のしるしに、うまく当てはまるものなのだろう。

だがここで、二度登場するエルキュリーヌと笑いとの関係を忘れてはいけない。最初は笑われることへの恐怖であり（二三）、二度目は彼／女が医者に向けた嘲笑の笑いである。医者は自然の変則を知ったにもかかわらず、適切な権威者にそれを伝えられなかったために、エルキュリーヌは医者への尊敬を失い、嘲笑を浴びせかけた（七一）。だからエルキュリーヌにとって、笑いは屈辱か嘲笑を意味するものであり、この二つの意味は両方とも、人を断罪する法に明らかに関連するものであり、道具として、また目的として、その法に従属しているものである。エルキュリーヌは法の管轄のそとにいるのではない。

彼／女の流浪は、懲罰モデルとして理解されている。日記の冒頭ですでに彼／女は、「自分の場所は、わたしを遠ざけたこの世界から、しるしをつけて除外されたものではなかった」と語っている。彼／女はこの初期の棄却《アブジェクション》の感覚をさらに説明して、のちにこの感覚は、はじめは「犬」や「奴隷」に似た奉仕する一方の娘や恋人の役として演じられ、最後に彼／女があらゆる人間の領域から追放され、また自分自身を自分で追放することになったとき、完全な、そして致命的な形態をとることになったと語る。自殺のまえの孤独の時代から、彼／女は自分がどちらのセックスからも高く飛翔していると思ってはいたが、彼／女がおもに怒りを向けたのは、男に対してであった。そしてサラと親密になると、男からその「称号」を簒奪しようとし、またサラとの愛の可能性を禁じる存在として、男を容赦なく弾劾した。

物語の始めで、彼／女は一文からなる二つの段落を「平行して」並べ、喪失した父をメランコリーによって体内化したこと――つまりこの否定的な事実を彼／女のアイデンティティや欲望のなかに組み込む構造によって繰り延べされた、見捨てられることへの怒り――を語っている。そして、予告なく急に母に見捨てられたことについて話しだすまえに、自分が捨て子や孤児を養育する施設で数年すごしたと、その理由を述べないまま語る。ここで彼／女は、「母の愛のゆりかごから引き離された哀れな生き物」に言及し、次の文ではこの施設を「苦悩と悲嘆の避難場」と述べて、そのあとで、「突然の死によって〔……〕母の優しい愛情から引き離された」父のことを話す(四)。見捨てられたという彼／女の感情は、同じく突然母を喪失した他の人に対する憐憫をとおして、ここで二重に屈折するが、彼／女が同一化を確立するのも、この屈折をつうじてである。つまり、母の慈しみから切り離された父娘の連帯的窮状として、それはふたたび登場してくるのである。こののちエルキュリーヌは、いわば「母」から「母」へと次々と恋に落ちていき、次にはさまざまな母の「娘たち」と恋に落ちて、あらゆる母なるものを中傷していくが、その意味で、欲望のこの屈折は意味論的には複層化したものとなっている。事実、彼／女は、あらゆる人々の称賛や興奮の対象であることと、嘲笑や遺棄の対象であることのあいだを行き来する。つまり彼／女は、なにものによっても介在されない、それ自身を食むばかりのメランコリー構造の分裂を経験するのである。フロイトの言うように、もしもメランコリーが自己非難を含むものであり、またもしもその自己非難が否定的な自己愛の一種ならば（つまり、たとえ自己をきびしく非難していても、やはり自己に気を配るものならば）、エルキュリーヌは否定的な自己愛と肯定的な自己愛の対立のなかに絶えず身を置いて、自分をこの世でもっとも見捨てられ顧みられない存在だと認めつつ、自分の近くに来る人すべてを魅了することができる存在、つまり、自分はあらゆる女にとってどんな「男」よりも素晴らしい存在なのだと主張してもいるのである（一〇七）。

彼／女は孤児収容所のことを、初期の「苦悩の避難所」と呼んだが、それは、物語の最後で「墓という避難所」となって、彼／女が比喩的に「ふたたび出会う」場所となった。この初期の避難所は、幻の父とのあいだの魔法のような親交と、父への同一化を与えるものだったが、同じく死の墓場も、死によって出会えるはずの父が、すでにそこにいる場所だった。「墓を見ると、生に和解する気持ちになる」と彼女は書く。「私の足の下に横たわる人に対して、限りない優しさを感じさせる場所である」（一〇九）。しかし見捨てた母に抱く一種の父娘の連帯として解釈できるこの愛は、見捨てられることへの怒りから引きだされ、純化されたものではない。「私の足の下」にいる父は、かなり早い時期に拡大され、彼／女がその上を飛翔し支配していると主張し（一〇七）、彼／女が尊大な笑いを向ける男たちの総体となっているのである。かなり早い時期に彼／女は、自分の変則的な状態を発見した医者について、「百フィートもの地下にいてくれればいいのに」と述べている（六九）。

このエルキュリーヌの二律背反は、「アイデンティティのない幸福な中間状態」というフーコーの理論の限界を示している。フーコーの議論における自分の位置を予示するかのごとく、エルキュリーヌは、自分が「不可能な夢の慰みもの」ではなかろうかと思う（七九）。彼／女の性的気質はそもそもの初めから二律背反的で、前述したように彼／女のセクシュアリティは、修道院という拡大ファミリーのなかでさまざまな「シスター」や「マザー」たちとの愛を追求せよという制度的な命令と、その愛をあまりに全うしすぎてはいけないという絶対的な禁止として解釈できるような、セクシュアリティの生産構造の二律背反を反復したものである。だから彼／女のセクシュアリティは、法のそとにあるものではなく、法の生産そのものの二律背反なのであり、それは、禁止という概念が精神分析と制度の両方にまたがるときの二律背反なのである。彼／女の欲望も、彼／女の告白も、従属と反駁の両方である。換言すれば、この愛は、死か遺棄によって、あるいは両方によって禁じられ、その禁止をその条件や目的とみなす愛なのである。

法に隷属したのちに、エルキュリーヌは「男」という法制的に認可された主体となるが、そのジェンダー・カテゴリーは、彼／女自身がオヴィディウスの『変形譚』に言及しているほどには、流動的なものではない。彼／女のヘテログロッシアな〔小説の語りの多層性を表すM・バフチンの概念〕言説は、ジェンダーのまえに存在していると言われている「ひと」とか、今とはべつのジェンダーになる「ひと」というような「ひと」の概念が、はたして存在しているのかという疑問を投げかけるものである。彼／女は、たとえ他人から積極的に弾劾されないにしても、自分で自分を弾劾しており（自分を「裁判官」と呼ぶことすらある〔一〇六〕）、法制的な法のほうが、彼／女にジェンダー変換をもたらした経験論的な法よりも、はるかに重大なものであることを明らかにしている。実際エルキュリーヌは、解剖学という《象徴界》の構造のなかで法がみずからを自然化するときの例になれなかったがゆえに、その法を具現化することは、けっしてできない存在なのである。換言すれば、法は自然の異種混淆性であったものに対して、文化を単に押しつけるのではない。法は、「自然」という概念に順応するよう要求し、さらには、《ファルス》がペニスと明らかに違うにもかかわらず、ペニスを《ファルス》の自然化された手段や記号として配備するような、そんな二元的で非対称的な身体の自然化をつうじて、法自身の合法性を獲得するものなのである。

エルキュリーヌの快楽や欲望は、法制的な法の押しつけのまえに繁茂し、充満している牧歌的な無垢などではけっしてない。彼／女は、男の意味機構のそとにいるわけではない。彼／女は法の「そと」にいるが、法は、この「そと」を法のなかに保持するものである。その結果、彼／女は法を具現化するが、それは有資格者の主体としてではなく、法の神秘的な生産能力の現実的証拠としてである。つまりエルキュリーヌは、法に忠誠を誓ったために結局は法から自己破滅になると宣告されるような反抗か、あるいは法に完全に隷属しているために自分自身の生成の法を反復するしかない主体か、そのどちらかしか生産しないような、法の生産能力の現実的証拠となっているのである。

結論としての非科学的な補遺

『性の歴史』第一巻でフーコーは、アイデンティティの研究を、一九世紀末の（精神分析をふくむ）性科学の出現によって完全に分節化されるようになった法制的な権力形態の文脈に、位置づけているようだ。『快楽の活用』の冒頭では、これまで自分がおこなったセックスの歴史記述を再検討し、主体形成の抑圧的／生産的な法則を古代ギリシアやローマの文献に見いだそうとしているが、アイデンティティを結果として生産する規制的な生産をあばこうとする彼の哲学的企ては、そのなかでもつねに一貫していた。現在おこなわれているこの種のアイデンティティ研究の例として、最近の細胞生物学の発展をあげることができる。これはフーコーの批判が継続して応用可能であることを、期せずして裏づけるものとなっている。

セックスの単声性に疑問を発する場所のひとつは、一九八七年末にマサチューセッツ工科大学の科学者たちがセックスの隠れた決定子と思われる原《マスター》遺伝子を発見したと発表したことにまつわる論議である。ディヴィッド・ペイジ博士と彼の共同研究者たちは高度の科学技術をつかって、Y染色体特有のDNA配列を作りだす原遺伝子を発見し、「TDF」（精巣決定因子《テスティス・ディターミニング・ファクター》）と名づけた。『細胞』誌五一号にこの発見を載せたペイジ博士は、「性的特質のすべてを二つのセックスのどちらかに決定する振り分け因子[24]」を発見したと主張した。ここでは彼の主張を検討し、セックスの決定性に関するこの決着のつかない問題が、なぜ依然として論議されつづけるのかについて考えてみよう。

「ヒトのY染色体の性決定部位がDNA鑑定の蛋白質をコード化する」という表題のペイジの論文によると、実験に使われたDNAサンプルは、非常に特殊な人たちから採取され、そのなかには、XX染色体を有するにもかかわらず医学的に男と認定された人や、XY染色体構造を有するにもかかわらず医学的に女と認定された人が含まれていたと言う。このように染色体判定と逆の性認定がおこなわれた根拠に関しては、そこでは明快には述べられていない。しかし明らかな一次的、二次的特徴があって、それによって認定の適切さが証明されたのだろうと読者は思わされている。ペイジと彼の同僚の仮説では、通常の顕微鏡では検知不可能な男のセックスを示すDNA域があり、このDNA域が何らかの理由で、通常の場所であるY染色体から、それが存在するはずのないべつの染色体へと移動したにちがいないということである。だが、もしも(a)この検知不可能なDNA域があると想定できたとして、(b)そのDNA域が移動することが証明できれば、XXの男は検知可能なY染色体がなくても、やはり男である理由が説明されることになるのか。同様に、DNA域が何らかの理由で本来の場所以外のところにあるという理由だけで、なぜその女にY染色体が奇妙にも存在していると説明することができるのか。

ペイジと彼の研究者たちがこの発見のおりに使ったサンプル数は限られているが、この研究の前提のひとつは、XX女性やXY男性に明確に分類できない染色体変異をもつ者が人口の一〇パーセント強、存在しているという仮説である。したがって「原遺伝子」の発見は、性決定およびその結果としての性別の理解に、これまでの染色体の基準よりもさらに確実な根拠を提示するものだと考えられた。

　ペイジにとって不運なことに、このDNA配列の発見のニュースに執拗につきまとう問題が、ひとつあった。すなわち、男を決定すると言われているのと同じDNA域が、女のX染色体にも存在することがわかったのだ。この奇妙な発見に対して、ペイジははじめ、おそらく決め手は、男にこの遺伝子配列が存在し、女には存在しないということではなく、男の場合は能動的で、女の場合は消極的だということだと答えた（アリストテレスが生き返った！）。だがこの見解はあくまで仮説であり、アン・ファウスト＝スターリングによれば、遺伝子サンプルの提供者は、その解剖学的あるいは生殖的構造において曖昧さがないとは言えないことを、ペイジや彼の共同研究者たちは、『細胞』誌に掲載した論文のなかでは触れなかったそうである。彼女の論文「XYの囲い柵のなかの生」から引用すると、

> 彼らが調査した四人のXX男性はみな生殖不能であり（精子を作れない）、生殖細胞――精子の前駆細胞――がまったく存在しない小さな睾丸しかもっていなかった。また女性ホルモンは高レベルで、男性ホルモンは低レベルであった。おそらく外性器と睾丸のために、男に分類されたのだろう。〔…〕同様に〔…〕XY女性の外性器はノーマルだ〔が〕、彼女たちの卵巣には生殖細胞がなかった（三二八）。

明らかにこれらのケースでは、セックスを構成する各部が、セックスのカテゴリーのなかでふつう認められている認知可能な首尾一貫性や統一性をつくりあげてはおらず、この非首尾一貫性も、ペイジの

議論を混乱《トラブル》させているもののひとつである。なぜなら、男女の認定が目下の問題であり、これまで外性器にたよってそれを暗黙のうちに決定してきたのならば、これらのサンプルがXX男性とかXY女性であると、なぜまず最初に同意しなければならないかが定かでないためである。実際、もしもセックスの決定基準や認定基準が外性器でこと足りるなら、原遺伝子の実験研究などまったく必要ないのではないか。

だがこういった仮説を立て、実験し、証明するやり方にかかわるべつの問題について考えてみよう。つまり、ペイジや彼の共同研究者たちが、性決定と、男性決定および睾丸決定を混同していることに注意を向けてみよう。遺伝学者エヴァ・アイカーとリンダ・L・ウォッシュバーンは『遺伝学年報』のなかで、これまでの文献のなかでは卵巣決定は性決定の際に考慮されず、女であることは男性決定要素の不在か、存在していても消極性としてしか考えられてこなかったと指摘している。女であることは不在や消極性とみなされ、定義上、研究対象としての資格が与えられてこなかったのである。だがアイカーとウォッシュバーンは、女であることは能動的なことであり、そのような文化の偏見があるからこそ——つまり、セックスについてや、価値のある研究ということに関してジェンダー差別的な前提があるからこそ——性決定に関する研究が歪められ、制約されてきたのだと述べる。ファウスト＝スターリングはアイカーとウォッシュバーンを引用して、

> 精巣組織の誘導を能動的（遺伝子によって方向づけられ、支配的）な事柄とし、卵巣組織の誘導を消極的（不随意的）な事柄とすることによって、Y染色体を睾丸決定因子とする仮説を強調しすぎる研究がいくつかある。しかし実際には、卵巣組織の誘導が、精巣組織の誘導と同様に、またそれを言うなら、細胞の分化過程の誘導と同様に、能動的であり、また遺伝子によって導かれる発達過

程でもあるのだ。未分化の生殖腺から卵巣組織を誘導する遺伝子について記述されたものは、これまでほとんどなかった(三二五)。

それと関連して、発生学はこれまでことごとく、細胞の分化の議論では細胞核に中心的役割を持たせすぎたと、最近、批判されている。分子細胞生物学を批判するフェミニズムの批評家は、この細胞核中心主義という前提に反論する。分化を完了した細胞核こそが、完全な形態の新組織への発達を誘導する原因《マスター》や指揮因子になるとみなす研究がこれまで趨勢をしめてきたが、フェミニズムの批評家たちはそれに対抗して、細胞核は細胞という文脈のなかでのみ、その意味と支配力をもっているにすぎないと概念化しなおす研究プログラムが必要ではないかと言う。ファウスト＝スターリングによれば、「問いかけなければならない問題は、細胞核が分化の過程で変容する様子ではなく、細胞核＝細胞質のダイナミックな相互関係が、分化の過程で変化していく様子である」(三二三―二四)。

ペイジの研究は、分子細胞生物学の一般的な動向の枠組みにぴったり合致したものである。その枠組みにおいては、現在のセックスのカテゴリーの記述に個体が潜在的に異を唱える可能性など、最初から考慮されていない。彼が追求する問題は、どのように「セックスの振り分け」が開始されるかであって、二元的なセックスで身体を記述することが適切な課題なのかどうかを問うことではない。さらに「原遺伝子」に論を集中させることによって、女性性は、男性性の有無で決定され、あるいはせいぜいが男の場合はつねに能動的だが、女の場合は消極的なものだと理解されるにすぎない。むろんこの主張がなされる背景には、能動的な卵巣がセックスの分化に寄与する可能性をまったく考慮してこなかったという背景がある。こういったことから考えるに、性決定について有効で論証可能な主張は不可能だということ、むしろ、男女の関係的な位置づけやジェンダーの二元関係という文化の前提が、性決定に関する研究を枠づけ、また研究の焦点を性決定にのみ当てさせることになってしまっているという結論が得られるだろう。文化的意味に先立つものとして「セックス」を確立しようとする生医学の仮説や理論は、すでにジェンダー化されているセックスの意味づけによってあらかじめ枠づけられていることがわかれば、ジェンダーからセックスを区別することは、ますます難しくなるだろう。事実、生物学の言語が他の学問領域の言語に関与していること、また生物学が発見し、中立的に記述しようとする対象のなかに、その文化的沈殿物が再生産されていることがわかれば、セックスとジェンダーの区分は、ますます入り組んだものとなるだろう。

ペイジらが解剖学的に曖昧なXX染色体をもつ個体を男と決定したとき、彼らが引き合いに出したのは、純粋に文化的な慣習——つまり生殖器をセックスの決定的な「記号」とする慣習——だったのではないか。こういった例のなかに存在している不連続は、このような単一な決定項に頼って解決できるものではないのではないか。またさまざまな要素、機能、染色体、ホルモンの次元を含みこむセックスのカテゴリーは、わたしたちが当たり前のことと見なしている二分法の枠組みのなかではもはや機能しないのではないか。ここでのわたしの要点は、ノーマルな性生活を擁護する主張を相対化しようとして、例外や一風変わったものに頼るということではない。フロイトが「性欲論三篇」のなかで示唆したように、セックスの意味に関する通常の自明な世界がいかに社会構築されたものかを知る手がかりを与えてくれるのは、例外や異質なものである。脱自然化されていることを意識している立場からのみ、自然に見えているものが、いかに社会によって構築されているかを知ることができる。性別化された身体について、またそれがどちらかのセックスであることについて、あるいは性別化された身体に本来的に備わり、また何らかの意味で性別化されていることから引き出されると言われている意味について、これまで立てられてきた前提は、文化慣習の次元で身体領域を自然化し安定化しているようなカテゴリーにはしたがうことができない例によって、突然に、また示差的に転覆させられるのである。したがって異質なもの、首尾一貫していないもの、「外側」にあるものは、セックスのカテゴリー化を自明とする世界がじつは社会によって構築されたものであり、したがって違う風に構築することも可能であることを教えてくれるのである。

フーコーの分析——セックスのカテゴリーは、規制的で生殖的なセクシュアリティの制度に貢献するように構築されているという主張——にはただちに同意しないとしても、ペイジが外性器——生殖的なセクシュアリティの象徴には不可欠の解剖学的な身体部分——を、性決定のさいの曖昧さのない先験的《アプリオリ》な決定項だとみなしていることには、注意を向ける必要がある。この例では相矛盾している二つの言説が、ペイジの研究を取り囲んでいると言えるだろう。二つの言説とは、外性器をセックスの確固たる記号とみなし、しかも生殖という利権を守るためにそうみなすという文化の言説と、男の原理を能動的で唯一の原因(自家生殖でないにしても)として確立しようとする言説の二つである。ただ一度限りでセックスを決定し、しかもそのセックス以外のものではないと決定したいという願望がなぜ生じるかというと、もう一つのセックスとの関係で性別化される身体という、明確で単声的なアイデンティティや位置をとおして、生殖を社会的に組織化しようとする制度があるからだ。

この生殖的セクシュアリティの枠組みのなかでは、男の身体はたいていの場合、能動的な行為者《エイジェント》と考えられているので、ペイジの研究の問題は、文化のなかでは共に作動しているのに、この例では別々のものとされている生殖の言説と男の能動性の言説を、ある意味で一致させようとしたことである。したがって面白いことに、能動的なDNA配列で論をまとめたいペイジは、生殖の言説よりも男の能動性の方を第一義に置こうとする。

だが男の能動性の方を第一義とみなすことは、モニク・ウィティッグの理論によれば、単なる見せかけをつくりだしているものにすぎない。セックスのカテゴリーは、強制的な生殖制度をとおして明らかに作動している強制的異性愛の制度に、属しているものである。これから考察することになるウィティッグの見方では、「男性性」と「女性性」、「オス」と「メス」は異性愛のマトリクスのなかでのみ存在するものである。事実それらは、強制的異性愛のマトリクスの存在を隠し、そうすることによって抜本的な批判からそのマトリクスを守ろうとする自然化された二つの項目なのである。

三　モニク・ウィティッグ——身体の解体と架空のセックス

言語は、様々な層の現実を社会的身体に投げかける
——モニク・ウィティッグ

『第二の性』でシモーヌ・ド・ボーヴォワールは、「ひとは女に生まれない、女になる」と書いた。この言葉は奇妙だし、意味をなさないとさえ言える。なぜなら、もしもひとがずっと女でなかったなら、どうやって女になることができるのかという疑問が生まれるからである。それに〈なる〉ことをおこなう「ひと」とは誰なのか。適切な時期にそのジェンダーになる人間がいるのか。その人間はそのジェンダーになるまえは、そのジェンダーでなかったと考えていいのか。どういう風にしてひとはジェンダーに「なる」のか。ジェンダーが構築されるときの時期、あるいはそのメカニズムは何なのか。それに、おそらくもっと適切に言えば、いつこのメカニズムが文化の場面に到来して、人間主体をジェンダー主体に変えるのか。

いわばつねにすでにジェンダー化されていない人間など、これまで存在していたのだろうか。ジェンダーのしるしは、身体を人間の身体として「資格づける」もののようである。赤ん坊が人間化される瞬

間は、「これ（it）は男の子か女の子か」という問いに答えられるときである。どちらのジェンダーにも合致しない身体形態は、人間のそとにあるもの――非人間的で、おぞましきもの《アブジェクト》の領域を構築するもの――であり、それと区別して人間が構築される。もしもジェンダーがつねにそこにあって、人間の資格をもつものをまえもって制限しているなら、あたかもジェンダーが補遺とか、文化によって付け加えられる補足であるかのように、ジェンダーになっていく人間について語ることなど、どうしてできようか。

もちろんボーヴォワールが示唆しようとしたのは、女のカテゴリーは変化しうる文化的産物であり、文化という領域の内部で身につけられたり、取り込まれる一連の意味であって、だれもジェンダーをもって生まれることはない――ジェンダーはつねに獲得されるもの――ということだけである。他方、ボーヴォワールが積極的に肯定しようとしていることは、ひとはあるセックスをもって、あるセックスとして、つまり性別化されて、生まれてくるということ、そして、性別化されているということと人間であることは同延上にあり、同時に起こるものだということである。セックスは人間の解剖学的な属性であり、性別化されない人間など存在しない。セックスは人間の資格を与えるときの、必要な属性だと言うのである。しかしここでは、セックスはジェンダーの原因とは考えられておらず、またジェンダーはセックスを反映したり、表出したりするものとみなされてもいない。事実ボーヴォワールにとって、セックスは不変の事実であるが、ジェンダーは獲得されるものであり、セックスは変化することができない――あるいはそう彼女は考えている――が、ジェンダーはセックスの文化的な構築物で、変化する余地がある。つまり性別化された身体が引き起こす文化的な意味の可能性は、無数であり、開かれていると言うのである。

ボーヴォワールの理論は、彼女自身がおこなった以上の、ラディカルと思える結論を暗示している。たとえばセックスとジェンダーが根本的に別々のものならば、所与のセックスであることは所与のジェンダーになることではないという結論になる。換言すれば、「女」はメスの身体の文化的な構築物である必要はなく、「男」はオスの身体を解釈する必要はない。セックス／ジェンダーの区別にまつわるこのラディカルな説明が示唆しているのは、性別化された身体は数多くの異なったジェンダーの契機となりえるし、さらには、ジェンダーそれ自体が通常のように二つのジェンダーに限定される必要もないということである。もしもセックスがジェンダーを制約するものでないならば、セックスの二分法と見えるものに限定されないジェンダー——性別化された身体の文化的な解釈——が多数あるということになるだろう。もしもジェンダーとは、ひとが〈なる〉ものであって、もともとそうで〈ある〉わけでないものならば、ジェンダーは一種の〈なること〉——つまり営為——であって、ジェンダーは名詞や、実体的な事柄や、固定した文化のしるしづけとしてではなく、ある種の不断の反復行為とみなすべきだという、さらなる結論も考えうる。もしもジェンダーがセックスに、その原因としても、その表出としても、結びついていないならば、ジェンダーは、セックスの二分法と見えるものによって押しつけられる二元的な制約をこえて増殖する可能性をもつ行為ということになる。そうなるとジェンダーは、新しい語彙を要求する文化的／身体的行為となり、その新しい語彙は、種々様々な現在分詞——ジェンダーを制約する実体化作用をもつ二元的な文法制約に抵抗するような、拡張し、意味づけしなおす可能性をもつカテゴリー——を制定し、それを増殖させるものだと言えるだろう。だがいかにしてそのような企てが、文化のなかで想像しうるものとなり、かつ不可能で無益なユートピア的企ての運命から逃れるものにもなりえるのか。

「ひとは女に生まれない」という言葉を、モニク・ウィティッグは『フェミニスト・イッシュー』誌（第一巻第一号）所収の同名の論文のなかで繰り返す。だがモニク・ウィティッグは、ボーヴォワールの言葉をどのように反復し、再-提《リ・プリゼンティション》示しているのか。彼女の二つの主張は両方とも、ボーヴォワールを繰り返すと同時に、ボーヴォワールからみずからを引き離している。一つの主張は、セックスのカテゴリーは不変でも自然でもなく、生殖のセクシュアリティという目的に寄与するために自然というカテゴリーを利用するきわめて政治的なものであるというものだ。つまり、人間の身体を男女のセックスに二分することは、異性愛の機構の要求に応え、異性愛の制度に自然主義的な見せかけを与えるという以外、何の正当な理由もない。したがってウィティッグにとっては、セックスとジェンダーのあいだに区別はない。「セックス」のカテゴリーは、ジェンダー化されたカテゴリーにほかならず、完全に政治の色に染まり、自然化されてはいても、自然ではない。二つ目のウィティッグの反本能主義的な主張は、レズビアンは女でないというものである。彼女の議論によれば、女は、男との二元的で対立的な関係を安定化し、強化する項目として存在しているにすぎない。彼女によれば、このような関係こそ、異性愛なのである。彼女の主張では、異性愛を否定するレズビアンは、もはや対立的な関係で定義できるものではない。事実レズビアンは、女と男という二元的な対立を超越していると言う。レズビアンは女でもなければ、男でもない。だがさらに、レズビアンにはセックスもない。なぜならレズビアンは、セックスのカテゴリーを超えているからである。レズビアンはこのようなカテゴリーを拒否するがゆえに、レズビアンは（代名詞が問題なので、ここでは使わない）、こういったカテゴリーが文化によって偶発的に構築されていることや、異性愛のマトリクスという暗黙の、だが永続的な前提があることをあばいていくものである。ゆえに、こう言えるかもしれない。ウィティッグにとって、ひとは女には生まれない、女になるのだ。さらには、ひとはメスには生まれない、メスになるのだ。だがさらにラディカルに言えば、もし選べるものなら、ひとはメスにもオスにも、女にも男にもならないでいることができる。事実レズビアンは、第三のセックスとされているようである。あるいはこれから示すように、セックスとジェンダーの双方が、記述のさいの安定した政治的カテゴリーかどうかを根本的に問いかけるようなカテゴリーなのである。

ウィティッグは、強制的異性愛という政治的、文化的な操作を保証しているのは、言語によって「セックス」を区別だてすることだと主張する。彼女の説によれば、異性愛の関係は、通常の意味で互恵的なものでも、二元的なものでもない。「セックス」はつねにすでに女であって、ここにはただ一つのセックスしかなく、それは女というセックスなのである。男であるということは、「性的な」存在ではないということである。「性的な」存在であるということは、つねに特殊な存在、関係的な存在になるということであり、この体系のなかでは、男は普遍的な人間という形態にかかわるものとなる。したがってウィティッグにとって、「女のセックス」という言葉は、たとえば「男のセックス」というような、べつの形態のセックスの存在を含意しない。「女のセックス」という言葉が含意するのは、それ自身だけであり、いわばセックスの網の目に絡めとられ、ボーヴォワールが言う内在性の循環の罠に落ち込んだセックスのみである。彼女にとって「セックス」は身体の政治的、文化的解釈であるから、ここにはセックス／ジェンダーの慣習的な区別はない。ジェンダーはセックスのなかに組み込まれており、そしてセックスは初めからジェンダーだったのである。ウィティッグの主張によれば、この強制的な社会関係においては、女は存在論的にセックスに染まっており、ゆえに女はセックスであり、逆に言えば、セックスはかならず女のものなのである。

ウィティッグは、「セックス」を、女やゲイやレズビアンにとって抑圧的な意味体系が言説のなかで生みだし、流通させているものと考えている。彼女は、この意味づけの体系に参与することも、体系の内部で改革的、攪乱的な位置を取ることの有効性を信じることも、拒否している。なぜなら少しでもこの体系に関与すれば、体系全体に関与することになり、ひいてはそれを追認することになってしまうからである。その結果、彼女が描く政治的課題は、セックスに関する言説全体を転覆させること、「ジェンダー」（つまり「架空のセックス」）を人間と事物の両方の本質的な属性とみなす文法そのもの（とくにフランス語の文法）を転覆させることである。[25] 彼女は自分の理論や小説のなかで、セックスに頼ることのない――したがって、ジェンダーのマトリクスのなかで語る権利を規制し配分する性別化された代名詞の使用に頼ることのない――身体やセクシュアリティの記述を、根本的にもう一度組織化する必要があると説く。

ウィティッグは、「セックス」のような言説のカテゴリーは、社会の場に無理やり押しつけられた抽象名辞――二次的な、あるいは物象化された「現実」を生みだす抽象名辞――であると考えている。各個人は、経験の客観的な与件と考えられているセックスの「直接的知覚」を持っているように見えてはいるが、ウィティッグの主張によれば、そのような客観的事象こそ、そのような与件になるように暴力的に形成されてきたものであり、にもかかわらず暴力的形成の経緯やメカニズムは、その事象に関連してもはや現れ出ることはないのである。[26] ゆえに「セックス」は、その結果によって隠蔽される暴力的なプロセスの現実＝結果だと言うことができる。すべて現れ出ているものは「セックス」のみであり、それゆえ「セックス」が存在の全体だと、理由もなく――ただその理由がどこにも見えないというだけなのだが――知覚されるのである。ウィティッグは、自分の立場を反本能主義者と自認し、本能が政治的に養成されていくことこそ、彼女が解明し、摘発し、挑戦したいと望んでいる事柄であると言う。

セックスは、自然の秩序に属している「直接的な与件」とか「知覚可能な与件」とか「身体的特徴」だと考えられている。だがわたしたちが身体的で直接的な知覚と信じているものは、単に、それらを知覚するときの権力関係の編み目をとおして身体的な特徴（社会制度によってしるしづけられない他のものと同様、本来的に中立的な特徴）を解釈しなおしている精巧につくられた神話的な構築物、すなわち「想像上の組成」にすぎない[27]。

ここでは、さまざまな「身体的特徴」を、社会制度によってしるしづけられていないものとして、そこ、言語の向こう側にあると考えている。だがそれらの特徴を、セックスのカテゴリーの還元的な操作を再生産することなく、はたして名づけていけるかどうかは、不明瞭である。こういった身体のさまざまな特徴は、セックスのカテゴリーの内部でおこなわれる分節化をとおして、社会的意味と統一性を得ている。換言すれば、「セックス」は、そもそも不連続な属性の塊であるものに、人工的な統一を押しつけているものである。言説においても、知覚においても、「セックス」が明示しているのは、歴史的に偶発的な知の体制であり、また物理的身体を感得するために両性間の相互関係を無理やり形成することによって、知覚そのものを作りあげていく言語なのである。

では、知覚によって感得される身体に先立つ「物理的」身体はあるのか。答えることが不可能な問いである。セックスのカテゴリーのもとに集められる属性は胡散臭いだけでなく、その「特徴」を区別だてすることも、また胡散臭い。ペニスや膣や胸などを性的部分として名づけることは、性感的な身体をその部位に限定してしまうと同時に、全体としては身体の断片化をおこなってしまうことである。事実、セックスのカテゴリーによって身体に押しつけられる「統一性」は、性感帯の「不統一」や、断片化と区画化、あるいは矮小化となる。したがってウィティッグが『レズビアンの身体』のなかで、性別化された身体を破壊し断片化し、それによってセックスのカテゴリーをテクストによって「転覆」しようとしたのも当然である。「セックス」が身体を断片化しているのと同じように、「セックス」を転覆しようとするレズビアンが、支配のモデルとして攻撃の標的にするのは、性別化された身体として身体を「統一」し、それに首尾一貫性を与えるよう命じる規範——男女に性別化された全一なる身体を要求する規範――なのである。ウィティッグが理論と小説のなかで示しているのは、望ましい理想とふつう考えられている身体の「全一性」や「統一性」が、じつは断片化や制約や支配の目的に寄与しているものだということである。

言語は、語る主体がおこなう発話行為をつうじて、「社会的現実」を作りだす力を持っている。ウィティッグの理論には、二つのレベルの現実、二つの存《オントロジー》在の秩序があるように思える。つまり、社会的に構築される存《オントロジー》在は、前 - 社会的、前 - 言説的と見えるさらに基盤的な存《オントロジー》在から発生していると言うのだ。「セックス」が言説によって構築される現実（二次秩序）ならば、言説的なものの構築の原因となる前 - 社会的な存在があるというのである。ウィティッグは、語る主体のまえに普遍的な意味構造が存在して、主体の形成と主体の発話を統合していると考える構造主義の見方に対しては、それをはっきりと否定している。彼女の見解によれば、そこにあるのは、完全で権威ある発話をする権利を男に配分し、女にはそれを与えない歴史的に偶発的な構造――異性愛的で強制的な性質をもつ構造――のみである。そしてこの非対称的な社会構築が、万人に平等な、統一されたひとという前 - 社会的な存在の姿を歪め、それを侵害すると言う。

したがって女の課題とは、ウィティッグによれば、権威ある語る主体の位置――ある意味で存在論的な基盤が与えられている「権利」――をもつことであり、セックスのカテゴリーや、その起源《オリジン》である強制的異性愛の制度を、転覆させることである。ウィティッグにとって言語は、長い年月繰り返されることによって、ついには「事実」と誤認される現実＝結果を生産する一連の行為なのである。性差を名づけていく反復実践は、共同体のレベルでは、自然な区分という外見を作りあげることになる。セックスの「名づけ」は、支配と強制の行為であり、性差の原理に添うように身体を言説／知覚によって構築するよう要請し、そうすることで社会的現実を作りだし、かつそれを合法化する制度化されたパフォーマティヴィティなのである。だからウィティッグはこう結論づける――「わたしたちは、自分の身体と精神の特徴の一つ一つを、わたしたちのために作られてきた自然観に合致させるように強制されているのである。〔…〕だから『男』や『女』は政治的カテゴリーであって、自然な事実ではない[28]」。

カテゴリーとしての「セックス」は、ウィティッグの言う強要される契約によって、身体の社会的配置である「セックス」となるように強制される。したがって「セックス」というカテゴリーは、奴隷化の名称である。言語は「さまざまな層の現実を社会的身体に投げかける」ものだが、これらの層はそう簡単に捨ててしまえるものではない。彼女は言う――「それを刻みつけ、それを力づくで形成する[29]」と。ウィティッグの主張によれば、人文科学の言説のなかに歴然と見てとれる「ストレートな精神は〔…〕社会――あらゆる社会――を基盤づけているものは当然、異性愛であると言う」ことによって、「わたしたちすべての者、レズビアンや女や同性愛の男を、抑圧するのである[30]」。語る主体が、語るためにそういった抑圧条件のなかに参与しなければならないとき――つまり語る主体が、それ自身の不可能性や不可知性を当たり前のものとしなければならないとき――言説は抑圧的なものとなる。彼女の説によれば、前提としての異性愛は言説の内部で機能して、「『ストレートになるか、さもなければ存在しないか[31]』」という脅しを流通させる。彼女の説によれば、女やレズビアンやゲイの男は、強制的異性愛の言語体系のなかでは、語る主体の位置につくことはできない。なぜならそのような者にとってその体系の内部で語ることは、語る可能性を奪われていることだからである。だからその体系の内部で語るということは、パフォーマティヴな矛盾――言語の内部でけっして「存在する」ことができない自己を、言語的に主張するという矛盾――となる。

ウィティッグがこの言語の「体系」に与えている権力は、膨大なものである。彼女の主張によれば、概念、カテゴリー、抽象名辞は、身体を組織化し解釈しているだけだと主張しているが、じつは身体に対して、物理的で物質的な暴力をふるうものである。「たとえ権力を生みだす言説が抽象的なものだとしても、科学や理論が身体や精神に対して物質的で実際的にふるっている権力には、抽象的なところは何もない。マルクスが言うように、それは支配の一形態であり、その表出なのである。わたしなら、支配の行使の一形態と言うだろう。被抑圧者はみな、この権力に気づいており、それと付きあってこなければならなかった[32]」。身体にふるわれる言語の暴力は、性抑圧の原因でもあり、同時にその抑圧を超える手段ともなる。言語は秘儀的にはたらくのでもなければ、恒久的にはたらくのでもない。「言語には現実に対する可塑性がある。言語は現実に可塑的にはたらきかける[33]」。言語は、反復によって堅固に守られる実践となりついには制度となるような発話行為をつうじて、現実に対して権力をふるうが、同時にその権力を変化させるものでもある。普遍的なもののために——普遍的なものとして——語る主体を男と同一視し、女の語り手を「特殊」とか「利権にまみれている」とみなす非対称的な言語構造は、けっしてある特定の言語にもともと備わっている特徴でもなければ、言語それ自体にもともと備わっている特徴でもない。このような非対称的な位置が、男や女の「本性《ネイチャー》」から導き出されると考えることもできない。なぜならボーヴォワールがすでに立証したように、そのような「本性」などどこにもないからである。「ひとが理解しなければならないことは、男が普遍の機能を備えて生まれてくるわけでもなく、女が誕生のときに特殊な存在に限定されているわけでもないということである。だが普遍はこれまで、そして今もずっと、いつの時代でも、男によって奪い取られてきた。それはたまたまそうなったのではない。そうしなければならないとされてきたのだ。それはある階級がべつの階級におこなう行為、犯罪行為である。それは概念や哲学や政治のレベルでおこなわれる行為なのである[34]」。

イリガライは「主体はつねにすでに男のものである」と主張したが、ウィティッグは、「主体」を男の領域だけのものとみなす考え方に反駁する。彼女にとって言語の可塑性は、主体の位置を男に固定することに抵抗するものである。事実ウィティッグにとって、絶対的な語る主体を前提とすることこそ、「女」の政治目標であり、そしてもしもその政治目標が達成されれば、「女」というカテゴリーは完全に融解する。女は一人称の「わたし」を使うことができない。なぜなら女として語る語り手は、「特殊」（関係的、利害的、偏狭的）とされているが、「わたし」を引きあいに出せる前提には、普遍的な人間のために、普遍的な人間として、語る能力をもつことが必要であるからだ。「関係的な主体というのは、想像することが不可能なものである。関係的な主体は、けっして語ることができない[35]」。あらゆる語りは言語の全一性を前提とし、また暗にそれを発動させるという仮説に頼って論を進めるウィティッグによれば、語る主体とは、「わたし」と語る行為によって「言語を丸ごと使用する権力をもち、それゆえに自分個人から踏み出して、言語を全体として再占有する」人間のことである。ウィティッグの議論では、語る「わたし」のこの絶対的な基盤は、神と同じ次元をもつものである。わたしと語ることができる特権とは、「主権をもつ自己――絶対的な十全さと権力の中心地点――」を打ち立てるものである。なぜなら語ることは、「主体性がおこなう至上の行為」を確立するものであるからだ。こうした主体性を所有することは、結果としてセックスの転覆、つまり女性性の転覆となる。「女がわたしと言うことができるとき、そのときかならずその女は、彼女自身、全一なる主体――ジェンダー化されていない、普遍的で完全な主体――となっている[36]」。

　ウィティッグはさらに、言語や「存在（あること）」の性質について呆気にとられるような仮説を展開し、それによって彼女自身の政治的企てを、存在論《オントロジー》の伝統的な言説のなかに置いてしまった。彼女の見方によると、そもそも言語の一次的な存在性は、すべてのひとに、主体性を確立するための同一の機会を与えるはずのものである。だから語りをつうじて主体性を確立しようとする女が直面する実際的な課題は、女を部分的な存在や関係的な存在に変えてしまっているセックスの物象化を、女が結集して、どう払拭できるかということである。この払拭作業は、「わたし」を完全に発動させる行為によってなされるために、女はこれによって、自分たちのジェンダーから抜け出る道を語ることになる。社会がおこなうセックスの物象化は、それに先行する存在論的な現実、すなわち主体性を主張するために言語を使用する機会——セックスによるしるしづけに先行する、すべてのひとに平等に与えられている機会——である現実を隠したり、歪めたりするものだと理解されている。語ることによって「わたし」は言語の全一性を身におび、したがって潜在的にはあらゆる立場で——つまり普遍のモードで——語ることができる。「存在論的な事実」という資格をもつ普遍に対して、万人が平等にアクセスできると考えるウィティッグは、「ジェンダーは〔…〕この存在論的な現実に作用し、それを無効にするものである」と述べる[37]。しかしこの平等にアクセスできるという原理が成立するには、そもそも性別化された存在に先立つ大文字の《存在》のなかに語る存在の統一性があると、存在論的に想定することが必要である。彼女の主張によれば、ジェンダーは「《存在》を分割しようとする」が、「もともと存在している《存在》は、分割することができない[38]」。ここにおいて首尾一貫した「わたし」を主張することは、言語の全一性ばかりでなく、存在の統一性をも前提とするものとなる。

　他の場所ではこれほど明確でないにしても、ここではウィティッグは明らかに、現存や《存在》や根源的で途切れのない十全性といったものを追求する哲学の伝統的言説のなかに、自分自身を位置づけている。あらゆる意味づけは作動中の差延によってなされると理解するデリダと明らかに異なって、ウィティッグは、語りは、事物の継ぎ目のない同一性《アイデンティティ》を必要とし、またその同一性を発動させるものだと主張している。この基盤主義的な虚構は、彼女に、現在の社会制度を批判する出発点を与えるものだが、依然として問題は残る。それは、存在とか権威とか普遍的な主体性を想定することが、どのような偶発的な社会関係に寄与することになってしまうかという問題である。なぜ主体についての権威主義的な概念を簒奪することを良しとするのか。なぜ主体や、その普遍化という認識論的な戦略を、脱中心化しようとしないのか。「ストレートな精神」がみずからの視点を普遍化していることをウィティッグは批判しているにもかかわらず、彼女自身は、ストレートな精神の「骨子」を普遍化するのみならず、主権をもつ言語行為という理論が、全体主義的な帰結を生むことを考慮できずにいる。

政治的に言えば、存在を普遍と特殊に分割すること――彼女の見方では、存在論的な十全性の場にはたらく暴力――は、主体化《サブジェクション》／隷属化の関係を条件づけるものである。支配は、前‐言語的な存在の位置にいるすべてのひとの先在的で一次的な統一性を否定するものと、ここでは考えられている。支配が発生するのは言語をとおしてであり、そのときの言語は、その可塑的な社会行為によって、二次的秩序である人工的な存在《オントロジー》――社会的現実となる差異や、不均衡や、つまりは階層という幻想――を作りだすと言う。

逆説的なことにウィティッグは、どの著作においても、ジェンダーの起源の統一性に関してアリストファネス的な神話を受け入れてはいない。なぜならジェンダーこそ、区分の原理であり、隷属の道具であり、統一性という概念に抵抗するものであるからだ。重要なことに、彼女の小説が解体という語りの戦略を使って示していることは、セックスの二分法の公式は、その二分法の偶発性がついに明るみにでるまでに、断片化と増殖を要求するものであるということだ。属性や「身体的特質」が自由に戯れても、けっして絶対的な破壊にはならない。なぜならジェンダーによって変形されるまえの存在論的な領域は、連続した十全性をもつと考えられているからである。ウィティッグは「ストレートな精神」を批判して、「差異」という考え方から自由になれないと言う。ドゥルーズとガタリに暫定的に同意して、彼女は精神分析を、「欠如」や「否定」の機構に基づく学問だと述べ、それと反対の立場をとる。初期の論文「パラダイム」のなかでウィティッグは、二元的なセックスの制度を転覆させることによって、多数のセックスをもつ文化が誕生するだろうと述べている。この論文のなかで『アンチ・オイディプス』に言及して、こう語る――「わたしたちには、一つのセックスも、二つのセックスもなく、数多くのセックスがある（ガタリ／ドゥルーズ参照）。ひとの数と同じ数のセックスがあるのである」(39)。しかしセックスの際限のない増殖は、論理的には、そのようなセックスの否定につながるものである。もしもセックスの数が現存するひとの数に一致するならば、セックスはもはや一般名詞として通用することはできなくなる。ひとのセックスは根本的にそのひと固有の特性となり、もはや何か一般的な特質を説明するものではなくなってくる。

ウィティッグの理論や小説のなかで作動している破壊や転覆や暴力のメタファーは、べつの次元の存《オント》在《ロジー》を示唆するものである。言語というカテゴリーは「暴力的に」現実を形成し、現実という名で社会的な虚構を作りだしているが、じつはもっと真実な現実――そのような社会的な虚構をそれに照らして測定するような統一的な存在《オントロジー》の領域――があると思っているようだ。ウィティッグは「抽象的な」概念と「物質的な」現実の区分に反対して、抽象的な概念は、言語の物質性の内部で形成され流通するものであり、言語は物質的にはたらいて、社会を構築していくと述べてはいる(40)。だが他方で、このようにして作られる「構築物」は、変形されたもの、物象化されたものにほかならず、それは、社会構築に先行する根源的な統一性や十全性という存在論的な領域に対立するものだと、考えている。したがって構築物が「現実」のように見えたとしても、それは、その架空の現象が言説の内部で権力を得ているかぎりにおいてのみである。しかしこのような構築物の権威を、言語の普遍性や《存在》の統一性に依拠する発話行為によって弱めることが可能だと、ウィティッグは言う。ウィティッグによれば、「文学作品は戦争機械として」、さらには「完璧な戦争機械」として、「はたらきうるものである」(41)。この戦争の主たる戦略目的は、女やレズビアンやゲイ男性が――つまり「セックス」の同一化《アイデンティフィケーション》において特殊とされてきたすべての者が——語る主体の位置と、普遍的視点の発動とを奪い返すことである。

特殊で関係的な主体がいかにしてセックスのカテゴリーから抜け出し、みずからを語っていくかという問題を考えていこうとして、ウィティッグは、デューナ・バーンズ[42]やマルセル・プルースト[43]やナタリー・サロート[44]をそれぞれ考察した。戦争機械としてこれらの文学テクストが攻撃を向けるのは、ジェンダーの階層的区分——先在的で本質的な統一性を回復するという旗印のもとに普遍と特殊を分離すること——に対してである。女の視点を普遍化することは、同時に、女のカテゴリーを破壊することであり、また新しい人間主義の可能性を樹立することである。したがって破壊は、つねに復活となる。つまり一対となっているカテゴリーを破壊することは、そのように人工的に区分されているものを、もともとの統一的な存在《オントロジー》へと導いていくものである。

そして文学作品は、存在論的充溢というこの一次的な領域にアクセスする特権をもつものである。形式と内容の分裂は、抽象的で普遍的な思考と、具体的で物質的な現実という、人工的な哲学区分に呼応する。ウィティッグは、概念は物質的な現実だと言うためにバフチンを引きあいに出すが、それと同じように、言語の統一性を形式と内容の融合として捉えなおそうとして、文学言語一般を引きあいにだすのである——「文学によって〔…〕言葉は十全なものとしてふたたびわたしたちのもとに戻ってくる[45]」。「言語は、目に見え、耳に聞こえ、手で触れられ、舌で味わうことができる言葉から作られるパラダイスとして存在している[46]」。とりわけ文学作品がウィティッグに与えてくれるのは、強制的な意味体系のなかで男性性と普遍性を融合し、女性性をすべからく特殊とする代名詞の用法を、実験的に作りかえる機会である。『女ゲリラたち[47]』のなかで彼女は、彼=彼らの連携を放逐し——実際にはあらゆる「彼」を退け——一般や普遍を代弁するものとして彼女たちを提示しようとしている。「このアプローチの目標は、世界を女性化することではない。セックスのカテゴリーを時代後れのものにすることである[48]」。

意識的に挑発的で帝国主義的な戦略をとりつつ、ウィティッグは、普遍的で絶対的な視点を持つことによってのみ——つまり、世界全体をレズビアン化することによってのみ——異性愛の強制的秩序を破壊することができると主張する。『レズビアンの身体』の「わ/たし（j/e）」は、分裂したレズビアン主体ではなく、レズビアンに対して意味論的、統語論的な攻撃をおこなう「ある特定の世界」に対して、言語面から戦争をしかける主権的な主体としてのレズビアンを樹立するものである。彼女の論点は、「女」や「レズビアン」にも個人としての権利があると述べることではなく、平等な勢力範囲と平等な権力という、これまでとは逆の言説を打ち立てることによって、世界規模の異性愛の知《エピステーメ》に対抗することである。ここでの論点は、一対の互恵的な言語関係の内部で認可される個人となるために、語る主体の位置につこうとすることではない。そうではなくて、語る主体が個人以上のものになること——「世界」として捉えられている全言語領域に、それ自身のさまざまなカテゴリーを押しつける絶対的な視点となること——である。ウィティッグによれば、強制的異性愛の規模に張り合うような戦争戦略のみが、強制的異性愛の知の覇権に挑戦できるものである。

理念的な意味でウィティッグにとって語ることは、権力《ちから》をもつ行為——すなわち、他の語る主体との平等な関係を同時に意味するような、主権を主張する行為——となるのである。(49) 言語のこの理念的、一次的な「契約」は、潜在的なレベルで作動しているものである。言語は二重の可能性をもつ。言語は、ひとの真正で包括的な普遍性を主張するために使うこともできるし、またあるときは、ある種の人間だけに語る資格を与え、普遍的見地という口実で他の人間を排除し、「語る」ときにはかならずそういった人々から発話の権限を剝奪するような、階層秩序を制定することもできるものである。だが語りに対するこのような非対称的な関係に先立って、理想的な社会契約というものがあり、そこでは、すべての一人称の言語行為は、語る主体のあいだの絶対的な互恵関係——ウィティッグの考える理想的な発話状況――を前提とし、それを擁護しているのである。そしてこの理想的な互恵性をゆがめ隠蔽するのが、異性愛契約であり、このことはウィティッグの理論的著作のほとんどで暗示され[50]、さらに彼女の最近の論文ではその中心テーマとなっている[51]。

語られてはいないが、つねに作動している異性愛契約は、どのような経験論的な現象にも帰着させることができないものである。ウィティッグはこう述べる。

> わたしが直面しているのは、存在していない事象であり、ある種のフェティッシュであり、その効果によって以外、どんな現実の形でも把握することができないイデオロギーの形式である。それはひとの精神のなかに存在しているが、ひとの生活のすべて、ひとの行動様式、動作の仕方、考え方に影響するものである。したがってわたしたちが扱っている事象は、想像上のものであると同時に、現実のものでもある[52]。

ラカンと同様にウィティッグの公式においても、異性愛の理念化とは、異性愛をおこなっている人々の身体のうえに、結局は不可能となる支配――つまりそれ自身の不可能性につまずく運命にある支配――を行使するものであるようだ。したがって異性愛の文脈から徹底的に離れることによってのみ――つまりレズビアンやゲイ男性になることによってのみ――異性愛体制の転覆をもたらすことができるとウィティッグは信じているようである。だがこの政治結果が得られるのは、異性愛に「参与すること」が、ことごとく異性愛抑圧の反復と強化になると考えた場合のみである。ここでは、異性愛は徹底的に放逐されなければならない全体的な体系だと考えられているために、異性愛そのものを意味づけなおす可能性は、完全に否定されている。異性愛主義の権力を全体としてみる見方から導きだされる政治的選択は、

(a)徹底的な順応か、(b)徹底的な革命かの、どちらかしかない。

異性愛を全一な体系と考えることは、異性愛の実践についてのウィティッグの理論や、同性愛やレズビアニズムについての彼女の考えにとっては、大いに問題をはらむものとなる。ここでは同性愛は、異性愛のマトリクスの根本的な「外部」とされているので、同性愛は異性愛の規範によって条件づけられているものではないと考えられている。同性愛のこの純化、一種のレズビアン・モダニズムは、現在多くのレズビアンやゲイの言説によって問題視されている事柄である。現在ではレズビアンやゲイの文化は、異性愛の文化配置を攪乱したり、意味づけなおす位置にあるときでさえ、異性愛という、それより大きな構造のなかに埋め込まれているものと考えられている。ウィティッグの見解では、自由意志や自由選択として異性愛を選ぶ可能性は否定されているようだが、たとえ異性愛が義務的なもの、前提的なものであるにせよ、あらゆる異性愛の行為が根本的に決定されたものということにはならない。さらに言えば、ストレートとゲイを根本的に不連続とみなすウィティッグの見方は、彼女自身がストレートな精神の分割主義的な哲学的身ぶりと評した不連続な二分法を、みずからが反復するものでもある。

わたし自身が固く信じていることは、ウィティッグが異性愛と同性愛のあいだに設けた根本的な不連続は、断じて真実ではないということである。異性愛の関係のなかにも、精神的な同性愛の構造があり、ゲイやレズビアンのセクシュアリティや関係のなかにも、精神的な異性愛の構造がある。さらには、ゲイであり、かつストレートであるようなセクシュアリティを構築し、構造化している権力/言説の中心点は、このほかにもいろいろある。異性愛は、セクシュアリティを説明する権力の、唯一の強制的な表出ではない。ウィティッグが異性愛契約の規範や基準として記述している首尾一貫した異性愛という理念は、彼女自身が指摘しているように、不可能な理念であり、一種の「フェティッシュ」である。精神分析なら、つねにすでに異性愛的でない無意識のセクシュアリティの多様性と抵抗によって、この不可能性があばかれると理論づけるかもしれない。その意味で異性愛は、具現化することが本来的に不可能な規範的な性位置であり、この規範的な性位置に矛盾することなく十全に自己同一化することはつねに不可能であるために、異性愛が強制的な法であるだけでなく、不可避の喜劇であることも明らかとなる。実際わたしがここで提示したいのは、異性愛は強制的な体系であると同時に、本来的な喜劇（それ自身の絶え間ないパロディ）であり、つまりはオルタナティヴなゲイ／レズビアンの視点であるという洞察である。

強制的異性愛の規範を作動させているのは、明らかに、ウィティッグが記述しているような力や暴力を介してではあるが、わたしの見方では、このことが、異性愛が作動するときの唯一のやり方ではない。ウィティッグにとって、規範的な異性愛に政治的に抵抗するときの戦略は、かなり直接的なものである。生殖をセクシュアリティの目的や最終目標《テロス》とするような家庭内の異性愛関係に関与することのない具体的な人間を列挙すること、それが結果的に、セックスのカテゴリーに積極的に異を唱え、少なくとも、そのような一対のカテゴリーをいだく規範的な前提や目的に盲従しないことになると、ウィティッグは言う。ウィティッグにとって、レズビアンでありゲイであることは、もはや自分のセックスを知ることでも、セックスをアイデンティティの不可能なカテゴリーとするようなカテゴリーの混乱や増殖にかかわることでもない。ウィティッグの提案は、一見、解放主義のように聞こえるが、セックスのカテゴリーを奪取し再配備することによって同性愛特有の性的アイデンティティを増殖させるような言説——ゲイ／レズビアンの文化のなかの言説——を無視しているのである。クイーン〔ゲイの女役〕、ブッチ〔レズビアンの男役〕、フェム〔レズビアンの女役〕、ガール〔ゲイの女役〕といった言葉や、ダイク〔レズビアンの別称〕、クィア〔変態〕、ファッグ〔おかま〕といった語のパロディ的な再占有《リアプロプリエーション》は、セックスのカテゴリーや、同性愛のアイデンティティに対するもともとの侮蔑的なカテゴリーを配備しなおし、不安定化させるものである。たしかにこれらの語はすべて、「ストレートな精神」を徴候的に示すものであって、抑圧者が名づけた被抑圧者のアイデンティティに同一化するやり方のように見えるかもしれない。だが他方で、レズビアンという語がその歴史的意味から部分的に取り戻されていることも確かであるし、パロディ的なカテゴリーは、そもそも、セックスそれ自体を脱自然化する目的に寄与するものである。近所のゲイ・レストランが休暇を取るため休業するとき、経営者は「彼女は働きすぎたので休養が必要です」という看板を掲げる。こういう風にゲイが女性性を奪取《アプロプリエーション》してしまうことは、その単語の適用場所を増やし、シニフィアンとシニフィエの関係が任意のものであることをあばき、その記号を不安定化し、流動化させる。これは女性性を植民地主義的に「取り込む《アプロプリエーション》」ものなのか。私の理解では、否である。そういう風に糾弾する背後には、女性性は女のものだという仮定があり、そんな仮定など、まったく疑わしいものである。

　レズビアンの文脈では、男役のアイデンティティとしてあらわれる男性性への「同一化」は、単にレズビアニズムが異性愛の次元に同化していることではない。あるレズビアンの女役は、自分のボーイが女《ガール》であるのを好むと説明する。なぜなら「ボーイが女《ガール》であること」は、「男性性」を男役のアイデンティティの文脈に置いて、それを意味づけなおすことになるからである。その結果、その男性性は（もしそう呼んでよければ）、文化的に理解可能な「女の身体」を背景にくっきりと浮かび上がることになる。欲望の対象を構築しているのは、こういった不調和な併置や、この侵犯が生みだす性の緊張である。べつの言葉で言えば、レズビアンの女役の欲望の対象は（もちろんそれは、一つだけではない）、女の身体がまったく脱文脈化されているものでも、女とははっきりと区別された男のアイデンティティが女の身体のうえに覆いかぶさっているものでもなくて、女の身体と男のアイデンティティが相互にエロティックに戯れることによって、両者の安定性が崩れていくことである。同様に、異性愛または両性愛の女が、「図様《フィギュア》」と「下地《グラウンド》」が逆方向に向くのを好むこともありえる。つまり、彼女たちのガールが男《ボーイ》であるのを好むこともありえるわけだ。その場合は、「女」というアイデンティティが「男の身体」という下地に併置されており、これによってこの二つの項は、内的安定性と両者のあいだの区別性を失うことになるだろう。ジェンダーの次元での欲望の交換をこのように考えていくと、さらなる複合性が可能となる。なぜなら図様と下地のちぐはぐさや、男性性と女性性の戯れは、高度に複合化した構造的な欲望を生産していくからである。重要なことは、「下地」という性別化された身体と、「図様」という男役、女役のアイデンティティの両者が、変化し、ちぐはぐになり、さまざまな種類のエロティックな錯綜を生みだすということである。下地も図様も、ある種の思い込みの対象にはなれても、もともとそれらは性的な交換の力学に左右されるものなので、それらを「現実」だと言い張ることはできない。男役や女役は異性愛の性的交換の「複製」や「模倣」にすぎないという見方は、男役や女役のアイデンティティがもつ内的不調和や複合性が、それらの性役割を可能にさせている覇権的なカテゴリーを意味づけなおすときのエロティックな意味合いを、過小評価しているのである。レズビアンの女役は、異性愛の場面を思い起こさせるかもしれない。だがそのとき彼女は、異性愛の場面をずらしてもいるのである。男役と女役のアイデンティティは両方とも、オリジナルなアイデンティティとか、自然なアイデンティティという概念そのものを問題視するものである。事実それらのエロティックな意味が発生する源のひとつは、そのようなアイデンティティのなかに具現化されたその問題意識なのである。

ウィティッグは男役／女役のアイデンティティの意味については論じなかったが、架空のセックスという彼女の概念は、性別化された身体とジェンダー・アイデンティティとセクシュアリティとのあいだにジェンダーの首尾一貫性を想定する自然でオリジナルな概念のまやかしを語るものである。セックスを架空のカテゴリーとみなすウィティッグの記述は、「セックス」を構築するさまざまな要素がバラバラになっても構わないことを示すものである。身体の首尾一貫性が壊れれば、セックスのカテゴリーは、もはやどのような文化の領域においても、記述的な機能を持ちえなくなる。もしも「セックス」のカテゴリーが反復行為をつうじて確立されるものならば、逆に言えば、そのカテゴリーのなかで身体が身につけている現実性の権力が、文化の領域でなされる身体の社会的行動によって、却下されることもありえることになる。

権力が却下されうると言うならば、そのような権力は、自由意志による撤回可能な作用として理解されなければならないだろう。事実ロックやルソーの社会契約は、その契約が支配している人々の理性的選択や意図的意志を前提としているが、それと同じように異性愛契約も、一連の選択によって維持されているものだと理解できるだろう。だが権力が自由意志に収斂されず、また自由についての古典的な自由主義的、実存的なモデルも否定されるなら、権力＝関係は、自由意志の可能性そのものを制限し構築するものとして理解できるし、そう理解するべきだとわたしは思っている。すなわち権力は撤回できるものでも、否定できるものでもなく、ただ配備しなおすことができるだけである。事実わたしの見方では、ゲイやレズビアンの実践に関する妥当な読みは、その焦点を、権力の攪乱的でパロディ的な再配備におくべきであって、権力のまったき超越という不可能なファンタジーにおくべきではない。

ウィティッグははっきりと、レズビアニズムは異性愛の全面否定だとみなしているが、わたしが主張したいのは、そのように否定することは、レズビアニズムが超越しているつもりの異性愛の枠組みにレズビアン自身が関与し、究極的にはそれに根本的に依存することになってしまうということである。もしもセクシュアリティと権力が同延上にあり、もしもレズビアンのセクシュアリティが、他の様態のセクシュアリティと同様に構築されたものであるならば、セックスのカテゴリーの拘束が取り払われたのちに出現する無限の快楽という約束の地点は存在しなくなる。たとえゲイやレズビアンのセクシュアリティのなかに異性愛の構築が構造的に存在していても、異性愛の構築がゲイやレズビアンのセクシュアリティを限定づけているとか、ゲイやレズビアンのセクシュアリティが異性愛の構築から派生したもの、あるいはそれに還元できるものということにはならない。ゲイが異性愛の構築を利用するときの脱‐権限化、脱自然化の作用を考えてみればよい。異性愛の規範が存在する場所は、拒絶できない権力の場というだけでなく、強制的異性愛からその自然性や起源性の主張を剝奪するパロディ的な抗争や表現の場でもありうるし、事実、そうなっている。ウィティッグはセックスを超える位置を求めようとしたが、そのことによって彼女の理論は、問題がらみの現存の形而上学に根をもつ、問題がらみの人間主義に引き戻されてしまった。だが彼女の文学作品は、理論的な論文で彼女が表面的に打ち出しているのとはべつの政治戦略をおこなっているようだ。『レズビアンの身体』や『女ゲリラたち』では、政治的変革を表現する語りの戦略は、再配備と価値転換をくりかえし使用して、もともとは抑圧的だった用語を使いつつ、それらの用語から合法化の機能を剝ぎとっていく。

ウィティッグ自身は「唯物論者《マテアリアリスト》」であるが、この言葉は、彼女の理論の枠組みでは特殊な意味をもつ。彼女が望んでいることは、「ストレートな精神」を特徴づけている物質《マテアリアリティ》性と表象の分裂を克服することである。厳密に考えれば、唯物論は、概念を物質に還元していくことでもなければ、理論を経済という下部構造の反映とみなすことでもない。ウィティッグの唯物論は、社会制度や社会実践、とくに異性愛の制度を、批判的分析の対象となる土台とみなすものである。「ストレートな精神」や「社会契約」[53]の論文のなかでは、異性愛の制度を、男支配の社会秩序の基盤をなす土台だと考えている。「自然」や物質性の領域は、じつは概念であり、イデオロギーによる構築物であり、異性愛契約という政治的利得を守るために社会制度によって生みだされるものである。この意味では、ウィティッグは、自然を精神の表象と考える古典的な観念論者である。意味を強制する言語は、性による支配という政治戦略を押しすすめ、強制的異性愛の制度を正当化するために、自然に関するこの種の表象を生みだすのだと彼女は考える。
ボーヴォワールとちがってウィティッグは、自然を、抵抗の契機となる物質性――媒体、表面、事物――とは考えていない。自然は、社会を管理するという目的のために作られ維持されている「観念」にすぎない。『レズビアンの身体』では、身体のうわべの物質性がじつは融通無下に変化するものであることが示されるが、それは、言語によって身体の各部が、形態（反-形態）の斬新な社会配置のなかに比喩化《フィギュア》される――比喩化しなおされる――ときである。「自然」という観念を流通させ、それによって二つの性別化された身体という自然化された概念を生産する世俗的また科学的言語と同様に、ウィティッグの言語も、身体のオルタナティヴな脱比喩化と再比喩化をおこなう。彼女の目的は、自然な身体という観念がじつは社会構築されたものであることをあばき、異性愛権力に対抗するために、身体配置を脱構築／再構築する戦略を提示することである。身体の形状や形態、その統一化の原理、その構成成分は、つねに政治的利得にまみれた言語によって比喩化されている。ウィティッグの政治的挑戦は、言語を表象と生産の両方の手段として奪い返すこと、言語を、身体領域をすべからく構築する道具として――抑圧的なセックスのカテゴリーの外側に身体を脱構築し、再構築するために使うべき道具として――扱うことである。

もしもジェンダーの可能性を多様にすることが、ジェンダーの二元的な物象化をあばき、破壊することになるならば、そのような攪乱的な演技の特質は何なのか。そのような演技は攪乱をどのように構築していくのか。『レズビアンの身体』では、愛の行為が文字どおりの意味で相手の身体をバラバラにするものとなっている。レズビアンのセクシュアリティとして、生殖のマトリクスの外側でなされるこの一連の行為は、属性と身ぶりと欲望のあいだの首尾一貫しない中心点として、身体を生産していく。また『女ゲリラたち』のなかでは、同じ種類の解体《ディスインテグレイト》効果――暴力と言っていいほどのもの――が、

「女」とその抑圧者たちとの闘争のなかに起こっている。ここではウィティッグは明らかに、「女特有の」快楽やエクリチュールやアイデンティティの概念を擁護する人たちとは一線を画している。「円《サークル》をえがく女性器」をその表徴として引き合いにだす人をほとんど揶揄してもいる。つまりウィティッグの課題とは、セックスの二元体のなかで男性側よりも女性側を好むということではなくて、そのような二元体を構築するカテゴリーを、とくにレズビアンが解体することによって、その二元体を放逐することである。

『女ゲリラたち』のなかで暴力的な闘争が文字どおりのものとなっているように、解体は、文学テクストにおいて、文字どおりのものとなっているようだ。ウィティッグのテクストは、暴力や力——表面的にはフェミニズムの目標と対蹠的なものに見える概念——を使用していると言って、非難されてきた。だがウィティッグの語りの戦略は、男性性との差異を強調したり、男性性を排除する戦略をつかって女性性に同一化しようとするものではない。そのような戦略は、今度は女が能動的な価値領域を表象するという価値転倒によって、逆に階層秩序と二分法を強化することになってしまう。差異化という排除的なプロセスをつうじて女のアイデンティティを強化する戦略とは逆に、ウィティッグが提示している戦略は、もともと男の領域のものと思われていた「価値」を奪い取り、攪乱的に再配備することである。ウィティッグは男の価値観に同化している、あるいは彼女は「男に同一化」しているという反論も当然あるだろう。だが「同一化」という概念は、彼女の文学生産の文脈では、無批判にその言葉を使う人が考えている以上に、はるかに複合的なものとして再登場している。彼女のテクストでは、暴力と闘争に、従来とはべつの文脈が与えられており（ここが重要な点である）、もはや抑圧的な文脈における意味と同じものではない。それは、女が男に暴力をはたらくといった単なる「立場の逆転」などでなく、また女が自分自身に対して暴力をはたらくというような男の規範の単なる内面化でもない。テクストの暴力は、セックスのカテゴリーの同一性《アイデンティティ》と首尾一貫性を標的とし、それが生命のない構築物であって、身体を死なせようとする構築物だということをあばいていくものである。セックスのカテゴリーは、規範的な異性愛の制度を必然のものとする自然化された構築物なので、ウィティッグのテクストの暴力が向けられるのは、その制度に対してであり、その理由は、その制度が異性愛的であるからではなく、それが強制的なものであるからだ。

　セックスのカテゴリーや自然化された異性愛制度は構築されたものであり、社会によって制定され規制された幻想であり、「フェティッシュ」であって、自然なカテゴリーではなく、政治的なカテゴリーであることを心に留めなければならない（この場合、「自然」に訴えうるとされるカテゴリーは、つねに政治的なものである）。したがってバラバラにされた身体や、女のあいだの戦争は、テクストの暴力である。それは社会的な構築物――身体の可能性に対してつねにすでにふるわれている暴力――を脱構築しようとするものである。

　だがここで、こう問いかけることができるかもしれない――セックスのカテゴリーをつうじて首尾一貫性が与えられていた身体が脱集結し、混沌となったとき、何が残るのか。この身体を再＝集合《リ・メンバー》させ、ふたたびくっつけることができるのか。この構築物を組み立てなおすときに、首尾一貫性を求めないような行為体《エイジェンシー》の可能性はあるのか。ウィティッグのテクストはセックスを脱構築し、セックスによって示されている偽りの統一を解体する方法を示しているだけでなく、権力の多数の異なった中心点から生まれる、身体を備えた、拡散的な行為体を演じるものでもある。実際、個人的で政治的な行為体が現れるのは、個人のなかからではなく、アイデンティティそのものがつねに変化する場所――文化関係が動いているような文脈のなかでのみアイデンティティが構築され、解体され、流通しなおされる場所――でおこなわれる身体間の複雑な文化的交換のなかで、またそれをつうじて、なのである。したがって女であることはウィティッグにとって、ボーヴォワールと同様に、女になることであるが、このプロセスはどのような意味でも固定化されていないため、「男」とか「女」という概念によって記述することができない存在になることは可能である。これは両性具有という比喩《フィギュア》や、「第三の性セックス」という仮説ではなく、また二元体の超越でもない。そうではなくて、それは二元体が前提とされていると同時に、増殖していて、ついにはその二元体が意味をもたなくなるような内なる攪乱である。ウィティッグの小説の威力、つまりその言語上の挑戦が提示しているのは、アイデンティティのカテゴリーを超える経験であり、古いカテゴリーの廃墟から新しいカテゴリーを作りだすエロティックな闘争であり、文化の磁場の内部で身体となる新しい方法であり、まったく新しい記述をする言語なのである。

「ひとは女に生まれない、女になる」というボーヴォワールの考えをすすめて、ウィティッグは、ひと（すべてのひと？）は女にならないで、レズビアンになることができると主張する。ウィティッグのレズビアン・フェミニズムは、女というカテゴリーを否定することによって、異性愛の女とのすべての連帯を遮断し、レズビアニズムはフェミニズムを論理的に政治的に突き詰めた必然の帰結だと暗に語っているようだ。この種の分離主義的な規定主義は、たしかにもはや実行可能なものでない。だがたとえそれが政治的に望ましいものだとしても、性的「アイデンティティ」に関する問題を解決するために、いったいどんな規定的な基準《クライテリア》がいまだに使えると言うのか。

　もしもレズビアンになることが行為ならば、つまりそれが異性愛に別れを告げること、異性愛の女や男という強制的意味に挑戦する自己名称化であるならば、なぜレズビアンという名称だけが、それらと同じように強制的カテゴリーになることから免れうるのか。レズビアンとしての資格をもつものは何なのか。だれもがわかっていることなのか。もしもあるレズビアンが、ウィティッグが提唱しているような異性愛機構と同性愛機構の根本的な不連続を拒否したとすれば、そのレズビアンは、もはやレズビアンではなくなるのか。もしもセクシュアリティをパフォーマティヴに作り上げたものがアイデンティティであり、そのようなアイデンティティの基盤をなすものが「行為」ならば、他のどのような行為よりも基盤的とみなしうる行為は存在するのか。「ストレートな精神」とともに行為をおこなうことは、不可能なのか。レズビアンのセクシュアリティは、「セックス」とか「女」とか「自然な身体」というカテゴリーに異を唱えるだけでなく、「レズビアン」というカテゴリーに対しても異を唱えるものだと理解することはできないか。

面白いことにウィティッグは、同性愛者であることが「現実」を構築している強制的な統語法や意味論に異を唱えるものであるかのように、同性愛者の視点と比喩的言語の視点のあいだに、必然的な関係を置こうとする。同性愛者の視点は（そのようなものがあるとして）現実から排除されているゆえに、現実がそもそも一連の排除、現れ出ることのない周縁、姿を表さない不在によって構築されていることを、当然、理解するものだと言う。だがそれと同じ排除の手段をつかってゲイ／レズビアンのアイデンティティを構築するとしたら、それは何という悲劇的な過ちとなろう――あたかもゲイ／レズビアンのアイデンティティの構築には、排除される者がその排除自体によって前提とされ、さらには必要とされるかのように。皮肉なことにそのような排除は、それが克服しようとしている根本的な依存関係を制定してしまうものである。つまりレズビアニズムは、異性愛を必要とするということになる。みずからを異性愛から根本的に排除されたものと定義するならば、そのようなレズビアニズムは、レズビアニズムを部分的に必然的に構築している異性愛の構築を意味づけなおす能力を、みずから失ってしまうことになる。その結果レズビアンの戦略は、強制的異性愛を抑圧形態のまま強化することになってしまうのだ。

それよりも狡猾で効果的な戦略は、アイデンティティのカテゴリーを完全に奪い取り《アプロプリエイト》、再配備することであり、それによって単に「セックス」を疑問に付すだけでなく、「アイデンティティ」の場所に多様なセックスの言説が集中している様子を明らかにし、そうして、アイデンティティというカテゴリーが——たとえどのような形態を取るにしても——永遠に問題がらみのものだということを示すことである。

四　身体への書き込み、パフォーマティヴな攪乱

「ガルボは極めつけの妖艶な役をやっていても、男の腕のなかで、あるいは腕から抜け出て、とろけそうなときにも、あるいは単に首を思い切りのけぞらせているときでさえ、いつも『異装《ドラッグ》していた』〔…〕その演技はなんと眩いばかりか！　その下にあるセックスがその通りであろうがなかろうが、それは完全な扮装なのだ」。

——パーカー・タイラー「ガルボのイメージ」
（エスター・ニュートン『マザー・キャンプ』より引用）

本物のセックスとか、明確に区分されたジェンダーとか、特有のセクシュアリティというカテゴリーは、これまで多くのフェミニズムの理論や政治にとって、安定した参照点となってきた。アイデンティティのこのような構築は、理論が発生し、政治が形成されるときの認識の出発点として機能する。フェミニズムの政治は、表面上は「女」の利権や視点を表明するために形成されるものである。だが女の利権やその認識論的視点を政治的に練り上げるにあたって、それに先立ち、それを予示するような、いわば「女」の政治的な形成というものがあるだろうか。どのようにしてそういったアイデンティティは形成されるのか。それは、性別化された身体形態や身体境界を、文化の書き込みのための下地や表面や場

所とみなすような、政治的な形成なのか。その場所を、「女の身体」として輪郭づけているのは何なのか。「身体」とか「性別化された身体」は、そのうえでジェンダーや強制的セクシュアリティの制度が作動するときの確固たる基盤なのか。あるいは「身体」は政治の力によって形成されるものであり、その戦略的な利権がセックスの符票をつかって、身体を境界づけ構築しているのか。

セックス／ジェンダーの区別やセックスというカテゴリーは、性別化された意味を獲得するまえの「身体」の普遍性を前提としているように思われる。こういった「身体」はたいてい受け身の媒体で、身体の「外部」と考えられている文化からの書き込みによって、意味づけられるもののようである。だが身体を文化の構築物とみなす理論はすべて、「身体」を受け身で言説に先立つものとみなすような、怪しげな普遍性をもつ構築として「身体」を捉える考え方には疑問をいだかなければならない。そのような見方には、キリスト教やデカルト哲学の先例があって、一九世紀に生気論的な生物学が出現するまえから、すでに「身体」は、なんの意味も持たず、もっとはっきり言えば、卑俗な空虚や堕落した状態――人を惑わすもの、罪、地獄を予兆するメタファー、永遠なる女性性――という意味をもつ、不活発な事物として理解されていた。サルトルとボーヴォワールの著作のなかには、「身体」を無言の事実性とみなす箇所が数多くあり、「身体」が意味を与えられるのは、デカルト的な文脈のなかで根本的な非物質性と考えられている超越意識によってであると考えられている。だが今、この二元論を確固たるものにしているものは何か。意味づけとは無縁の「身体」と、根本的に肉体から離脱している意識がおこなう行為――あるいは意識を根本的に肉体から離脱させる行為――である意味づけとを、分離しているものは何なのか。現象学は精神／肉体を文化／自然として記述しなおす構造主義の枠組みに照応しているが、この現象学のなかで、デカルト的な二元論はどの程度、前提とされているのか。ジェンダーの言説に関して、これらの問題の多い二元論は、その二元論やその暗黙の階層秩序を脱していると思われる記述においてさえ、どの程度、依然として機能しているのか。身体の輪郭は、そのうえにジェンダーの意味が書き込まれる自明の下地や表面——つまり意味に先立つ価値不在の単なる事実性——として、なぜはっきりとしるしづけられているのか。

　ウィティッグは、「セックス」の自然さを捏造しているものは、ある文化固有の知《エピステーメ》がもつ先験的命題《アプリオリ》であると言う。だがどのような知の手段によって、「身体」がいかなる系譜も考慮されない自明性と考えられてきたのか。系譜をテーマとするフーコーの論文のなかですら、「身体は事件が書き込まれる表面である」[54]というように、身体は表面とか、文化の書き込みがなされる場面にたとえられている。彼の主張によれば、系譜学の役目は、「身体が歴史によって完全に刻印されていく様子をあばくことである」。だがこれにつづいて彼は、「歴史」の目標は——それは明らかにフロイトの「文明」モデルにそって理解されたものだが——「身体の破壊」(一四八)だと言う。歴史は、多様な方向性をもっていた力や衝動を、出来事《エントシユテーウンク》という書き込みをつうじて破壊し、同時に保存していくものである。「永遠に解体する固まり」(一四八)である身体は、つねに四方八方から攻められて、歴史の次元で破壊されていく。しかも歴史は、身体の従属を求める意味づけの実践によって、価値と意味を生成する。このような身体の破壊は、語る主体や意味づけを生産するためには、どうしても必要なものである。これは、表面と力の言語によって記述され、支配と書き込みと生成を一度におこなう「単一のドラマ」によって弱体化される身体なのである(一五〇)。これは特定の時代の〈生の様式〉なのではなく、フーコーにとっては、本質的で抑圧的な身ぶりをもつ「歴史」そのものなのだ。

　フーコーは「人／男《マン》〔ママ〕」のなかの何ものも——いやその身体でさえ——自己を認識するときや、他の人たち(男たち《メン》)〔ママ〕を理解するときの土台として、十分な安定性をもつものではない」(一五三)と述べるが、それにもかかわらず、彼は文化の不断の書き込みを、身体のうえで作動する「単一なドラマ」だと言う。もしもこの価値の生成——ある時代の意味づけの様式——のために身体の破壊が必要だと言うのなら(カフカの『流刑地にて』の拷問道具が、それが書きつける身体を破壊したように)、この書き込みに先立つ、安定して自己同一的で、そのような破壊の犠牲になるような身体が必要となる。ある意味でフーコーはニーチェと同様に、文化の価値基準は、媒体として——実際には空白のページ——として理解されている身体になされる書き込みの結果として、出現すると考えている。だがこの書き込みが意味をもつためには、その媒体は破壊されなければならない。つまり昇華された価値領域へと、完全に価値変化されなければならない。このような文化の価値観の隠喩構造のなかでは、歴史は、エクリチュールの冷酷な道具として比喩化《フィギュア》され、身体は、「文化」の出現のために破壊され変容されなければならない媒体とみなされる。

フーコーは、身体を文化の書き込みに先立つものとすることによって、物質性を、意味や形式に先立つものと考えたようだ。この区分は、彼が定義する系譜学の研究には必須のものなので、区分自体を系譜学の研究対象とする姿勢は、ここではあらかじめ排除されている。エルキュリーヌの分析のなかで、ときおりフーコーは、身体の表面を打ち破る前‐言説的で多様な身体の力という考えに賛同をしめし、その多様性が、「歴史」の変転として理解される権力体制が文化の首尾一貫性を身体のうえに押しつけるときの規範化実践を、破壊すると考えた。だがこのような前‐カテゴリー的な破壊源を前提としなくても、身体境界の画定を意味づけの実践として、系譜学的に説明することが可能だろうか。身体境界の画定は、物象化された歴史や主体によって開始されるものではない。この種のしるしづけは、社会領域を広範囲に持続して構造化するときの結果なのである。この種の意味づけの実践は、理解可能性という規制的な認識格子《グリッド》の内側に、身体のための、身体という、社会空間をもたらすものである。

メアリ・ダグラスは『汚穢と禁忌』のなかで、「身体」の輪郭は、文化の首尾一貫性という特定のコードを確立しようとするしるしづけをとおして、確立されると述べた。身体の境界を確立する言説はすべて、何が身体を構築するのかを定めている適切な身体範囲や、姿態や、性関係に関する特定のタブーを作りだし、それを自然化する目的に寄与するものである。

境界を侵犯するものを隔離し、潔浄《きよめ》、区別し、懲罰するという思想の主要な機能は、本来的には雑然とした経験に、体系を押しつけることである。内と外、上と下、男と女、敵と味方のあいだの差異を誇張することによってのみ、秩序らしきものは作られる。(55)

ダグラス自身は明らかに、本来的に反規律的な自然と、文化手段によって押しつけられる秩序のあいだの構造主義的な区別に賛同をしめしているが、彼女が言及する「雑然性」は、文化のなかに存在する反規律的で無秩序な領域として、記述しなおすことができる。ダグラスは、自然／文化の区別という必須の二元的構造を想定しているので、そのような区別が、二元論の枠組みを超えて可鍛性をもち増殖するような、文化のオルタナティヴな配置に向けて議論を発展させることはできなかった。だが彼女の分析は、社会のタブーによって身体の境界が現在のように定められ保持されるさいの関係性を考慮する出発点を与えるものとなるだろう。彼女の分析が示唆しているのは、身体範囲を構築しているのは単なる物質性ではないこと、また表面とか皮膚は、タブーと、あらかじめ組み込まれているタブー侵犯の両方によって、体系的に意味づけられているということである。事実、彼女の分析では、身体の境界は社会そのものの範囲なのである。彼女の見解をポスト構造主義的に取り込めば、身体の境界は、社会における覇権的なものの範囲と考えてよいだろう。彼女の主張によれば、さまざまな文化のなかには、汚穢《けがれ》の能力《ちから》があって、それは観念の構造自体に宿っており、結合すべきを分離したり、分離すべきものを結合するという象徴的行為に対して、懲罰を与えている。これから導き出される結論は、汚穢は——宇宙的規模であれ、社会的規模であれ——その構造の輪郭が明瞭でないところでは起こりえないような種類の脅威だということである。

汚穢を与える人間はつねに間違っている。彼〔ママ〕は間違った状況を発展させてしまったか、あるいは単に超えるべきでない輪郭を超えてしまったのであり、この侵犯が、他の人間に危険を解き放つことになるのである。(56)

サイモン・ワトニーは『治安欲望——エイズ・ポルノ・メディア』のなかで、このような「汚穢を与える人間」として現在、社会構築されている者は、〈エイズとともに生きる人〉であると言う(57)。この病気は「ゲイの疾患」と考えられているだけでなく、この病気に対するメディアのヒステリックな同性愛嫌悪の反応のなかには、同性愛であることが境界侵犯であるゆえに穢《けが》れた地点とみなされる同性愛者と、同性愛の汚穢という特有の様相として考えられているエイズとのあいだに、連続性を作りだそうとする戦術が見られる。同性愛嫌悪の意味体系で語られる煽情的な書き物において、この疾患が体液の交換によって感染するものであることは、浸透的な身体境界が社会秩序に与える危険だとみなされている。ダグラスはこう述べる、「身体は、境界をもつ体系のすべてを代表するモデルである。身体の境界は、脅威にさらされ、不安定化している境界のすべてを、表象しうるものである(58)」。さらに彼女は、フーコーの著作のなかにありそうな問いを、投げかけている——「身体の周縁部は、なぜとくに権力と危険に包囲されていると考えなければならないのか(59)」。

ダグラスが示唆しているのは、あらゆる社会制度はその周縁部で脆弱となり、したがってあらゆる周縁部は危険だと考えられているということである。もしも身体が、社会制度そのもの――多くの開かれた制度が集中する場所――の提喩ならば、規制されてない浸透性はすべて、汚穢と危険の場所を構築するものとなる。男同士のアナル・セックスやオーラル・セックスは、覇権的な秩序が認可していない身体の浸透性を打ち出すものなので、そのような覇権的な見方では、男の同性愛は、エイズが文化のなかに出現する以前から、またそれとは関係なく、危険や汚穢の場所を構築するものだった。同様にレズビアンという「汚穢れた」地点も、エイズについてはリスクが少ないにもかかわらず、彼女たちの身体的交換の危険性をくっきりと浮かびあがらせるものである。重要なことは、覇権的な秩序の「そと」にいることは、不浄で雑然とした自然の「なか」にいることではないということだ。皮肉なことに、同性愛嫌悪の意味機構においては、同性愛はほとんどつねに、文明化されてもおらず、かつ自然でもないと考えられている。

　安定した身体輪郭を構築するには、身体の浸透性と非浸透性の領域がはっきりと区別されていなければならない。同性愛の文脈であれ、異性愛の文脈であれ、表面や穴をエロスの新しい意味づけに向かって開いたり、閉じたりする性実践は、新しい文化の輪郭にそって身体の境界を記述しなおすことである。男同士のアナル・セックスは、ウィティッグの『レズビアンの身体』における身体のラディカルな再＝《リ・メン》集合《バリング》と同じく、そのひとつの例である。ダグラスは、「(肉体的および社会的)身体を無傷のままにしておきたいという願望の表れである性的な汚穢という考え方[60]」について触れ、「総称としての身体《ザ・ボディ》」という自然化された概念こそ、安定した境界という考え方で身体を明確に区別しようとするタブーの結果だと述べる。さらに言えば、様々な身体の穴をとりしきる通過儀礼〔通例は、成人するときの実際的、象徴的儀式を意味するが、ここでは、体の穴を通過する意味も含ませて、皮肉に語っている〕は、ジェンダーの次元での交換や位置やエロスの可能性についての異性愛的な構築を前提とするものである。だからこのような交換の規制を撤廃することは、身体となるべきものを定めている境界そのものを破壊することになる。事実、身体輪郭を構築している規制的な実践の起源をたどる批判的研究は、「身体」がいかに明確に区別されるようになったかをさぐる系譜学となり、それはフーコーの理論をさらにラディカルに押し進めるものとなるだろう。(61)

重要なことだが、『恐怖の権力』のなかでクリステヴァが展開した棄却《アブジェクション》についての議論は、排除をつうじて明確に区別された主体を構築するには、タブーによる境界構築を説く構造主義の概念が必要であることを、最初に示したものである。(62)「おぞましきもの《アブジェクト》」とは、身体から放逐され、汚物として排泄され、文字どおり「《他者》」とみなされているものである。これは異質な要素の排除のように見えるが、異質なものは、この排除によって結果的に打ち立てられる。「わたし-でない」ものを「おぞましきもの」として構築することは、主体の最初の輪郭である身体境界を確立することでもある。クリステヴァはこう述べる、

> 吐き気のせいでわたしは母乳に一瞬怯み、そのせいでわたしはそれを与えてくれる母と父から分離される。「わたし」はそんなものはまったく欲しくないし、そういった欲望の徴候も持っていない。「わたし」は耳を貸そうとは思わず、「わたし」はそれに同化せず、「わたし」はそれを放逐する。だが食べ物は、「わたし」がひたすらに欲しているものなので、「わたし」の「他者」とはなりえず、したがってわたしは、わたし自身を放逐し、わたし自身を引き剝がし、「わたし」はわたし自身を確立すると主張しているその同じ動作のなかで、わたし自身をおぞましきもの《アブジェクト》として棄却するのである。(63)

内部と外部の区分と同様に、身体の境界も、アイデンティティの始原的な部分を、汚れた他者性のな

かに放逐して価値転換をはかる行為によって、確立されるものである。クリステヴァを使って、性差別や同性愛嫌悪や人種差別を考察しようとしたアイリス・ヤングが述べているように、セックス、セクシュアリティおよび／または肌の色による身体の否定は、最初は「放逐」であるが、つぎには「嫌悪」となり、それによってセックス／人種／セクシュアリティという差異化の軸にそった文化的に覇権的なアイデンティティの基礎がつくられ、それが強化される。[64] ヤングがクリステヴァ理論を応用して語っているのは、排除と支配をつうじて《他者》——一連の複数の《他者》——を制定することにより基礎づけられる「アイデンティティ」が、いかに嫌悪という作用によって強化されるかということである。主体の「内部」の世界と「外部」の世界を分けることで構築されるものは、社会的な規制や管理をおこなうために漠然と保持されている境界なのである。内部と外部の境界は、内部が結果的には外部になるような排便の通過によって混乱し、この排便機能は、アイデンティティの差異化のべつの形態を打ち立てるときの、いわばモデルとなる。実際これは、《他者》が糞になる様態である。内部と外部の世界がまったく別物でありつづけるためには、身体の表面すべてが非浸透的になるという、不可能を達成しなければならない。こうして表面を完全に封じることによって、主体の継ぎ目のない境界を作りあげることができる。だがこの封じ込めは、それが恐れている排便という汚物のために、かならず破られてしまうものである。

　内部と外部の空間的区分はどうしてもメタファーで語られることになるが、それとは関係なく、そういった空間的区分はそもそも、恐れられつつ欲望されている一連の幻想をうながし説明する言語の次元のものである。「内部」と「外部」は、両者を媒介し、かつ安定的であろうとする境界に言及してはじめて、意味をなす。そしてこの安定性や首尾一貫性を定めているものは、たいていの場合、主体を認可し、主体をおぞましきもの《アブジェクト》から差異化する文化の秩序なのである。したがって「内部」と「外部」は、首尾一貫した主体を安定化し、強化する二元的な区別をつくりあげるものである。そのような主体が問題視されるのは、そういった用語の意味と必要性がずらされるときである。もしも「内部の世界」がもはや場所を意味しなくなれば、自己の内的安定性や、ジェンダー・アイデンティティの内的空間も、同様に疑わしいものとなる。重要な問いかけは、まるで内面化が記述によって再構築されるプロセスやメカニズムであるかのように、そのアイデンティティがいかに内面化されてきたかを問うことではない。そうではなくて問題は、公的言説のなかのどんな戦略的な位置のために、またどんな理由のために、内面というたとえや、内部／外部の不連続な二元論が定着してきたかということである。どのような言語において「内なる空間」という比喩《フィギュア》が語られるのか。それはどのような種類の比喩化なのか。身体のどんな比喩をとおして、それは意味づけられるのか。いかに身体はその表面のうえに、隠された深部の不可視性を形象《フィギュア》しているのか。

内面性からジェンダーのパフォーマティヴ性へ

フーコーは『監獄の誕生』のなかで、犯罪者を隷属させ主体化させる懲罰体制に言語が関与するときの、内面化の言語を問題視している。[65]『性の歴史』のなかでは、精神分析がセックスの「内的」真実に信をおいているとして、それに異を唱えているが、犯罪学の歴史を書くにあたってフーコーが内面化の学説を批判するのは、それとは異なる目的のためである。ある意味で『監獄の誕生』は、書き込みモデルに関して『道徳の系譜』のなかでニーチェが展開した内面化の学説を、フーコーが書き直そうとしたものと読むことができる。フーコーによれば、囚人に対してなされる戦略は、彼らの欲望を抑圧することではなく、彼らの身体に、彼らの本質や生き方や宿命として、禁止の法を意味させようとするものである。禁止の法は、字義的な意味で内面化されるのではなく、身体化されるのであり、その結果、身体のうえに——身体をつうじて——法を意味づける身体が生産されるのである。法は、囚人たちの身体のうえに、彼らの自己の本質として、彼らの精神の意味として、彼らの良心として、彼らの欲望の法として、現れるのだ。事実、法は、法が隷属させていると同時に主体化している身体の外側に現れるものではないので、完全に現れていると同時に、完全に隠れてもいる。フーコーはこう述べる。

精神は幻想だとか、イデオロギーの効果だと言うのはまちがいだろう。逆に精神は存在しているのであり、現実性《リアリティ》をもっているのであり、罰せられる人々のうえに行使される権力の作用によって、身体のまわりに、そのうえに、そのなかに永遠に作られていくのである（強調バトラー）[66]。

身体の「なかにある」と考えられている内なる精神という比喩は、身体のうえに書き込まれることによって意味を与えられる——たとえ精神の意味づけの一次的様態が、非在としての精神とか、潜在的な不可視性としての精神であるとしても。身体を生命力に満ちた神聖な囲い場所として意味づけることによって、構造的な内的空間が、結果として生みだされる。そのとき精神は、まさに身体には欠如しているものである。したがって身体は意味づける欠如として、姿を現す。身体であるそのような欠如は、精神を、けっして姿を現さないものとして意味づける。ということは精神は、内／外の区別に異議を唱え、それをずらしていく表面の意味作用であり、社会的意味として身体のうえに書き込まれるが、それ自身をそのようなものとは永遠に考えない内なる精神空間という比喩なのである。フーコーによれば、キリスト教のイメジャリーが示しているように、精神は身体によって、身体のなかに幽閉されているものではない。そうではなくて、「精神は身体の牢獄なのである」[67]。

内的精神のプロセスを、身体の表面の政治として記述しなおすことは、当然ジェンダーを、身体の表面でなされる存在と非在の戯れをつうじておこなわれる幻の形象《フィギュア》の懲罰的な生産として、つまり非在を意味する一連の排除と否定をつうじておこなわれるジェンダー化された身体の構築として、記述しなおすことである。だが、身体の政治の顕在化し潜在化しているテクストを、決めているものは何か。ジェンダーの身体的な様式化——身体を空想によって空想的に形象《フィギュレーション》すること——を生みだす禁止の法とは何なのか。私たちはすでに、近親姦タブーや、それに先立つ同性愛タブーが、ジェンダー・アイデンティティを産出する契機であり、理念化された強制的異性愛という文化の認識格子にそってアイデンティティを生産する禁止であるとみなしてきた。このジェンダーの懲罰的な生産は、生殖中心の場でセクシュアリティを異性愛として構築し規制する利得に合うようなジェンダーのまやかしの安定化を、もたらすものである。首尾一貫性した構築は、異性愛や両性愛やゲイやレズビアンの文脈に夥しく存在しているジェンダーの不整合を、隠蔽してしまう。これらの文脈では、ジェンダーはかならずしもセックスや欲望から導き出されず、セクシュアリティもたいていはジェンダーから導き出されてはおらず、実際、意味を与えられているこれらの身体的次元は、どれも、互いが互いの表出となったり、反映となってはいない。身体領域の分解や分裂が、異性愛の首尾一貫性という規制的な虚構を崩壊させるとき、表出モデルは、その記述能力を失う。そのとき規制的な理念は、それが記述しているはずのセックスの領域を規制するために発達論的な法という擬態をまとう規範にすぎず、虚構にすぎないものだということがあばかれる。

だがそもそも同一化《アイデンティフィケーション》は、演じられる幻想であり体内化であるという理解によれば、首尾一貫性は欲望され、希求され、理想化されるものであって、この理想化は、身体的な意味づけの結果であることは明らかである。換言すれば、行為や身ぶりや欲望によって内なる核とか実体という結果が生みだされるが、生みだされる場所は、身体の表面のうえであり、しかもそれがなされるのは、アイデンティティを原因とみなす組織化原理を暗示しつつも顕在化させない意味作用の非在の戯れをつうじてである。一般的に解釈すれば、そのような行為や身ぶりや演技は、それらが表出しているはずの本質やアイデンティティが、じつは身体的記号といった言説手段によって捏造され保持されている偽造物にすぎないという意味で、パフォーマティヴなものである。ジェンダー化された身体がパフォーマティヴだということは、身体が、身体の現実をつくりだしている多様な行為と無関係な存在論的な位置をもつものではないということである。それはまた、もしも現実が内的本質として捏造されるなら、その内面性は、明白に公的で社会的な言説の結果と機能であり、またそれは、身体の表面の政治をつうじてなされる幻想の公的な規制であり、また、内部と外部を差異化し、それによって主体の「全一性」を定めるジェンダーの境界管理であるということだ。換言すれば、行為や身ぶり、すなわち分節化され演じられる欲望は、内的で組織的なジェンダーの核があるという幻想——生殖的な異性愛という義務的枠組みのなかでセクシュアリティを規定するために、言説によって維持されている幻想——を作りだす。もしも欲望や身ぶりや行為の「原因」が、行為者の「自己」の内部にあるとされているなら、首尾一貫しているように見えているジェンダーを生産する政治規制や懲罰実践は、わたしたちの視野からうまく隠されていることになる。つまりジェンダー・アイデンティティの政治的、言説的な起源を、心理的な「核」に置換させたために、いかにジェンダー化された主体が政治的に構築されているか、またいかにセックスや本物のアイデンティティという神聖な内面性の概念が捏造されているのかを分析することが、あらかじめ封じられるのである。

もしもジェンダーの内的な真実が捏造されたものであり、本物のジェンダーは身体の表面に設定され、書き込まれる幻想ならば、ジェンダーは本物でも偽物でもなく、ただ単に、一次的で安定したアイデンティティという言説の真実効果として生みだされるものにすぎなくなる。『マザー・キャンプ――アメリカの女装者たち』のなかで文化人類学者のエスター・ニュートンは、扮装は、ジェンダーの社会構築を捏造する重要なメカニズムを明らかにするものだと述べているが(68)、それにならえば、異装《ドラッグ》は、精神空間の内と外の区別を完全に攪乱し、その結果、ジェンダーの表出モデルと、本物のジェンダー・アイデンティティの概念の、両方を揶揄していると言えよう。ニュートンはこう語る。

> もっとも複合化している場合、〔異装は〕二重の転倒を引き起こして、「外見は錯覚である」と語る。異装はこう語る〔ここでニュートンが異装を擬人化しているのは興味深い〕――「わたしの『外側の』外見は女だが、わたしの『内側の』本質〔身体〕は男である」。同時に、それは逆の転倒も表している――「わたしの『外側の』外見〔わたしの身体、わたしのジェンダー〕は男だが、わたしの『内側の』本質〔わたし自身〕は女である(69)」。

真実についてのこの二つの主張は互いに矛盾しており、それによってジェンダーを意味づける演技のすべてが、真実／偽物の言説からずらされることになる。

始原的《オリジナル》で一次的なジェンダー・アイデンティティという考え方は、異装や、服装転換《クロス・ドレッシング》や、男役／女役のアイデンティティという性スタイルなどの文化実践のなかでは、しばしばパロディ化されている。フェミニズムの理論では、そのようなパロディ的なアイデンティティは、異装や服装転換の場合は女性蔑視であり、またとくに男役／女役のレズビアン・アイデンティティの場合は、異性愛実践から借りてきた性役割のステレオタイプを無批判に取り込んだものと考えられてきた。だが「模倣」と「起源《オリジナル》」の関係は、そのような批判がふつう考えている以上に、複雑なもののように思われる。さらにこれは、一次的な同一化（ジェンダーに合致する始原的な意味）とその後のジェンダー経験との関係を変えるときの、ヒントとなるものである。異装のパフォーマンスは、演じる人の解剖学的なセックスと、演じられているジェンダーの区分をまたいでなされるものである。だが実際わたしたちは、身体性という意味をもつ偶発的な三つの次元――つまり解剖学的なセックスと、ジェンダー・アイデンティティと、ジェンダー・パフォーマンス――のなかに存在している。もしも演じる人の解剖学的なセックスが、すでにはっきりとその人のジェンダーから区別できるなら、そしてこの両者がジェンダー・パフォーマンスからも区別できるなら、パフォーマンスは、セックスとパフォーマンスの区別だけでなく、セックスとジェンダー、ジェンダーとパフォーマンスの区別にも不調和を起こしていることになる。異装が「女」という統一的なイメージを作るものであるにせよ（異装を批判する人がよく弾劾する点である）、それは同時に、異性愛の首尾一貫性という規制的な虚構をつうじて統一性として誤って自然化されているジェンダー経験のさまざまな局面が、それぞれまったく別物だということを明らかにするものでもある。ジェンダーを模倣することによって、異装はジェンダーの偶発性だけでなく、ジェンダーそれ自体が模倣の構造をもつことを、明らかにするのである。事実、快楽のひとつであるパフォーマンスの眩暈は、セックスとジェンダーの統一的な因果関係を自然で必然だと規定している文化配置に逆って、両者の関係はそもそも根本的に偶発的なものだという認識を持つときに、生まれるものである。異性愛の首尾一貫性という法の代わりに、セックスとジェンダーの区別を受け入れ、かつその統一性を捏造する文化のメカニズムを芝居がかって演じるパフォーマンスによって、セックスとジェンダーは脱自然化されていくのである。

ここで擁護されているジェンダー・パロディの概念は、そのようなパロディ的なアイデンティティが何かの起源を模倣していると考えるものではない。実際パロディは、オリジナルという概念そのもののパロディなのである。ジェンダーの同一化についての精神分析の概念が、幻想の幻想——二重の意味でつねにすでに「形象《フィギュア》」である《他者》の変形化《トランスフィギュレイション》——によって構築されているように、ジェンダー・パロディが明らかにしているのは、ジェンダーがみずからを形成するときに真似る元のアイデンティティが、起源なき模倣だということである。もっと正確に言えば、結果として——その結果として——模倣という位置につく生産なのである。この永遠の置換は、再意味づけや再文脈化に向かって開かれる流動的なアイデンティティを構築するものである。パロディによる増殖は、ジェンダー・アイデンティティを自然で本質的なものとみなす主張を、覇権的な文化からも、それを批判する者からも、奪ってしまう。たしかにこのパロディ形式のなかで採用されているジェンダーの意味は、覇権的な女性蔑視の文化の一部をなすものではある。だがパロディによる再文脈化によって、そのようなジェンダーの意味は脱自然化され、流動化される。起源にあるものの意味を結果的にずらしていく模倣として、それらは、起源《オリジナリティ》という神話自体を模倣するのである。決定的な原因として機能する起源としての同一化《アイデンティフィケーション》の代わりに登場するジェンダー・アイデンティティは、一連の模倣実践にしたがって意味を受け入れるときの、その意味の個人的／文化的な歴史として、捉えなおした方がいいだろう。そのような模倣実践は、他のさまざまな模倣をひそかに参照しながら、連係して、一次的で内的なジェンダー化された自己という錯覚を構築し、あるいはその構築のメカニズムをパロディ化するのである。

フレドリック・ジェイムスンの「ポストモダニズムと消費社会」によれば、起源の概念を揶揄する模倣は、パロディというよりも、パスティーシュの特徴をもつものである。

パスティーシュは、パロディと同様に、特殊で独特な様式を模倣したものであり、様式的な仮面をつけること、死んだ言語で語ることである。だがそれは中立的な物真似行為であって、パロディのように隠れた動機もなく、諧謔的な衝動もなく、笑いもなく、模倣されるものはどちらかというと滑稽で、それと対照的に規範的なものが存在しているという潜在的な感覚もない。パスティーシュは空白のパロディ、ユーモアを失ったパロディである。(70)

しかし「規範的なもの」が存在するという感覚を失うことは、笑いの原因となりうるし、とくに「規範的なもの」や「起源的なもの」もコピーであり、しかもかならず失敗するコピーであり、誰もそれを具現化できない理念であることが明らかにされた場合は、とくにそうである。この意味で笑いは、徹頭徹尾、起源が奪われているという認識のなかに生まれるものである。

パロディ自体は攪乱的ではない。だが、なぜある種のパロディ的な反復が破壊的なもの、真にトラブルを引き起こすものとなるのか、またどのような反復が文化の覇権の道具として馴致され再流通していくのかを知る方法は、かならずあるはずだ。行動の類型論だけでは、明らかに十分ではない。なぜなら、パロディによる置換——実際はパロディの笑い——は、攪乱的な混乱を養成する文脈や受け皿があるかどうかにかかっているからだ。ではどんなパフォーマンスが、どこで、内／外の区分を転倒し、ジェンダー・アイデンティティやセクシュアリティといった心理学的な前提の根本的な再考を促すものなのか。どんなパフォーマンスが、どこで、男性性と女性性の場所やそれらの安定性についての再考を促すのか。どんな種類のジェンダー・パフォーマンスが、アイデンティティや欲望という自然化されたカテゴリーを不安定にするような、ジェンダーそれ自体のパフォーマティヴィティを演じ、またそれがパフォーマティヴィティであることをあばいていくのか。

もしも身体が「存在」ではなく、変化しうる境界とか、浸透性が政治的に規定されている表面とか、ジェンダーの階層秩序や強制的異性愛といった文化の内部の意味づけの実践ならば、この身体の演技、すなわちジェンダーが、その表面に「内部」という意味を作りあげていると考えるための、どんな言語がまだ残されているのか。サルトルなら、この行為を「存在の形式」と呼んだだろうし、フーコーなら「実存の形式論」と呼んだろう。本書の初めのボーヴォワール読解で示したのは、ジェンダー化された身体はそれと同数の「肉体の形式」だということである。形式には歴史があるので、その形式はすべて、完全に自己形成されるものではなく、歴史によってその可能性が条件づけられ、制限されるものである。たとえばジェンダーを、身体的形式と考えてみたらどうだろう。つまり「パフォーマティヴ」という言葉が、意味の演劇的で偶発的な構築を示唆するのであれば、ジェンダーを恣意的で、かつパフォーマティヴな「行為」と考えてみたらどうだろう。

　ウィティッグはジェンダーを「セックス」の作用とみなし、「セックス」は身体に対して、文化の記号となれ、そして歴史的に制限された可能性にしたがって身体自身を物質化せよ、しかもそれを一度とか二度ではなく、持続し反復する身体的企てとしておこなえと命じる強制的な命令だと考えた。だが「企て」という概念は、根本的な意志の起動を暗示するものである。またジェンダーは文化の存続を目的とする企てなので、戦略という言葉は強迫的な状況を想定し、たとえジェンダーのパフォーマンスがさまざまな形態で起ころうとも、つねにその強迫的な状況のなかで起こるものとなる。したがってジェンダーは、強制的な制度のなかで存続《サバイバル》していくための戦略となり、明瞭な懲罰結果をもつパフォーマンスとなる。明確に区分されたジェンダーは、個人を強制的な文化の内部で「人間化する」もののひとつである。事実ジェンダーを正しくおこなえない者は、規則にしたがって罰せられる。だがジェンダーによって表出されたり外面化される「本質」など存在せず、またジェンダーによって希求される客観的な理念も存在しない。またジェンダーは事実ではないので、ジェンダーの多種多様な行為こそが、ジェンダーの概念を作りだすものであり、したがって行為がなければ、ジェンダーもありえない。ゆえにジェンダーは、その発生を系統的に隠蔽している構築物である。明確に区分された二極化されたジェンダーを文化の虚構として演じ、生産し、維持することに、皆が暗黙のうちに同意したという事実は、こうして生産された構造の信憑性によって――また、それを信じることに同意しない者を監視する懲罰機構によっても――曖昧にされている。この構築物はわたしたちに、必然性と自然さを信じるよう「強要する」。さまざまな身体形式にそって物質化される歴史的可能性とは、強迫的な状況のなかで具象化されたり屈折される文化の虚構――懲罰によって規制される文化の虚構――であり、それ以外の何ものでもない。

ジェンダー規範の沈殿は、「自然なセックス」とか「本物の女」という特定の現象や、その他多くの広く行き渡っている強制的な社会的虚構を生産し、またこの沈殿こそ、長い間かかって一対の身体形式――物象化された形態をとって二元的な関係にある二つのセックスに、身体を自然に配置していく形式――を生みだしてきたのである。もしもこれらの形式が演じられるものであり、もしもそれが、それらの起源のようにふるまう首尾一貫したジェンダー主体を生産するものならば、どんな種類のパフォーマンスが、この一見して「原因」のように見えているものがじつは「結果」であることを明らかにしていくのだろうか。

ではジェンダーは、どんな意味で行為なのか。他の儀式的な社会ドラマと同様に、ジェンダーの行動には、反復されるパフォーマンスが必要である。この反復は、すでに社会的に確立されている一対の意味の再演であり、同時に再経験である。それはその意味を合法化するための、日常的で儀式的な形態である。[71] 男や女のジェンダーに様式化されることによって、それらの意味を演じるのは個々の身体である。しかしこの「行動」は公的な行動でもある。その行動には時間的、集団的な広がりがあり、この公的性質はけっして瑣末なものではない。事実パフォーマンスは、ジェンダーを二元的な枠組みのなかに保持しようとする戦略的な目標——主体に帰せられる目標ではなく、むしろ主体を基礎づけ強固にする目標と理解すべきもの——のもとに、おこなわれているのである。

ジェンダーは、そこから多種多様な行為が導きだされる安定したアイデンティティや行為体《エイジェンシー》の場所として解釈すべきではない。むしろジェンダーは、ひそかに時をつうじて構築され、様式的な反復行為によって外的空間に設定されるアイデンティティなのである。ジェンダーの効果は、身体の様式化をつうじて生産され、したがってそれは、身体の身ぶりや動作や多様な様式が、永続的なジェンダー自己という錯覚をつくりあげていくときの、日常的な方法と考えなければならない。この考え方は、ジェンダー概念を、実体的なアイデンティティ・モデルの基盤から引き離し、ジェンダーをその時々の社会の構築物とみなす基盤へと、移行させるものである。重要なことは、もしもジェンダーが内的に不整合な行為によって制定されるものなら、実体という外見は、構築されたアイデンティティやパフォーマティヴな達成にすぎず、演技者を含む一般人がその信仰モードを信じ、その信仰モードにしたがって演じるようになったというにすぎない。またジェンダーは、けっして完全に内面化することができない規範でもある。なぜなら「内面」は表面に書かれる意味であり、ジェンダーの規範は結局、幻であって、具象化することが不可能なものであるからだ。もしもジェンダー・アイデンティティの基盤が、時をつうじて繰り返される様式的な反復行為であり、継ぎ目がないアイデンティティでないならば、「基盤」という空間的なメタファーは、じつはそれが様式的な配置——実際には、その時代のジェンダーの身体化——にすぎないものであることが明らかにされ、放逐される必要があるだろう。したがってジェンダー化された永続的な自己とは、アイデンティティの実体的な基盤の理想に近づくように、反復行為によって構造化されたものであることが判明するが、他方でその反復行為は、ときおり起こる不整合のために、この「基盤」が暫定的で偶発的な〈基盤ナシ〉であることも明らかにするのである。ジェンダー変容の可能性が見いだされるのは、まさにこのような行為のあいだの任意の関係のなかであり、反復が失敗する可能性のなかであり、奇-形のなかであり、永続的なアイデンティティという幻の効果がじつはひそかになされる政治的構築にすぎないことをあばくパロディ的な反復のなかなのである。

しかしたとえジェンダーの属性が何かの本質を表出したものではなく、パフォーマティヴなものであるとしても、そのような属性は、結果的には、何かを表出したりあらわしていると言われるアイデンティティを構築していく。したがって表出とパフォーマティヴの区別は重要である。もしもジェンダーの属性や行為――つまり、身体がその文化的意味を示したり、生みだしたりする多様な方法――がパフォーマティヴならば、行為や属性をそれに照らし合わせて測るような前-存在的なアイデンティティは存在しなくなる。そうなると、真実か偽物か、またジェンダーの本物の行為か歪曲された行為かという区別はなくなり、本物のジェンダー・アイデンティティという仮説が、規制的な虚構であることが暴露されることになるだろう。ジェンダーの現実性が、持続した社会的パフォーマンスをつうじて作られるということは、本質的なセックスとか、永続的で本物の男性性や女性性という概念自体が、ある戦略の一部をなすものだということである。その戦略においては、ジェンダーのパフォーマティヴな性質は隠蔽され、また、男支配で強制的異性愛の閉じた枠組みのそとにジェンダーの配置を増殖させるパフォーマティヴな可能性も、ここでは隠蔽されている。

ジェンダーは真実でもなければ、偽物でもない。また本物でもなければ、見せかけでもない。起源でもなければ、派生物でもない。だがそのような属性の確かな担い手とみなされているジェンダーは、完全に、根本的に不確かなものとみなしうるのである。

結論

パロディから政治へ

本書は、フェミニズムの政治が、女というカテゴリーのなかの「主体」という概念を持たずにやっていけるかどうかという、推論的な問題提起から始まった。ここでの問題は、女に有利な表象《リプリゼンテーション》／代表を主張するためには、女に言及することが戦略的あるいは暫定的にいまだに有効かどうかということではない。フェミニストの「わたしたち」は、つねに幻の構築物でしかない。つまり、それなりの目的はもってはいるが、「わたしたち」という語の内的複雑さや決定不能性を否定し、「わたしたち」という語で一度に女を表象／代表しようとして、その支持地盤の一部を排除することによってのみ、それ自身を構築するような構築物でしかない。だがこの「わたしたち」という位置が希薄で幻影的であるからといって、絶望の原因にはならない。少なくとも、絶望の原因だけにはならない。なぜならカテゴリーの根本に不安定さがあるからこそ、フェミニズムの政治理論を基盤づけている制約をもう一度考え直し、ジェンダーや身体だけでなく、政治そのものについても、今とは違う配置をおこなうことができるからである。

アイデンティティの政治の基盤主義的な考え方からすれば、政治的利権を練り上げ、次に政治行動を起こすためには、まずアイデンティティが適切な場所になければならない。しかし「行為の背後に行為する人」が存在する必要はなく、「行為する人」は行為のなかで、行為をつうじて、さまざまに構築されるのだとわたしは主張したい。これは行為をつうじて自己が構築されるという、実存的な理論に回帰するものではない。なぜなら実存的な理論では、自己と行為の両方を存在させようとして、前‐言説的な構造を温存してしまうからである。わたしが本書で関心を払ってきたことは、他者のなかで、他者をつうじて、各人が言説によってさまざまに自己を構築していくということである。

「行為性《エイジェンシー》」を持ちだすときの問題は、「主体」の有効性に関わる場合が多い。そのとき「主体」は、それが交渉する文化の領域に先立って存在する安定した実体と考えられている。あるいは、たとえ主体が文化的に構築されているものだとしても、文化の包囲に関係なく無傷でいられる行為性――たいていは自己再帰的な媒体能力として比喩化されている行為性――を、主体が身におびていると理解されている。そのようなモデルでは、「文化」や「言説」は主体を取り巻いてはいるが、主体を構築してはいない。主体に先在的という地位をあたえ、そのような主体が文化によって包囲されていると考えるためには、文化や言説によって完全には決定されない行為体《エイジェンシー》の地点を打ち立てる必要があったようだ。だがこの種の考え方は、まちがった前提のうえに成り立つものである。その前提とは、(a)たとえ「わたし」が見いだされる場所が言説の集中のなかにあるとしても、前‐言説的な「わたし」に頼ることによってしか、行為体を確立することができないと仮定したこと、(b)言説によって構築されていることを、言説によって決定づけられていることと捉え、この決定という概念が行為体の可能性をあらかじめ封じていることである。

　主体をつきつめて考えて位置づける理論のなかにおいてすら、やはり主体は、認識論的な対立の枠組みのなかで、言説の構築物である環境に出会うと考えられている。文化によって包囲されている主体は、文化の構築物を相手に交渉していくものだと考えられている――たとえそのような構築物が主体のアイデンティティを説明する述部であるときも。たとえばボーヴォワールのなかでは、ジェンダーをする「わたし」、ジェンダーとなる「わたし」があるが、その「わたし」は、つねにジェンダーに関連づけられているにもかかわらず、ジェンダーに完全に同一化しない行為体《エイジェンシー》となっている。主体とその文化的述部を区別する存在論的な距離がどんなに小さいものであろうとも、このコギトは、それが交渉していく文化の世界に、完全には含まれていないのだ。肌の色やセクシュアリティや民族や階級や身体能力についての述部を作りあげようとするフェミニズムのアイデンティティ理論は、そのリストの最後を、いつも困ったように「等々《エトセトラ》」という語で締めくくる。修飾語をこのように次から次へと追加することによって、これらの位置はある状況にある主体を完全に説明しようとするが、つねにそれは、完全なものにはならない。しかしこの失敗は示唆的である。どのような政治の新しい動きが、このようなリストの最後にしばしば登場する、苛立ったような「等々」から導き出されるのか。これは意味づけそのものが無限のプロセスであるというだけでなく、それが蕩尽であることを表す記号でもある。それは代補《サプルメント》——つまり、アイデンティティをただ一度だけで措定しようとする試みにかならずつきまとう過剰さ——なのである。しかしこの無限の「等々《エトセトラ》」は、フェミニズムの政治の理論化に新しい出発点を提供してくれるものでもある。

もしもアイデンティティが意味づけのプロセスのなかで主張されるものなら、もしもアイデンティティがつねにすでに意味されるものであり、また互いに連動する多様な言説のなかで流通するゆえに、意味されつづけるものならば、意味づけに先立つ「わたし」に頼ることによって行為体の問題を解決することはできない。換言すれば、「わたし」を主張することを可能にさせる条件は、意味づけの構造——代名詞の使い方の正誤を定める規則や、代名詞が流通するときの理解可能性の範囲を確定する実践——によってもたらされるのである。言語は、そのなかに自己を注いだり、そこに自己の反映を見いだしたりする外部の媒体や道具などではない。マルクスやルカーチなど、さまざまな現代の解放主義の言説によって取り込まれてきたヘーゲルの自己認識のモデルは、言語をふくむ世界を客体と見なし、それと対峙する「わたし」と、その世界のなかのひとつの客体である「わたし」の中間地点に、「わたし」の潜在的な適切性を措定しようとする。だが西洋の認識論の伝統のなかに存在する主体／客体の二分法は、その認識論が解決しようとするアイデンティティの問題系を、まさに条件づけているものなのである。

どのような言説の伝統が、「わたし」と「《他者》」のあいだに認識論的な対立関係を作りだし、それによって、可知性や行為性《エイジェンシー》の問題を解決する方法や場所を決めているのか。主体の行使を取りしきり、その行為性をまえもって規制しようとする規則や実践が、分析や批判的介入の地点を締め出しているために、どのような種類の行為性が、このような認識論的な主体位置によってあらかじめ排除されるのか。認識論の出発点がいかなる意味においても必然のものでないことは、通常の言語の日常的な作用のなかでは素朴に広く確認されている事柄である（文化人類学のなかにそれを例証する文献が数多くみられる）。そのような言語の日常的な作用おいては、主体／客体の二分法は奇妙で偶発的で、（暴力的でないにしても）哲学的な押しつけだとみなされている。認識論の思考方法と密接な関係をもつ、取り込み《アプロプリエーション》、道具化、距離化の言語は、「わたし」を「《他者》」と争わせる支配の戦略を構築し、こうしてひとたび「わたし」と「《他者》」が分離されれば、そのような言語は一連の人為的な難題を作りだして、《他者》の可知性や回復は非常にむずかしいものとなる。

アイデンティティにまつわる現在の政治言説にみられる認識論の遺産のひとつが、この二元的な対立であるが、この対立は、所与の一対の意味づけ実践――「わたし」をこの対立のなかで、それをつうじて確立し、それによってこの対立を必然のものとして物象化して二分法そのものをつくりだしている言説装置を隠蔽する意味実践――のなかでなされる戦略的な手段なのである。アイデンティティの認識論的な説明から、問題を意味づけ実践におく説明へと変換することによって、認識論の思考方法が、ひとつの偶発的な意味実践の可能性にすぎないという分析に道がひらかれる。さらには、〈行為性《エイジェンシー》〉の問題を、意味づけと再‐意味づけがどのようになされるかという問題として、説明しなおすこともできる。換言すれば、アイデンティティとして意味されているものは、歴史のある時点で意味が与えられれば、それ以降は、実体的な言語の不動の部分として存在していくものではない。たしかにアイデンティティは、多くの不動な実体詞として現れてはいる。事実、認識論のモデルは、この見せかけを理論の出発点とする傾向にある。だが実体詞としての「わたし」は、その作用を隠蔽し、その結果を自然化しようとする意味づけの実践によって、実体詞と見えているだけである。さらに言えば、実体的なアイデンティティの資格をもつことは、なかなか困難なことである。というのも、実体的なアイデンティティのように見えてはいても、それは、規則によって産出されるアイデンティティにすぎないからだ。つまり文化的に理解可能なアイデンティティの実践を条件づけ制限している規則を、たえず繰りかえし発動させることによって得られるアイデンティティにすぎないものであるからだ。実際アイデンティティを、実践——つまり意味づけの実践——と考えることは、文化的に理解可能な主体を、規則によって制限されている言説の結果だと——言語生活の一般的で日常的な意味づけの行為のなかに参入する言説の結果だと——捉えることである。抽象的に言えば、言語とは、理解可能性をたえず作りだすと同時に、理解可能性に異を唱えることも可能な、開かれた記号体系なのである。言語を時代によって組織化したものである言説は、その複数性のなかに姿をあらわす——ある時代の枠組みのなかに複数のものが共存しているという意味での複数性のなかに、また、叙述不能で非意図的な集中が制定され、その集中から特殊な様態の言説の可能性が生まれてくるという意味での複数性のなかに、姿をあらわすのである。

　意味づけはプロセスなので、認識論の言説が「行為体《エイジェンシー》」と呼ぶものを、そのなかに隠しもつものである。だが何が理解可能なアイデンティティなのかを取りしきる、つまり、「わたし」の理解可能性を保証したり制限したりする規則――ジェンダーの階層秩序や強制的異性愛のマトリクスに合うように部分的に構造化されている規則――は、反復をとおして機能しているものである。事実、主体が構築物だと言うとき、それは、理解可能なアイデンティティの行使を取りしきっている言説――規則に支配されている言説――の結果として、主体を見ているにすぎない。しかし主体は、主体を産出する規則によって決定されるのではない。なぜなら、意味づけは基盤を確立する行為ではなく、反復という規則化されたプロセスであるからだ。そのときの反復とは、実体化という効果を生みだすことによって、それ自身を隠蔽し、かつその規則を押し進めるような反復なのである。ある意味では、すべての意味づけは、反復を強制する境域のなかで起こるものである。したがって「行為体」は、その反復のひとつの変種の可能性として位置づけられるべきである。もしも意味づけを取りしきっている規則が、オルタナティヴな文化の理解可能性の領域――つまり階層的な二分法の厳格な法則に異を唱えるような新しいジェンダーの可能性――を制限するだけでなく、可能にするものでもあるなら、アイデンティティの攪乱が可能になるのは、このような反復的な意味づけの実践の内部でしかありえない。これこれのジェンダーであれという命令は、かならずその失敗を生みだし、その多様性によってその命令を超え、またその命令に歯向かうさまざまな首尾一貫しない配置を生みだす。しかしそれとて、その命令によって生産されるものである。さらに言えば、これこれのジェンダーであれという命令は、さまざまな言説の道筋をとおって発せられるものである。良き母になれ、異性愛の望ましい対象となれ、適切な労働者となれ〔…〕つまりは、さまざまな種類のべつの要求に一度に応えるような多様性を意味せよということである。多様な言説の命令の共存と集中は、複合的な再配置や再配備の可能性を生みだす。多様な言説の集中のなかで行動をおこすことができる者は、超越的な主体ではない。そこには、集中に先立つ自己や、矛盾する文化領域に入る以前の「全一性」を温存するような自己はない。そこにあるのは、道具をそれが存在している場所で拾い上げる行為だけであり、この「拾い上げ」は、そこに道具が存在しているからこそ可能になるのである。

ジェンダーの意味づけの実践のなかで、攪乱的な反復となっているものは何か。わたしは（この哲学的結論というジャンルを統御する文法を操っているのは「わたし」だが、たとえここで自己主張している「わたし」が、「わたし」を可能にし制限している哲学的文法を反復し、再配備し、〔批評家ならこう言うだろうが〕それに異を唱えているとしても、この「わたし」を操り、可能にしているのは、文法それ自体であることに着目せよ）、たとえばセックス／ジェンダーの区別では、セックスを「現実」や「事実性」として――つまりジェンダーを文化の書き込みの行為として機能させるための、物質的、身体的基盤として――位置づけていると論じてきた。だがジェンダーが身体のうえに書き込まれるといっても、カフカの「流刑地にて」のように、エクリチュールの拷問の道具が被告の肉体のうえにそれとわからずに書き込むようなやり方ではない。問題は、書き込みがもたらす意味が何であるかということではなく、どのような文化装置が手段と身体のこの出会いを設定しているのか、この儀式的な反復に対して、どのような介入が可能なのかということである。「現実」も「セックスの事実性」も、身体がそれに近づくように強制されながら、けっして近づけない幻の構築物――実体という錯覚――なのである。では現実が自らを幻影と認めるときの、幻影と現実の裂け目をあばくものは何か。それは、自然化されたアイデンティティを再強化しろという命令に完全には縛られないような反復の可能性をもたらすものなのか。身体の表面が自然として演じられるのなら、同時にその表面は、自然がパフォーマティヴでしかないことを明らかにする不調和で脱自然化されたパフォーマンスの場となることも可能である。

パロディの実践は、特権を与えられ自然化されたジェンダー配置と、派生的、幻影的、模倣的――いわば失敗したコピー――として現れるジェンダー配置との区別にふたたび関与し、その区別を再強化するのに役立つこともある。たしかにパロディは、絶望の政治——周縁的なジェンダーを、自然や現実の領域から当然のことのように排除する政治——を助長するために使われてきた。だが「現実」になることの失敗、「自然」を具現化することの失敗は、存在論的な場所そのものが、そもそも何によっても占められることがない場所であるために、すべてのジェンダーの演技に共通する構造的な失敗だとわたしは言いたい。だから攪乱的な笑いが存在する場所は、起源や本物や現実といったものが結果として構築されるパロディ実践の、パスティーシュな効果のなかなのである。そうしてかりにジェンダー規範がなくなってしまえば、ジェンダーの配置は増殖し、実体的なアイデンティティは安定性を失い、強制的異性愛という自然化をおこなう物語から、その中心的人物（「男」と「女」）が取り除かれていくだろう。ジェンダーのパロディ的な反復はまた、不可侵の深部や内的実体とされているジェンダー・アイデンティティも、じつは錯覚でしかないことをあばいていくものである。ジェンダーは、政治的に強化される巧妙なパフォーマティヴィティの結果であるが、分裂や、自己諷刺《パロディ》や、自己批判や、「自然」の誇張表現に向かって開かれている「行為」でもあり、まさにその誇張によって、ジェンダーがもともと幻影でしかないことを明らかにしていくものである。

　これまで指摘しようとしたことは、アイデンティティのカテゴリーは、たいていの場合フェミニズムの政治の基盤とみなされてきたが——つまり、フェミニズムをアイデンティティの政治として起動させるために必要なものと考えられてきたが——同時にそれは、フェミニズムが開くつもりの文化の可能性を、まえもって制限したり限定するためにはたらくものでもあるということだ。文化的に理解可能な「セックス」を作りだす暗黙の制約は、自然化された基盤などではなく、自己産出的な政治構造だと理解されなければならない。皮肉なことに、アイデンティティを結果——生産され、産出されるもの——とみなす再概念化は、アイデンティティのカテゴリーを基盤的で固定的と捉える位置によって巧妙に排除されていた「行為体」の可能性を、開いていくのである。アイデンティティが結果だということは、それが宿命的に決定されているとか、完全に人工的で任意のものだという意味ではない。構築されたものというアイデンティティの位置を、この二つの矛盾した見方でまちがって解釈してしまうと、文化構築についてのフェミニズムの言説は、自由意志と決定論という不必要な二分法の罠のなかにまたもや陥ってしまう。構築は行為体と対立しているわけではない。構築は行為体の必須の場面であり、行為体が分節化され、文化的に理解可能となる次元なのである。フェミニズムがしなければならない批判的作業は、構築されたアイデンティティの外側にフェミニズムの視点を打ち立てることではない。そんなことをすれば、フェミニズム自身の文化的位置を否定し、ひいては包括的な主体として——フェミニズムが批判すべき帝国主義的な戦略を配備する位置として——邁進する認識論のモデルを構築してしまうことになる。そうではなくて批判的な作業というのは、まさにそういった構築によって可能になっている攪乱的な反復の戦略をとること——つまり、アイデンティティを構築するものでありながら、またそれゆえにその反復実践に異を唱える内在的な可能性を提示するような反復実践に、みずから参与し、それによって局所的介入をおこなう可能性を支持していくこと——なのである。

　この理論的探究は、アイデンティティを打ち立て、規制し、脱規制する、まさにその意味づけの実践のなかに、政治を置く試みであった。だがこの試みが達成されるのは、ひとえに、政治という概念そのものを拡大する一連の問題を導入することによってのみである。どうすれば、ジェンダーのオルタナティヴな文化配置を隠蔽している基盤を破壊することができるのか。どうすれば、アイデンティティの政治の「前提」をゆるがし、それが幻の次元のものでしかないことを示すことができるのか。

　この課題をおこなうには、セックスや身体一般を自然化する系譜を批判的にたどる必要があった。さらにまた、言葉を与えられていないもの、文化に先立つもの、意味づけを待つものという身体の比喩《フィギュア》

――つまり言語や文化に参入するために、男性的なシニフィアンからの〈切開《インシジョン》という書き込み《インスクリプション》〉を待つ女性性という、クロスチェックされた女の比喩――を概念化しなおす必要もあった。また強制的異性愛を政治分析するに当たっては、セックスを二分法で――階層的な二分法で――構築することの問題点を洗い出す必要があった。ジェンダーを演技とみなす見方によって、多種多様な「表出」形態のなかに外在化されると考えられている内なる深部としてジェンダー・アイデンティティを固定化することについて、多くの問題が浮上してきた。また欲望が一次的な両性愛の形態で現れるときですら、そこにはやはり、欲望の一次的な異性愛構築がそれとなく作りあげられていることも示さなければならない。また、排除と階層化の戦略が、セックス／ジェンダーを区別する公式に固執し、前‐言説的なものとしての「セックス」とか、文化に先立つセクシュアリティとか、とくにセクシュアリティを前‐言説的なものとする文化構築に、執拗に依拠しようとすることも示さなければならない。最後に、行為のまえに行為者をたてる認識論のパラダイムは、局所的な介入の条件を否定するのみならず、その局所性そのものも否定するような、普遍的で、また普遍化する主体を作りあげてしまうものでもある。

　ジェンダーの階層秩序と強制的異性愛が生みだすこのような「結果」が、もしもフェミニズムの理論やフェミニズムの政治の基盤と考えられるなら、それは基盤として誤って記述されているのである。それだけでなく、こういった換喩的な誤った記述を可能にしている意味づけの実践に対して、ジェンダー関係を論じるフェミニズムは、これまで批判の目を向けてこなかった。意味領域の反復実践に参入することは、選択なのではない。なぜなら参入する「わたし」は、つねにすでにその内部にいるからである。言説実践の外側に行為体や現実が存在する可能性はまったくなく、行為体や現実に理解可能性の資格を与えているのは、ただひとつ言説実践のみである。それゆえ課題は、反復すべきかどうかということではなくて、どのように反復すべきかということである。実際には、反復しつつ、その反復を可能にしているジェンダー規範を、ジェンダーのラディカルな増殖をとおして、どのように置換していくかということである。政治を構築するときの基盤となるような、ジェンダーの存在論はない。なぜならジェンダーの存在論こそ、規範的命令として既存の政治の文脈でつねに作用し、理解可能なセックスの資格をもつものを定め、セクシュアリティのうえに生殖の拘束を行使し、また強化し、性別化されジェンダー化されている身体を社会的に理解可能なものとする規定的《プレスクライヴ》な要件を設定するものであるからだ。ゆえに存在論はけっして基盤ではなくて、それ自身を必須の基盤として政治言説のなかに据えつけることによって巧妙に作用している規範的な命令なのである。

アイデンティティの脱構築は、政治の脱構築ではない。そうではなくて、それはアイデンティティが分節化される条件を、政治的なものとみなすということである。この種の批判は、フェミニズムがアイデンティティの政治として語られるときの、基盤主義的な枠組みを問題にするものである。この基盤主義の逆説は、それが表象／代表し解放したいと願っている、まさにその「主体」を前提とし、固定化し、束縛しているということである。したがってここでの課題は、あらゆる新しい可能性を可能性として愛でることではなく、すでに文化の領域のなかに存在しているけれども、文化的に理解不能とか、存在不能とされていた可能性を、記述しなおしていくことである。もしもアイデンティティが政治議論の前提として固定されず、また政治が一対の既成の主体の利権から導き出される一対の実践ではないと理解したとき、新しい政治配置は、古いものの廃墟から確実に姿をあらわしてくるはずである。そのとき、セックスとジェンダーの文化配置は増殖する。あるいはむしろ、現在の増殖が、一方ではセックスの二分法を混乱させ、その基盤の不自然さをあばきつつも、他方では理解可能な文化生活を打ち立てている言説の内部で分節可能となっていくだろう。「不自然さ」と戦うための、これ以外のどんな局所的な戦略が、現在のジェンダーの脱自然化への道をひらいていくというのだろう。

原註

第1章　〈セックス／ジェンダー／欲望〉の主体

（1）　Michel Foucault, "Right of Death and Power over Life," in *The History of Sexuality, Volume I, An Introduction*, trans. Robert Hurley (New York: Vintage, 1980）を参照。原著 *Histoire de la sexualité I: La volonté de savoir*（Paris: Gallimard, 1978）〔邦訳ミシェル・フーコー『性の歴史I　知への意志』渡辺守章訳、新潮社、一九八六年〕参照。この本の終章でフーコーは、法制的な法と産出的な法の関係を論じている。法の産出性についての彼の考え方は、明らかにニーチェから影響を受けたものである。ただしニーチェの「権力の意志」の概念とまったく同じのものではない。本書ではフーコーの産出的な法概念を使うが、彼の議論を単純にジェンダー問題に「応用」しているわけではない。本書第三章第二節「フーコー、エルキュリーヌ、セックスの不連続の政治」で示すように、性差をフーコーの著作のなかで考察することは、彼自身の理論の根本的な矛盾を明らかにするものである。また彼の身体観についても、本書終章で批判する。

（2）　本書をつうじて「法のまえの主体」に言及していくが、これは、カフカの寓話「掟のまえに」に対するデリダの読みから敷衍したものである（*Kafka and the Contemporaly Critical Performance: Centenary Readings*, ed. Alan Udoff. Bloomington: Indiana University Press, 1987）。

（3）　Denis Riley, *Am I That Name?: Feminism and the Category of Women in History*（New York: Macmillan, 1988）参照。

（4）　Sandra Harding, "The Instability of the Analytical Categories of Feminist Theory," in *Sex and Scientific Inquiry*, eds. Sandra Harding and Jean F. O'Barr (Chicago: University of Chicago Press, 1987), pp. 283-302 参照。

（5）　ここで思い出すのは、Nancy Cott の次の著書にみられる両義性である。*The Grounding of Modern Feminism*（New Haven: Yale University Press, 1987）. コットによれば、二〇世紀初頭の合衆国のフェミニズム運動は、みずからの「基盤《グラウンド》にしよう」としたプログラムによって、結果的に「坐礁《グラウンド》する」ことになった。コットの歴史分析が提起している問題は、基盤を無批判に受け入れた場合、「被抑圧者の回帰」が起こりうることである。政治運動の基盤をなす安定した政治的アイデンティティは、それが排他的な実践にもとづくものであるかぎり、その基盤主義的な方策が、逆に不安定性を生みだし、まさにその不安定性によって、安定していたはずの政治的アイデンティティが脅かされることになる。

（6）　本書で一貫して使う異性愛のマトリクスという語は、身体やジェンダーや欲望を自然化するときの認識格子を意味するものであり、この認識格子によって文化的な理解可能性が作りあげられる。この語はモニク・ウィティッグの「異性愛契約」の概念から、また間接的には、アドリエンヌ・リッチの「強制的異性愛」の概念から借りてきた。異性愛のマトリクスが意味しているのは、ジェンダーの理解可能性についての覇権的な言説／認識のモデルであり、身体の首尾一貫性や意味可能性のために安定したセックスが必要だとみなす考え方である。その場合の安定したセックスは、異性愛の強制的な実践をとおして対立的、階層的に定義されるさらに安定したジェンダー概念によって表出される（男性性はオスを表出し、女性性はメスを表出する）と考えられている。

（7） 構造主義人類学におけるセックス／ジェンダー区別についての議論、およびフェミニズムによるその公式の取り込みと批判については、第二章第一節の「構造主義の危うい交換」を参照。

（8） ネイティブ・アメリカンの文化のなかの「ベルダーシュ（女装男性）」や複合的なジェンダー配置に関する興味深い研究については、以下参照。Walter L. Williams, *The Spirit and the Flesh: Sexual Diversity in American Indian Culture* (Boston: Beacon Press, 1988); Sherry B. Ortner and Harriet Whitehead, eds., *Sexual Meanings: The Cultural Construction of Sexuality* (New York: Cambridge University Press, 1981). ベルダーシュ、性転換者（トランスセクシャル）、およびジェンダーの二分法の偶発性に関する、政治に意識的で、かつ挑戦的な分析については、以下参照。Suzanne J. Kessler and Wendy McKenna, *Gender: An Ethnomethodological Approach* (Chicago: University of Chicago Press, 1978).

（9） 多くのフェミニズムの研究は、生物学や科学史の分野で展開されてきており、セックスについての科学的基盤を打ち立てているさまざまな性差別的な研究姿勢のなかにひそむ政治的利害を検証してきた。以下を参照のこと。Ruth Hubbard and Marian Lowe, eds., *Genes and Gender*, vols. 1 and 2 (New York: Gordian Press, 1978, 1979) および *Hypatia: A Journal of Feminist Philosophy* のフェミニズムと科学についての二つの特集号 vol. 2, no. 3 (Fall 1987) と vol. 3, no. 1 (Spring 1988)。なかでも後者 (Spring 1988) に掲載されている The Biology and Gender Study Group, "The Importance of Feminist Critique for Contemporary Cell Biology" は必読。Sandra Harding, *The Science Question in Feminism* (Ithaca: Cornell University Press, 1986) ;Evelyn Fox-Keller, *Reflections on Gender and Science* (New Haven: Yale University Press, 1984)〔邦訳エヴリン・フォックス＝ケラー『ジェンダーと化学』幾島幸子・川島慶子訳、工作舎、一九九三年〕; Donna Haraway, "In the Beginning was the Word: The Genesis of Biological Theory," *Signs: Journal of Women in Culture and Society*, vol. 6, no. 3 (1981); Donna Haraway, *Primate Visions* (New York: Routledge, 1989); Sandra Harding and Jean F. O'Barr, *Sex and Scientific Inquiry* (Chicago: University of Chicago Press, 1987); Anne Fausto-Sterling, *Myths of Gender: Biological Theories About Women and Men* (New York: Norton, 1979)〔邦訳アン・ファウスト＝スターリング『ジェンダーの神話——性差の科学』池上千寿子・根岸悦子訳、工作舎、一九九〇年〕.

（10） フーコーの『性の歴史』が、ヨーロッパ中心主義の文脈での近代の「セックス」の歴史を再考する一つの方法を提示したことは明らかである。さらに詳細な考察については、以下参照。Thomas Lacquer and Catherine Gallagher, eds., *The Making of Modern Body: Sexuality and Society in the 19th Century* (Berkeley: University of California Press, 1987). 初出は、*Representations*, no. 14 (Spring 1986).

(11) Butler, "Variations on Sex and Gender: Beauvoir, Wittig, Foucault," in *Feminism as Critique*, eds. Seyla Benhabib and Drucilla Cornell (Basil Brackwell, dist. by University of Minnesota Press, 1987) を参照。

(12) Simone de Beauvoir, *The Second Sex*, trans. E. M. Parshley (New York: Vintage, 1973), p. 301〔邦訳シモーヌ・ド・ボーヴォワール『第二の性』井上たか子・木村信子監訳、新潮社、一九九七年〕.

(13) Ibid., p. 38.

(14) Butler, "Sex and Gender in Beauvoir's Second Sex," *Yale French Studies, Simone de Beauvoir: Witness to a Century*, no. 72 (Winter 1986) を参照。

(15) サルトル、メルロ＝ポンティ、ボーヴォワールなどの現象学の理論家が、いかに身体化(enbodyment)という語彙に頼って論を進めているかは着目する必要がある。神学の文脈から借りてきたこの語は、総称としての身体(*the* body)を神が化肉(incarnation)した形態とみなし、それによって、〈意味作用をおこなうものの非物質性〉と〈身体の物質性〉という、外的、二元的な関係を温存する傾向をもつ。

(16) Luce Irigaray, *The Sex Which Is Not One*, trans. Catharine Porter with Carolyn Burke (Ithaca: Cornell University Press, 1985) を参照。原著は *Ce sexe qui n'en est pas un* (Paris: Editions de Minuit, 1977)〔邦訳リュース・イリガライ『ひとつではない女の性』棚沢直子・小野ゆり子・中嶋公子訳、勁草書房、一九八七年〕.

(17) Joan Scott, "Gender as a Useful Category of Historical Analysis," *in Gender and the Politics of History* (New York: Columbia University Press, 1988), pp. 28-52〔邦訳ジェーン・W・スコット『ジェンダーと歴史学』荻野美穂訳、平凡社、一九九二年〕. *American Historical Review*, vol. 91, no. 5(1986) からの転載

(18) Beauvoir, *The Second Sex*, p. xxvi.

(19) Butler, "Sex and Gender in Beauvoir's *Second Sex*," を参照。

(20) 身体を「状況」と「手段」の両方として捉える規範的考え方を、ジェンダーに関して支持しているのがボーヴォワールであり、人種に関して支持しているのがフランツ・ファノンである。ファノンは植民地主義についての分析の最後で、身体を自由の手段とみなした。この場合の自由は、デカルト的な次元の懐疑能力を備えた意識と同義のものである。「おお身体よ。それがあるおかげで、わたしはいつも問いかける人間になれるのだ!」(Frantz Fanon, *Black Skin, White Masks* [New York: Grove Press, 1967], p. 323. 原著は *Peau noire, masques blancs* [Paris: Editions de Seuil, 1952])〔邦訳フランツ・ファノン『黒い皮膚・白い仮面』海老坂武・加藤晴久訳、みすず書房、一九七〇年〕.

(21) サルトル哲学に見られる、意識と身体のあいだの根本的な存在論的不整合は、彼がデカルトから受け継いだ遺産の一つである。興味深いことに、そのデカルトの区分は、ヘーゲルによって『精神現象学』の「主人＝奴隷」の節の冒頭ですでに間接的に疑問視されている。男性的な《主体》と女性的な《他者》に関するボーヴォワールの分析は、ヘーゲルの弁証法、および『存在と無』のサディズムとマゾヒズムについてのサルトルの再定式化の系列に位置づけられるものである。意識と身体の「統合」の可能性について批判的であったサルトルは、ヘーゲルが克服しようとしたデカルトの問題設定に

結局立ち戻ることになった。ボーヴォワールの主張は、身体は自由の手段や状況になりうること、また物象化ではなくて自由の様態であるようなジェンダーの契機に、セックスがなりうることである。一見してこの考えは、身体と意識を統合したもので、その場合に意識は自由の条件であると理解されているようにみえる。だが残る問題は、この統合がそれを成り立たせている身体と精神の存在論的な区別や、それからの連想として、身体のうえに精神を、女性性のうえに男性性をおく階層秩序を要求し、またそれを温存するものではないかということである。

(22) Elizabeth V. Spelman, "Women as Body: Ancient and Contemporary Views," *Feminist Studies*, vol. 8, no. 1 (Spring, 1982) 参照。

(23) ガヤトリ・スピヴァックは語気鋭く、この二元的な説明そのものが、周縁化という植民地主義の行為だと弾劾する。彼女は、「認識をおこなう超‐歴史的自己を打ちだす自己提示」を批判し、哲学的なコギトという認識論的な帝国主義の特徴をなすものだと述べる。彼女は政治を知の生産として位置づけた。彼女によれば政治こそ、そのような主体の既存の知の体制の偶発的な理解可能性を、排除されることによって作りだすような周縁を捏造し、またそれを検閲するものである。「『政治』として存在しているものはすべて、その説明のために必要な周縁を禁止していくものだと思われる。この見方では、二分法の選択は〔…〕単なる知の戦略にとどまらない。それは個々のケースにおいて、中心化（適切な弁明）と、それに呼応する周縁化の可能性の条件なのである」。(Gayatri Chakravorty Spivak, "Explanation and Culture: Marginalia," in *In Other Worlds: Essays in Cultural Politics* [New York: Routledge, 1987], p. 113)〔邦訳ガヤトリ・C・スピヴァック『文化としての他者』鈴木聡・大野雅子・鵜飼信光・片岡信訳、紀伊國屋書店、一九九〇年〕.

(24) Cherríe Moraga, "La Güera," in *This Bridge Called My Back: Writings of Radical Women of Color*, eds. Gloria Anzaldúa and Cherríe Moraga (New York: Kitchen Table, Women of Color Press, 1982) における、「序列化抑圧」に対する反論を参照。

(25) 男根ロゴス中心主義の言説のなかで女が表象不能となることについての詳細は、以下参照。Luce Irigaray, "Any Theory of the 'Subject' Has Always Been Appropriated by the Masculine," in *Speculum of the Other Woman*, trans. Gillian C. Gill (Ithaca: Cornell University Press, 1985). イリガライは *Sexes et parentés* 所収の「女のジェンダー」に関する議論で、この論考を修正していると思われる。

(26) Monique Wittig, "One Is Not Born a Woman," *Feminist Issues*, vol. 1, no. 2 (Winter 1981), p. 53.

(27) 《象徴界》の概念については、本書第二章で若干、論じるつもりである。《象徴界》は、一連の理念的、普遍的な文化の法だと理解できる。この法は、親族や意味作用を支配し、かつ精神分析的構造主義においては、性差の生産を支配するものである。理念的な「父なる法」の概念をもとにイリガライは《象徴界》を、男根ロゴス中心主義の支配的で覇権的な言説として公式化しなおしている。フランスのフェミニストは、《ファルス》や父なる法によって支配される言語とはべつの、オルタナティヴな言語を提示し、それによって《象徴界》批判をおこなおうとしている。たとえばクリステヴァは、母の領域の言語として「原記号界」を提示し、イリガライとシクスーの両者は、女の書きもの（エクリチュール・フェミニン）を提示したと考えられてきた。だがウィティッグの場合は、言語は、その構造においてけっして女性蔑視でも、あるいはフェミニズムでもなく、政治目標をさらに展開していくのに役立つ手段になるものだと主張して、クリステヴァやイリガライ、シクスーの姿勢に反駁している。言語のまえに存在する「認識主体」を信じるウィティッグにとって、言語は、主体形成に先立ち、それを構造化する意味作用の場としてではなく、その手段として理解されるものである。

（28） Monique Wittig, "The Point of View: Universal or Particular?" *Feminist Issues*, vol.3, no. 2 (Fall 1983), p. 64.

（29） 「少なくとも文学の一翼を担うためには、ひとは個別的な視点と普遍的な視点の両方を持たねばならない」。Monique Wittig, "The Trojan Horse," *Feminist Issues*, vol. 4, no. 2 (Fall 1984), p. 68.

（30） *Questions Feministes* 誌（英訳版 *Feminist Issues* で入手可能）は、一般に「唯物主義」の見方を擁護して、実践や制度や言語構造は女の抑圧の「物質的な基盤」であるとみなしがちだ。ウィティッグは初期の編集スタッフの一人であったが、モニク・プラザとともに、性差の主張は本質主義であると批判した。なぜなら性差を擁護する考え方は、女の社会的機能の意味を生物学的事実に求め、それだけでなく、女の身体を母の身体という一次的な意味に収斂させ、それによって生殖的セクシュアリティという覇権的な概念をイデオロギー的に強化することになるからである。

（31） Michel Harr, "Nietzsche and Metaphysical Language," *The New Nietzsche: Contemporary Styles of Interpretation*, ed. David Allison (New York: Delta, 1977), pp. 17-18.

（32） Monique Wittig, "The Mark of Gender", *Feminist Issues*, vol. 5, no. 2 (Fall 1985), p. 4.

（33） Ibid., p. 3.

（34） （キャロル・キング作詩の）アリサの歌はジェンダーの自然化にも異を唱えている。「自然な女のように」というフレーズは、「自然さ」がアナロジーや隠喩によってしか達成できないものであることを示している。つまり、「あなたによってわたしは、自分が自然さの隠喩のような気になり」、「あなた」がいなければ、脱自然化された基盤が現れ出ることになる。「ひとは女に生まれない、女になる」というボーヴォワールの主張に照らし合わせたアリサの主張についての議論は、以下の拙論を参照。Butler, "Beauvoir's Philosophical Contribution," in eds. Ann Garry and Marjorie Pearsall, *Women, Knowledge, and Reality* (1989, Routledge, 1996).

（35） Michel Foucault, ed., *Herculine Barbin, Being the Recently Discovered Memoirs of a Nineteenth-Century Hermaphrodite*, trans. Richard McDougall (New York: Colophone, 1980), 原著は *Herculine Barbin, dite Alexina B.* presenté par Michel Foucault (Paris: Gallimard, 1978). 原著には、英語版に付されているフーコーによる序文はない。

（36） 第二章、第二節を参照のこと。

（37） Foucault, ed., *Herculine Barbin*, p. x.

（38） Robert Stoller, *Presentations of Gender* (New Haven: Yale University Press, 1985), pp. 11-14.

(39) Friedrich Nietzsche, *On the Genealogy of Morals,* trans. Walter Kaufmann (New York: Vintage, 1969), p. 45〔邦訳フリードリヒ・ニーチェ『道徳の系譜』『ニーチェ全集』第二期第三巻秋山英夫・浅井真男訳、白水社、一九八三年〕.

(40) Wittig, "One Is Not Born a Woman," p. 48. ウィティッグはジェンダーの「しるし」という概念と、自然なものがじつは「想像上の組成」にすぎないという考え方を、コレット・ギヨーマンから借りたと述べている。ウィティッグのジェンダー分析にヒントを与えたのは、人種のしるしに関するギヨーマンの以下の論文。Colette Guillaumin, "Race et nature: Système des marques, idée de group natural et rapport sociaux," *Pluriel,* vol. 11 (1977).「女の神話」はボーヴォワールの『第二の性』の一章である。

(41) Monique Wittig, "Paradigm," in *Homosexualities and French Literature: Cultural Contexts / Critical Texts,* eds. Elaine Marks and George Stambolian (Ithaca: Cornell University Press, 1979), p. 114.

(42) 明らかにウィティッグは、統語法を、父系的に組織化された親族体系を言語によって練りあげたもの、あるいは言語によって再生産されるものと考えてはいない。このレベルで構造主義を拒否したために、ウィティッグは言語をジェンダー的に中立のものと理解することになった。他方イリガライは、言語が政治的にもジェンダー的にも中立であるというウィティッグの人間主義的な立場を批判している。以下参照。Irigaray, *Parler n'est jamais neutre* (Paris: Éditions de Minuit, 1985).

(43) Monique Wittig, "The Point of View: Universal or Particular?" p. 63.

(44) Monique Wittig, "The Straight Mind," *Feminist Issues,* vol. 1, no. 1 (Summer 1980), p. 108.

(45) Monique Wittig, *The Lesbian Body,* trans. Peter Owen (New York: Avon, 1976). 原著は *Le corps lesbien* (Paris: Éditions de Minuit, 1973).

(46) このフレーズはウェンディ・オーウェンから借用した。

(47) もちろんフロイト自身は「性的なもの」と「性器的なもの」を区別しており、それが、ウィティッグのフロイト批判となった。たとえば、"The Developement of the Sexual Function," in Freud, *Outline of a Theory of Psychoanalysis,* trans. James Strachey (New York: Norton, 1979).

(48) ラカン派の立場については、本書の第二章において折りにふれて、より包括的な分析をおこなう。

(49) Jacqueline Rose, *Sexuality in the Field of Vision* (London: Verso, 1987).

(50) Jane Gallop, *Reading Lacan* (Ithaca: Cornell University Press, 1985)〔邦訳ジェーン・ギャロップ『ラカンを読む』富山太佳夫・推名美智・三好みゆき訳、岩波書店、一九九〇年〕; *The Daughter's Seduction: Feminism and Psychoanalysis* (Ithaca: Cornell University Press, 1982).

(51) 「ジェンダーについての社会学的説明と精神分析との区別は（ここにナンシー・チョドロウの基盤的な行き詰まりがあると思える）、前者では、おおざっぱではあるが規範の内面化が機能していると考えられているのに反し、精神分析の基本的前提および出発点は、それを想定していないということである。精神分析の〈無意識〉は、アイデンティティの

『失敗』をつねに露呈させるものである」。（Jacqueline Rose, *Sexuality in the Field of Vision*, p. 90).

(52) 《法》（the Law）を大文字の単数として捉える構造主義の考え方は、明らかに旧約聖書の〈禁じる法〉を反映したものである。したがってこのような「父なる法」は、ニーチェをフランス流に取り込んだポスト構造主義によって批判されることになった。ニーチェはユダヤ＝キリスト教的な「奴隷道徳」を批判して、それは単数的でかつ禁止的な法を有するものだと述べた。他方「権力への意志」で提示しているのは、小文字の法（the law）の産出的で多様な可能性であり、したがって単数形の大文字の《法》概念は、抑圧的な架空概念にすぎないと断罪する。

(53) Gayle Rubin, "Thinking Sex: Notes for a Radical Theory of the Politics of Sexuality", in *Pleasure and Daughter*, ed. Carole S. Vance（Boston: Routledge and Kegan Paul, 1984), pp. 267-319 を参照〔邦訳ゲイル・ルービン「性を考える」河口和也訳『現代思想』第二五巻第六号（青土社、一九九七年五月）〕。また同書の以下の論文も参照のこと。Carole S. Vance, "Pleasure and Danger: Towards a Politics of Sexuality," pp. 1-28;Alice Echols, "The Taming of the Id: Feminist Sexual Politics, 1968-83," pp. 50-72; Amber Hollibaugh, "Desire for the Future: Radical Hope in Pleasure and Passion," pp. 401-10. さらに以下の論文も参考になる。Amber Hollibaugh and Cherríe Moraga, "What We're Rollin Around in Bed with: Sexual Silences in Feminism" および Alice Echols, "The New Feminism of Yin and Yang," in *Powers of Desire: The Politics of Sexuality*, eds. Ann Snitow, Christine Stansell, and Sharon Thompson（London: Virago, 1984); *Heresies*, vol. no. 12（1981, the "sex issue"); Samois ed., *Coming to Power*,（Berkeley: Samois, 1981); Dierdre English, Amber Hollibaugh, and Gayle Rubin, "Talking Sex: A Conversation on Sexuality and Feminism," *Socialist Review*, no. 58（July-August, 1981); Barbara T. Kerr and Mirtha N. Quintanales, "The Complexity of Desire: Conversations on Sexuality and Difference," *Conditions*, #8; vol. 3, no. 2(1982), pp. 52-71.

(54) おそらくイリガライの主張のうち、もっとも論議を呼ぶものは、「二つの唇が触れ合う」外陰唇の構造が女の非統合的で自体愛的な快楽を構築しており、そののち、ペニスの挿入という快楽の剝奪行為によって、その二つのものは「引き離される」と主張したことである。Irigaray, *Ce sexe qui n'en pas un* 参照。モニク・プラザやクリステーヌ・デルフィーとともにウィティッグも、イリガライを、女の解剖学的特殊性に重点を置きすぎると批判し、それは女の身体の特徴を、「膣」や「クリトリス」や「外陰唇」のような人為的「部分」にまとめようとする生殖主義的な言説の無批判な反復になると断罪した。ヴァネッサー・カレッジでの講演で、ウィティッグは膣があるのかと尋ねられ、ないと答えた。

(55) この解釈に賛同する説得的な議論については、Diana J. Fuss, *Essentially Speaking*（New York: Routledge, 1989）参照。

(56) パロディとパスティーシュを区別するフレドリック・ジェイムスンを応用するなら、ゲイのアイデンティティは、パスティーシュとして理解した方がいいだろう。ジェイムスンの説では、パロディは、それがコピーするオリジナルに対してある種の共感をまだ感じているが、パスティーシュは「オリジナル」の可能性に対して異を唱え、とくにそれがジェンダーにまつわる場合パスティーシュは、失敗なくコピーすることがそもそも不可能な幻の理想をコピーしようとして、かならず失敗するものだと言う。Fredric Jameson, "Postmodernism and Consumer Society," in *The Anti-Aesthetic: Essays on Postmodern Culture*, ed. Hal Foster (Port Townsend, WA: Bay Press, 1983) 参照〔邦訳ハル・フォスター編『反美学――ポスト・モダンの諸相』室井尚・吉岡洋訳、勁草書房、一九八七年〕。

第2章　禁止、精神分析、異性愛のマトリクスの生産

（1）この章を執筆しているとき、授業でカフカの「流刑地にて」を教えていた。この作品には、現在の権力――とくに男性権力――の興味深いアナロジーとなっている拷問機械の描写がある。この物語は、拷問機械を使用可能な伝統として温存している歴史について語ろうとしたものだが、所々でそれに失敗している。起源は回復不能であり、起源にいたる系譜は、時の経過とともに解読不能になっている。またかりに説明できたとしても、説明された人は同じ言語をしゃべれず、翻訳によることもできない。事実その拷問機械を、完全な形で想像することすらできない。その機械の断片を寄せ集めても、全体像を頭のなかで描くことはできない。そのため読者は、全体像という理念的なイメージに頼ることができず、断片的な状態でそれを思い描くしかない。これは、「権力」が拡散し、もはやシステムの統一体として存在することはないというフーコーの議論を、文学的に表現したものだろう。他方デリダは、カフカの「掟のまえに」を引きあいに出して、このような法の権威に関する問題を論じた（Derrida, "Before the Law," in *Kafka and the Contemporary Critical Performance: Centenary Readings*, ed. Alan Udoff [Bloomington: Indiana University Press, 1987]). 法のまえに存在する「時」を物語形式で反復することが、いかに根源的に不条理な抑圧を生みだすかについて、デリダは力説している。重要なことは、法のまえに存在する時をもちだして、その法を批判することも、同様に不可能だということである。

（2）Carol MacCormack and Marilyn Strathern, eds. *Nature, Culture and Gender* (New York: Cambridge University Press, 1980) を参照。

（3）この種の問題をめぐる、より詳細な議論については以下参照。Donna Haraway, *Simians, Cyborgs and Women: The Reinvention of Nature* (Routledge, 1991) の一章、"Gender for a Marxist Dictionary: The Sexual Politics of a Word".

（4）ゲイル・ルービンはこの過程について、以下の論文で詳細に論じている。Gayle Rubin, "The Traffic in Women: Notes on the 'Political Economy' of Sex," in *Toward an Anthropology of Women*, ed. Rayna R. Reiter (New York: Monthly Review Press, 1975). この論文については、本章の後半で焦点をあてて論じる。ルービンは、贈与としての花嫁という概念を Mauss の *Essay on the Gift* から借りてきて、交換対象としての女が、結果的にいかに男同士の社

会的絆を強化し、決定づけてきたかを述べている。

(5) Claude Lévi-Strauss, "The Principles of Kinship," in *The Elementary Structures of Kinship* (Boston: Beacon Press, 1969), p. 496 を参照〔邦訳クロード・レヴィ＝ストロース『親族の基本構造』馬渕東一・田島節夫監訳、番町書房、一九七七年〕。

(6) デリダの以下の論文を参照。Jacques Derrida, "Structure, Sign, and Play," in *The Structuralist Controversy*, eds. Richard Macksey and Eugene Donato (Baltimore: Johns Hopkins University Press, 1964); "Linguistics and Grammatology," in *Of Grammatology*, trans. Gayatori Chakravorty Spivak (Baltimore: Johns Hopkins University Press, 1974)〔邦訳ジャック・デリダ『根源の彼方に――グラマトロジーについて』足立和浩訳、現代思潮社、一九七二年〕; "Différance," in *Margins of Philosophy*, trans. Alan Bass (Chicago: University of Chicago Press, 1982).

(7) Lévi-Strauss, *The Elementary Structures of Kinship* (Boston: Beacon Press, 1969), p. 480 を参照。「交換――およびその結果としての、それを表現する族外婚の規則――は、そもそも社会的な価値をもっているものである。それは男同士を結束させる手段となるのである」。

(8) Luce Irigaray, *Speculum of the Other Woman*, trans. Gillian C. Gill (Ithaca: Cornell University Press, 1985) pp. 101-03.

(9) Eve Sedgwick の *Between Men: English Literature and Homosocial Desire* (New York: Columbia University Press, 1985) は、親族内の互恵構造に関するレヴィ＝ストロースの記述を、文学において分析したものと考えてよいだろう。セジウィックの論点は、ロマン主義の詩にみられる女の礼賛の描写は、男のホモソーシャルな欲望の屈折であり、その精緻な表現であるということだ。女は表面的には言説の対象となっているが、女の本当の機能は、男同士の非公認の欲望関係を媒介することであり、その意味で、詩的に表現された「交換対象」なのである。

(10) Luce Irigaray, *Sexes et parentés* (Paris: Éditions de Minuit, 1987).

(11) レヴィ＝ストロースは明らかに、近親姦を、ファンタジーと社会実践の両方として分析する機会をとらえそこなっている。このふたつは、けっして相互に排除しあう関係にあるものではない。

(12) Lévi-Strauss, *The Elementary Structures of Kinship*, p. 491.

(13) 《ファルス》であることは、それが貫く場所として《ファルス》を「具現している」ことであり、同時に、個体化に先立つ快楽《ジュイサンス》――差異化されていない母との関係――に回帰する可能性を約束するものでもある。

(14) Butler, *Subjects of Desire: Hegelian Reflections in Twentieth-Century France* (New York: Columbia University Press, 1987), "Lacan: The Opacity of Desire" の章で、ヘーゲルの主人と奴隷の弁証法をラカンが適用していることについて論じた。

(15) フロイトの解釈によれば、女性性の獲得は抑圧の二重の波を要求するものである。「女児」はリビドー的な愛着を、母から父へと移動させなければならないだけでなく、父への欲望を、社会のなかで受容されうるべつの対象に置換させなければならない。ラカンの理論をほとんど神秘的に解釈した論考として、以下のものがある。Sarah Kofman, *The Enigma of Woman: Woman in Freud's Writings*, trans. Catherine Porter (Ithaca: Cornell University Press. 1985), pp. 143-48. 原著は、*L'Enigme de la femme: La femme dans les textes de Freud* (Paris: Éditions Galilée, 1980).

(16) Jacques Lacan, "The Meaning of the Phallus," in *Feminine Sexuality: Jacques Lacan and the École Freudienne*, eds. Juliet Mitchell and Jacqueline Rose, trans. Jacqueline Rose (New York: Norton, 1985), pp. 83-85. これ以降、本文に記載するページ番号は、この著作からの引用ページを示す。〔邦訳ジャック・ラカン『エクリ』宮本忠雄ほか訳、弘文堂、一九七二年〕

(17) Luce Irigaray, *Ce sexe qui n'en est pas un* (Paris: Éditions de Minuit, 1977), p. 131.

(18) 仮装に関するフェミニズムの文献は広範囲にわたる。ここでは、表現およびパフォーマティヴィティの問題群との関係に限定して、仮装を分析する。つまりここで論じられる問題は、仮装は本物や真正さと理解されている女性性を隠蔽しているものなのか、それとも、女性性やその「真正さ」に対して疑義をはさむ手段なのかということである。仮装概念をフェミニストが応用することについて詳細に論じたものとして、以下の論文と著作が挙げられる。Mary Ann Doane, *The Desire to Desire: The Woman's Film of the 1940's* (Bloomington: Indiana University Press. 1987)〔邦訳メアリ・アン・ドーン『欲望への欲望——一九四〇年代の女性映画』松田英男監訳、勁草書房、一九九四年〕, "Film and Masquerade: Theorizing the Female Spectator," *Screen*. vol. 23, nos. 3-4 (September-October 1982), pp. 74-87; "Woman's Stake: Filming the Female Body," *October*, vol. 17 (Summer 1981). ガヤトリ・スピヴァクは以下の論文で、ニーチェとデリダに依拠して、偽装としての女という挑発的な読みを提示している。Gayatri Spivak, "Displacement and the Discourse of Woman," in *Displacement: Derrida and After*, ed. Mark Krupnick (Bloomington: Indiana University Press, 1983). また次の論文も参照のこと。Mary Russo, "Female Grotesques: Carnival and Theory" (Working Paper, Center for Twentieth-Century Studies, University of Wisconsin-Milwaukee, 1985).

(19) この章の次節「フロイトおよびジェンダーのメランコリー」で、メランコリーの中心的な意味、つまり否認された悲哀の結果としてのメランコリーについて概説するつもりである。メランコリーを近親姦の考察に応用し、近親姦タブーは否認された喪失形態を制度化することによって、性位置とジェンダーを基礎づけるものであると論じる。

(20) 重要なことだが、ラカンは換喩的に、レズビアニズムがセクシュアリティの否定であるかのように、冷感症の議論に付随させてレズビアンを語る。彼の議論における「否定」の作用については、これ以降、順を追って分析していく。

(21) Joan Riviere, "Womanliness as a Masquerade," in *Formations of Fantasy*, eds. Victor Burgin, James Donald, & Cora Kaplan (London: Methuen, 1986), pp. 35-44. この論文の初出は *The International Journal of Psychoanalysis*, vol. 10 (1929). 以降、本文に記載するページ番号は、この論文からの引用ページを示す。また以下の卓越した論文も参照のこと。Stephen Heath, "Joan Riviere and the

Masquerade."

(22) このような素朴な推論は近年、論破されている。以下の論文を参照。Esther Newton and Shirley Walton, "The Misunderstanding: Toward a More Precise Sexual Vocabulary," in *Pleasure and Danger*, ed. Carole Vance (Boston: Routledge, 1984), pp. 242-50. ニュートンとウォルトンは、エロスにまつわるアイデンティティ（エロティック・アイデンティティ）と、エロスにおける役割（エロティック・ロール）と、エロスの行為（エロティック・アクト）を区別して、欲望形態とジェンダー形態のあいだにいかに根本的な不整合があり、そのためエロスの嗜好を、社会的文脈におけるエロティック・アイデンティティから直接ひきだされることはできないと論じている。彼女らの分析はそれなりに有益だし（思い切ったものだ）と思うが、これらのカテゴリーが言説の文脈に固有のものなのかどうか、さらには、セクシュアリティをその構成「部分」に断片化することが意味をもつのは、それらの構成部分の還元的な統一化に対する対抗戦略となった場合のみかどうかについては、さらに考察を要する。

(23) 性「指向」の概念は、以下の著作で的確に問題化されている。Bell Hooks, *Feminist Theory: From Margin to Center* (Boston: South End Press, 1984)〔邦訳ベル・フックス『ブラック・フェミニストの主張——周縁から中心へ』清水久美訳、勁草書房、一九九七年〕. フックスは、性指向という語が、その性の全成員を欲望の対象とみなす誤った物象化だと論じている。性指向という語は個人の自律性を問題化するので、フックスはこの語の使用に批判的だが、わたしが強調したいことは、「指向」はそもそも固定されるものではないということである。指向は時とともに推移し、単声的でない文化の再公式化に向かって開かれるものである。

(24) Heath, "Joan Riviere and the Masquerade," pp. 45-61.

(25) スティーヴン・ヒースの指摘は、リヴィエールが知的な女性として、精神分析学の権威から認めてもらおうとやっきになっている状況と、彼女が論文で記述している被分析者の状況とがまったく同じものではないにしても、両者のあいだにかなりはっきりとした共通点があるということである。

(26) Jacqueline Rose, in *Feminine Sexuality*, eds. Mitchell and Rose, p. 85.

(27) Jacqueline Rose, "Introduction-II" in *Feminine Sexuality*, eds. Mitchell and Rose, p. 44.

(28) Ibid., p. 55.

(29) ローズはムスタファ・サーファンの著作を、とりわけ彼が象徴界と現実界の共約不能性を理解していないという点について、批判している。Moustapha Safouan, *La sexualité féminine dans la doctrine freudienne* (Paris: Éditions de Seuil, 1976) 参照〔邦訳ムスタファ・サーファン『女性のセクシュアリティ』佐々木孝次ほか訳、弘文堂、一九八二年〕。ラカンにみられる反‐発達論的な姿勢については、Elizabeth Weed と交わした議論から大きな示唆を受けた。

(30) ニーチェの奴隷道徳についての分析は、Friedrich Nietzsche, "First Essay," in *The Genealogy of Morals*, trans. Walter Kaufmann (New York: Vintage, 1969) を参照。他所でもそうだが、ここでもニーチェは、神は自己破滅的行為として、権力への意志によって生みだされるものだと述べ、権力への意志がこの自己隷属化の構築から回復されるのは、神についての思考や、皮肉なことに人間の無力さについての思考を生産する創造的な力をふたたび我が物にするときだと言う。フーコーの『監獄の誕生』は明らかに、ニーチェの『曙光』や『道徳の系譜』——もっと明らかにはその「第二論文」——をもとに考察されたものである。フーコーの産出的な権力と法制的な権力の区分も、意志の自己隷属化についてのニーチェの分析に明確な根拠をもつ。フーコーの読みでは、法制的な法の構築は産出権力の結果であるが、そのとき産出権力はそれ自体の隠蔽と従属を制度化してしまう。フーコーのラカン批判と抑圧仮説の批判は、法制的な法の多元決定におおむね焦点を当てたものである。(*History of Sexuality, Volume I, An Introduction*, trans. Robert Hurley [New York: Vintage, 1980], p. 81 を参照)。

(31) Irigaray, *Speculum of the Other Woman*, pp. 66-73.

(32) Julia Kristeva, *Desire in Language: A Semiotic Approach to Literature and Art*, ed. Leon Roudiez (New York: Columbia University Press, 1980); *Soleil noir: Dépression et mélancolie* (Paris: Gallimard, 1987) を参照〔邦訳ジュリア・クリステヴァ『黒い太陽』西川直子訳、せりか書房、一九九四年〕。後者のテクストにみられるクリステヴァのメランコリー読解の一部は、メラニー・クラインの著作に依拠したものである。クリステヴァはメランコリーを、女の主体に向けられた母親殺しの衝動であり、したがってマゾヒズムの問題と連動すると語る。このテクストで彼女は、一次的な攻撃性の概念を受け入れ、その攻撃の一次的対象を女に割りふり、また深層的に遂行したいと願っている殺人をいかに犯さないかということを男に割りふって、セックスを差異化していると思われる。この理論では、男の位置は外部に向けられるサディズムとなり、女の位置は内部に向けられるマゾヒズムとなる。クリステヴァにとってメランコリーは、芸術という昇華された生産行為に結びつく「官能的な悲しみ」である。この志向の昇華形態は、その中心に、その起源である苦悩を有したものだと考えられている。その結果クリステヴァはこのテクストを閉じるにあたって、人間行為の悲劇的構造を語るモダニズムを激賞し、その反対に、現代精神の断片化に苦しまず、それを容認するポストモダニズムの試みは弾劾するという、唐突で挑戦的な終わり方をする。「ベリーニによる母性」におけるメランコリーの役割をめぐる議論については、本書第三章第一節「ジュリア・クリステヴァの身体の政治」を参照のこと。

(33) 悲哀とメランコリー、およびそれらと自我や人格形成との関係、さらにエディプス葛藤に対するオルタナティヴな解決策についてのフロイトの議論については、以下の論文を参照。Freud, "The Ego and the Super-Ego (Ego-Ideal)," *The Ego and the Id*, trans. Joan Riviere, ed. James Strachey (New York: Norton, 1960, 初版1923)〔邦訳ジグムント・フロイト「自我と超自我」(「自我とエス」)『フロイト全集6』井村恒郎・小此木啓吾ほか訳、人文書院、一九七〇年〕この章を示唆してくれた Paul Schwaber に謝意を表する。以降、本文に記載するページ番号は Sigmund Freud, *General Psychological Theory*, ed. Philip Rieff (New York: MacMillan, 1976) 所収の論文 "Mourning and Melancholia" からの引用頁を示す。

(34) 「自己同一化《アイデンティフィケーション》」に関する興味深い考察については以下参照。Richard Wollheim, "Identification and Imagination: The Inner Structure of a Psychic Mechanism," in *Freud:*

A Collection of Critical Essays, ed. Richard Wollheim (Garden City: Anchor Press, 1974), pp. 172-95.

(35) ニコラス・アブラハムとマリア・トロクは、悲哀とメランコリーの融合に異議を唱えている。註（39）を参照。

(36) 懲罰メカニズムとしての超自我と、（自己愛的な願望に寄与する理想化としての）自我理想を区別して——つまりフロイトが『自我とエス』のなかで明確に分離しなかったものを区別して——議論を進める精神分析理論には、以下のものがある。Janine Chasseguest-Smirgell, *The Ego-Ideal, A Psychological Essay on the Malady of the Ideal.* trans. Paul Barrows. 序文 Christopher Lasch (New York: Norton, 1985). 原著は *L'ideal du moi.* 彼女のテクストは、同性愛を貶める素朴な発達論的なセクシュアリティ・モデルに論陣をはったものなので、その分、フェミニズムやラカンに対する論戦にも論陣をはっている。

(37) Foucault, *The History of Sexuality,* Volume I, p. 81 を参照。

(38) Roy Schafer, *A New Language for Psycho-Analysis* (New Haven: Yale University Press, 1976), p. 162. また種々の内面化——取り入れ、体内化、自己同一化——についてのシェイファーの初期の区分も興味深い。Roy Schafer, *Aspects of Internalization* (New York: International University Press, 1968). 内面化と自己同一化の面から精神分析の歴史を論じたものは、W. W. Meissner, *Internalization in Psychoanalysis* (New York: International University Press, 1968).

(39) アブラハムとトロクのこの議論は、以下の論文に基づいている。"Deuil *ou* mélancholie, introjecter-incorporer, réalité métapsychologique et fantasme," in *L'Écorce et le noyau* (Paris: Flammarion, 1987). この議論の一部は英訳されている。Nicholas Abraham and Maria Torok, "Introjection-Incorporation: Mourning *or* Melancholia," in *Psychoanalysis in France,* eds. Serge Lebovici and Daniel Widlocher (New York: International University Press, 1980), pp. 3-16. さらに同じ著者による以下の論文も参照のこと。"Notes on the Phantom: A Complement to Freud's Metapsychology," in *The Trial(s) of Psychoanalysis,* ed. Francoise Meltzer (Chicago: University of Chicago Press, 1987), pp. 75-80; "A Poetics of Psychoanalysis: 'The Lost Object-Me,'" *Substance,* vol. 43 (1984), pp. 3-18.

(40) Irigaray, *Speculum of the Other Woman,* p. 68.

(41) Schafer, *A New Language for Psychoanalysis,* p. 177 参照。この著作および初期の著作 *Aspects of Internalization* においてシェイファーが明らかにしていることは、内面化された領域を何かにたとえるとすれば、それは幻影の構築物であって、構築のプロセスではないということである。興味深いことに、これは明らかにニコラス・アブラハムとマリア・トロクによって出された命題、「体内化は自我を再確認する幻想にすぎない」("Introjection-Incorporation," p. 5) と見解を同じくしたものである。

(42) 明らかに、これはモニク・ウィティッグの著作 *The Lesbian Body,* trans. Peter Owen (New York: Avon, 1976) の理論的基盤をなすもので、そこでは、異性愛化された女の身体は区画化されたもので、性的に感受性の鈍いものと考えられている。このような身体を、レズビアンの愛の行為によって脱集合させ、再集合させるということは、一種の「倒錯」であるが、それによって、いわゆる完全な身体がじつはまったくバラバラにされたもので脱エロス化されているものであること、また「字義的には」バラバラになった身体であっても、本当は身体の表面をつうじて性の快楽の可能性に向かって開かれたものであることが明らかとなる。重要なことは、身体のうえには安定した表面は何もないということである。なぜなら全一で、完成して、自動的に男女に分別された身体とみなされているものを決定しているのは、単に強制的異性愛の政治原理にすぎないと思われるからである。ウィティッグの物語（同時にそれは反‐物語でもある）は、文化によって構築されたこのような身体の全一性の概念を疑問に付すものである。

（43） 投影された身体表面という概念は、「身体自我」というフロイトの概念によって語られてもいる。「自我はまず第一に、そして第一義に、身体自我である」（*The Ego and the Id*, p. 16）というフロイトの主張は、自我＝発達を決定づける身体概念が存在することを示唆するものである。フロイトはつづけて、「［身体は］単に表面なのではなく、それ自身が表面の投影である」と述べている。次の論文では、フロイトのこの見解をめぐって興味深い議論が展開されている。Richard Wollheim, "The bodily ego," in *Philosophical Essays on Freud* eds. Richard Wollheim and James Hopkins (Cambridge: Cambridge University Press, 1982). 「皮膚＝自我《スキン・エゴ》」という挑発的な説明——ここでは残念なことに、この種の説明を性別化された身体について応用して、そのさまざまな意味を考察することにはなっていない——については、Didier Anzieu, *Le moi-peau*, (Paris: Bordas, 1985) を参照。英訳は *The Skin Ego: A Psychoanalytic Theory of the Self*, trans. Chris Turner (New Haven: Yale University Press, 1989).〔邦訳ディディエ・アンジュー『皮膚＝自我』福田素子訳、言叢社、一九九三年〕

（44） 本章の註（4）を参照。以降、本文に挙げるページ番号はこの論文からの引用ページを示す。

（45） Gayle Rubin, "Thinking Sex: Notes for a Radical Theory of the Politics of Sexuality," in *Pleasure and Danger*, pp. 267-319. 一九七九年に開催されたシモーヌ・ド・ボーヴォワールの『第二の性』に関する学会において、ルービンは権力とセクシュアリティについて発表したが、この発表はレズビアン・セクシュアリティを社会構築されたものとみるという点で、わたしの考えの重要な転機となった。

（46） 近親姦についての決定論的な説明については、Joseph Shepher, ed., *Incest: A Biosocial View* (London: Academic Press, 1985) を参照（というより、むしろ参照するなと言いたい）。

（47） Michele Z. Rosaldo, "The Use and Abuse of Anthropology: Reflections of Feminism and Cross-Cultural Understanding," *Signs: Journal of Women in Culture and Society*, vol. 5, no. 3 (1980) を参照。

（48） Sigmund Freud, *Three Essays on the Theory of Sexuality*, trans. James Strachey (New York: Basic Books, 1962), p. 7〔邦訳ジグムント・フロイト「性欲論三篇」『フロイト著作集5』懸田克躬・高橋義孝ほか訳、人文書院、一九六九年〕.

（49） Peter Dews は彼の著書 *The Logics of Disintegration: Post-Structuralist Thought and the Claims of Critical*

Theory (London: Verso, 1987) のなかで、ラカンがレヴィ=ストロースから《象徴界》の概念を取り込むときに、この概念の重要な限定化をおこなったと述べている。「ラカンはレヴィ=ストロースの概念を応用するさいに、レヴィ=ストロースが述べていた多様な『象徴体系群』を単一の象徴秩序に変容させ、それによって、力関係を促進させたり、見えなくさせる意味体系群の可能性を無視することになった」(p. 105)。

第3章 攪乱的な身体行為

(1) 本節「ジュリア・クリステヴァの身体の政治」の初出は、*Hypatia* のフランスのフェミニズム理論特集号、vol. 3, no. 3 (Winter 1989), pp. 104-18.

(2) Julia Kristeva, *Revolution in Poetic Language*, trans. Margaret Walker, Introduction by Leon Roudiez (New York: Columbia University Press, 1984), p. 132. 原著 *La Revolution du language poetique* (Paris: Éditions du Seuil, 1974)〔邦訳ジュリア・クリステヴァ『詩的言語の革命』原田邦夫訳、勁草書房、一九九一年〕.

(3) Ibid., p. 25.

(4) Julia Kristeva, *Desire in Language, A Semiotic Approach to Literature and Art*, ed. Leon S. Roudiez, trans. Thomas Gorz, Alice Jardine, and Leon S. Roudiez (New York: Columbia University Press, 1980), p. 135. この書は以下の二種類の彼女の著作から抜粋、編集された論文集である。*Polylogue* (Paris: Éditions du Seuil, 1977)〔邦訳ジュリア・クリステヴァ『ポリローグ』赤羽研三ほか訳、白水社、一九八六年〕および *Σημειωτική: Recherches pour une sémanalyse* (Paris: Éditions du Seuil, 1969)〔邦訳ジュリア・クリステヴァ『セメイオチケ1』原田邦夫訳、せりか書房、一九八三年、『セメイオチケ2』中沢新一ほか訳、せりか書房、一九八四年〕.

(5) Ibid., p. 135.

(6) Ibid., p. 134.

(7) Ibid., p. 136.

(8) Ibid.

(9) Ibid., p. 239.

(10) Ibid., pp. 239-40.

(11) Ibid., p. 240. 詩的生産のプロセスを記述するときに使われる再生産の隠喩に関する非常に興味深い分析については以下参照。Wendy Owen, "A Riddle in Nine Syllables: Female Creativity in the Poetry of Sylvia Plath," doctoral dissertation, Yale University, Department of English, 1985.

(12) Kristeva, *Desire in Language*, p. 239.

(13) Ibid., p. 239.

(14) Gayle Rubin, "The Traffic in Women: Notes on the 'Political Economy' of Sex," in *Toward an Anthropology of Women*, Rayna R. Reiter, ed. (New York: Monthly Review Press, 1975), p.182.

(15) Plato, *Symposium*, 209a を参照〔邦訳プラトン「饗宴」『プラトン全集第三巻』山本光雄編、一九七三―七七年」。「精神の〔…〕産出性」に関して、プラトンは詩人特有の能力だと述べている。つまり詩的生産は、昇華された生殖欲望と解釈されている。

(16) Michel Foucault, *The History of Sexuality, Volume I: An Introduction*, trans. Robert Hurley (New York: Vintage, 1980), p. 154.

(17) Michel Foucault, ed., *Herculine Barbin, Being the Recently Discovered Memoirs of a Nineteenth Century Hermaphrodite*, trans. Richard McDongall (New York: Colophon, 1980). 原著 *Herculine Barbin, dite Alexina B. presenté par Michel Foucault* (Paris: Gallimard, 1978). このテキストからの引用は全て、英訳版と仏版原著の両方を参照した。

(18) 「『セックス』という概念があるからこそ、解剖学的要素や生物学的機能や行動や感覚や快楽を、人為的な統一体のなかに纏めあげてしまうことが可能になり、この虚構の統一体を、作因の原理として使うことが可能になった」。Michel Foucault, *The History of Sexuality, Volume I*, p. 154. この部分を引用した第三章第一節を参照。

(19) "Sexual Choice, Sexual Act: Foucault and Homosexuality," trans. James O'Higgins. 初出 *Salmagundi*, vols. 58-59 (Fall 1982-Winter 1983), pp. 10-24. 再出 *Michel Foucault, Politics, Philosophy, Culture: Interviews and Other Writings, 1977-1984*, ed. Lawrence Kritzman (New York: Routledge, 1988), p. 291.

(20) Michel Foucault, *The Order of Things: An Archaeology of the Human Sciences* (New York: Vintage, 1973), p. xv 〔邦訳ミシェル・フーコー『言葉と物』渡辺一民・佐々木明訳、新潮社、一九七四年〕.

(21) Michel Foucault, ed., *I, Pierre Rivière, Having Slaughtered My Mother, My Sister, and My Brother: A Case of Parricide in the 19th Century*, trans. Frank Jellinek (Lincoln: University of Nebraska Press, 1975). 原著 *Moi, Pierre Rivière ayant égorgé ma mère, ma soeur et mon frère...* (Paris: Éditions Gallimard, 1973).

(22) Jacques Derrida, "From Restricted to General Economy: A Hegelianism without Reserve," in *Writing and Difference*, trans. Alan Bass (Chicago: University of Chicago Press, 1978). 原著 *L'Ecriture et la différence* (Paris: Éditions du Seuil, 1967) 〔邦訳ジャック・デリダ『エクリチュールと差異』若桑毅ほか訳、法政大学出版局、一九七七年〕.

(23) Hélène Cixous, "The Laugh of Medusa," in *New French Feminisms* 〔邦訳エレーヌ・シクスー『メデューサの笑い』松本伊瑳子ほか編訳、紀伊國屋書店、一九九三年〕.

(24) この部分は以下の論文から引用。Anne Fausto-Sterling, "Life in the XY Corral," *Women's Studies International Forum*, vol. 12, no. 3 (1989), Special Issue on Feminism and Science: In Memory of Ruth Bleier, edited by Sue V. Rosser, p. 328. 本節における残りの引用は、すべて彼女の論文と、彼女が引用した二論文(以下に示す)からのものである。David C. Page, et al., "The sex-determining region of the human Y chromosome encodes a finger protein," in *Cell*, no. 51, pp. 1091-1104 および Eva Eicher and Linda Washburn, "Genetic control of primary sex determination in mice," *Annual Review

of Genetics, no. 20, pp. 327–60.

(25) ウィティッグは次のように述べている。「フランス語はきわめてジェンダー意識の強い言語だが、それと比べて英語にはほとんどジェンダー意識がないと言われている。厳密に言えば英語は、無生物や事物や人間以外の生き物に、ジェンダーのしるしをつけない。だが人間のカテゴリーを考えると、どちらの言語も同じ程度に、ジェンダーを担っている」("The Mark of Gender," *Feminist Issues*, vol. 5, no. 2 [Fall 1985], p. 3)。

(26) ウィティッグ自身はこの点に触れていないが、彼女の理論は、性的主体(少し名前を挙げるだけでも、女、レズビアン、ゲイ男性)に対してふるわれる暴力を説明して、それは、暴力的に構築されたカテゴリーを暴力的に強化するものとみなしている。換言すれば、これらの身体に対しておこなわれる性犯罪は、その身体を「セックス」に矮小化し、それによってそのカテゴリーの矮小化を再確認し、強化するのである。言説は書き言葉や話し言葉に限定されるものではなく、社会行動――暴力的な社会行動――でもあるので、レイプや性的暴力や「クイア・バッシング」を、セックスのカテゴリーが行動に移しかえられたものとして理解する必要がある。

(27) Monique Wittig, "One is Not Born a Woman," *Feminist Issues*, vol. 1, no. 2 (Winter 1981), p. 48.

(28) Ibid., p. 17.

(29) Monique Wittig, "The Mark of Gender," p. 4.

(30) Monique Wittig, "The Straight Mind," *Feminist Issues*, vol. 1, no. 1 (Summer 1980), p. 105.

(31) Ibid., p. 107.

(32) Ibid., p. 106.

(33) "The Mark of Gender," p. 4.

(34) Ibid., p. 5.

(35) Ibid., p. 6.

(36) Ibid.

(37) Ibid.

(38) Ibid.

(39) Monique Wittig, "Paradigm," in *Homosexualities and French Literature: Cultural Contexts/Critical Texts*, eds. Elaine Marks and George Stambolian (Ithaca: Cornell University Press, 1979), p. 119. だが語る主体を自律的で普遍的だとする言語の使用を容認しているウィティッグと、語る「わたし」を言語権力の中心点から置換しようとするドゥルーズのニーチェ的読みとの、根本的な差を考慮に入れる必要がある。両者とも精神分析に批判的であるが、権力への意志に頼ることによって主体批判をおこなうドゥルーズは、原記号界/無意識をつかって〈語る主体〉を置換しようとするラカンおよびポスト・ラカン派の精神分析に、より近い。ドゥルーズにとっても、その敵対者である精神分析にとっても、欲求という欲望は主体を置換し、脱中心化するものであるが、ウィティッグにとっては、セクシュアリティも欲望も、個としての主体によって自己決定的に分節化されるものである。だがドゥルーズによれば、「欲望は、主体を前提とするものではなく、語る『わたし』の力が剝奪されたときにのみ得られるものである」。Gilles Deleuze and Claire Parnet, *Dialogues*, trans. Hugh Tomlinson and Barbara Habberjam (New York: Columbia University Press, 1987), p. 89.

(40) 彼女はミハイル・バフチンのこの洞察に対し、繰り返し称賛の念を表している。

(41) Monique Wittig, "The Trojan Horse," *Feminist Issues*, vol., no (Fall 1984), p. 47.

(42) "The Point of View: Universal or Particular?" *Feminist Issues*, vol. 3, no. 2 (Fall 1983) を参照。

(43) Wittig, "The Trojan Horse" 参照。

(44) Monique Wittig, "The Place of Action," in *Three Decades of the French New Novel*, ed. Lois Oppenheimer (New York: International University Press, 1985) 参照。

(45) Wittig, "The Trojan Horse," p. 48.

(46) "The Place of Action," p. 135. この論文でウィティッグは、社会における「一次」契約と「二次」契約の差を明確にしている。一次契約においては語る主体どうしが根本的に互恵的なので、〈語る主体〉のあいだでは、言語の十全で排他的な性質をすべての人に「保証する」ような言葉が、交換されている。だが二次契約においては、言葉は他者に対して支配力を行使する――つまり、正当で社会的な言語能力を他者から奪い取ってしまう――ように機能する。ウィティッグによれば、この「劣った」互恵形態においては、個は、潜在的な語り手となるはずの聞き手を排除する言語のなかで呼びかけられているために、個そのものが抹消されていく。ウィティッグはこの論文を以下のように締めくくっている。「社会契約の楽園は、文学のなかだけに存在する。なぜならそこでは、親和性はその侵犯的な力ゆえに、『わたし』を平均的な通性に矮小化するあらゆる作用に逆らい、緊密に織られた平凡さの素地を引き裂き、平凡さが強制的な意味体系に統合されるのをつねに防いでいるからである」(一三九)。

(47) Monique Wittig, *Les Guérillères*, trans. David LeVay (New York: Avon, 1973), 原著も同じタイトル (Paris: Éditions de Minuit, 1969).

(48) Wittig, "The Mark of Gender," p. 9.

(49) 一九八七年にコロンビア大学で発表した論文 "The Social Contract" (Beacon Press から出版予定のウィティッグの論文集に収められる) のなかで、ウィティッグは彼女自身の一次的な言語契約論を、ルソーの社会契約論の用語で説明している。ウィティッグは明瞭に述べていないが、前‐社会的(前‐異性愛的)契約を意志の統一体として――つまり、ルソーのロマン主義的な意味での一般的意志として――理解しているようだ。彼女の理論を使った面白い例として、以下のものがある。Teresa de Lauretis, "Sexual Indifference and Lesbian Representation" in *Theatre Journal*, vol. 40, no. 2 (May, 1988) および "The Female Body and Heterosexual Presumption," in *Semiotica*, no. 67, vols. 3-4 (1987) pp. 259-79.

(50) Wittig, "The Straight Mind," and "One is Not Born a Woman."

(51) Wittig, "The Social Contract."

(52) Ibid., p. 10.

(53) Wittig, "The Straight Mind," and "The Social Contract."

(54) Michel Foucault, "Nietzsche, Genealogy, History," in *Language, Counter-Memory, Practice: Selected Essays and Interviews by Michel Foucault*, trans. Donald F. Bouchard and Sherry Simon, ed. Donald F. Bouchard (Ithaca: Cornell University Press, 1977), p. 148. 本文中の引用は、このテクストによる。

(55) Mary Douglas, *Purity and Danger* (London, Boston,

and Henley: Routledge and Kegan Paul, 1969), p. 4〔邦訳メアリ・ダグラス『汚穢と禁忌』塚本利明訳、思潮社、一九七二年〕.
(56) Ibid., p. 113.
(57) Simon Watney, *Policing Desire: AIDS, Pornography, and the Media* (Minneapolis: University of Minnesota Press, 1988).
(58) Douglas, *Purity and Danger*, p. 115.
(59) Ibid., p. 121.
(60) Ibid., p. 140.
(61) Foucault の論文 "A Preface to Transgression" (*Language, Counter-Memory, Practice*) は、身体の境界が近親姦タブーによって構築されるというダグラスの概念と、面白いことによく似ている。もともとジョルジュ・バタイユに敬意を表して書かれたこの論文の論点のひとつは、侵犯的な快楽を「汚れたもの」とする隠喩や、禁じられた穴を汚れた墓に結び付ける連想である。pp. 46-48 参照。
(62) クリステヴァは以下に示す論文の短い一節において、メアリ・ダグラスの著作について論じている。*The Powers of Horror: An Essay on Abjection*, trans. Leon Roudiez (New York: Columbia University Press, 1982). 原著 *Pouvoirs de l'horreur* (Paris: Éditions de Seuil, 1980)〔邦訳ジュリア・クリステヴァ『恐怖の権力』枝川昌雄訳、法政大学出版局、一九八四年〕. ダグラスから自分のラカンの再公式化を洞察されたクリステヴァは、そのダグラスの論評を取り入れて以下のように述べる。「汚辱は象徴体系から投棄されたものである。それは社会の合理性を免れるものである。つまり、社会集合の基礎であり、したがって個人における一時的な凝集とは差異化されている論理秩序——簡単に言えば、分類体系や構造である論理秩序——を免れているのである」(p. 65)。
(63) Ibid., p. 3.
(64) Iris Marion Young, "Abjection and Oppression: Unconscious Dynamics of Racism, Sexism, and Homophobia," Society of Phenomenology and Existential Philosophy Meetings, Northwestern University での発表論文(一九八八年)。この論文は、State University of New York Press の一九八八年度会報に掲載される予定。また、近く出版される彼女の著書 *Justice and The Politics of Difference* (Princeton U. P., 1990) でも、この論文はさらに大きな章の一部として組み込まれる。
(65) これ以降の議論の一部は、異なる文脈のもとで出版された二つの拙論において、すでに一度論じたものである。以下参照。"Gender Trouble, Feminist Theory, and Psychoanalytic Discourse," in *Feminism/Postmodernism*, ed. Linda J. Nicholson (New York: Routledge, 1989) および "Performative Acts and Gender Constitution: An Essay in Phenomenology and Feminist Theory," in *Theatre Journal*, vol. 20, no. 3 (Winter 1988).
(66) Michel Foucault, *Discipline and Punish: the Birth of the Prison*, trans. Alan Sheridan (New York: Vintage, 1979), p. 29〔邦訳ミシェル・フーコー『監獄の誕生』田村俶訳、新潮社、一九七七年〕.
(67) Ibid., p. 30.
(68) 以下を参照。Esther Newton, *Mother Camp: Female Impersonators in America* (Chicago: University of Chi-

cago Press, 1972) の1章 "Role Models".

(69) Ibid., p. 103.

(70) Fredric Jameson, "Postmodernism and Consumer Society," in *The Anti-Aesthetic: Essays on Postmodern Culture,* ed. Hal Foster (Port Townsend, WA.: Bay Press, 1983), p. 114.

(71) 以下を参照。Victor Turner, *Dramas, Fields and Metaphors* (Ithaca; Cornell University Press, 1974). Clifford Geertz, "Blurred Genres: The Refiguration of Thought," in *Local Knowledge, Further Essays in Interpretive Anthropology* (New York: Basic Books, 1983)〔邦訳クリフォード・ギアーツ『ローカル・ノレッジ』梶原景昭ほか訳、岩波書店、一九九一年〕.

訳者解説

竹村和子

ジェンダー・セクシュアリティ・セックスの構築のただなかで

ジュディス・バトラーは本書『ジェンダー・トラブル――フェミニズムとアイデンティティの攪乱』（Judith Butler, *Gender Trouble: Feminism and the Subversion of Identity*, New York & London: Routledge, 1990）のなかで、「女というカテゴリーを何の疑問もなく引きあいにだす姿勢が、表象《リプレゼンテーション》／代表の政治としてのフェミニズムの可能性をあらかじめ閉じてしまうことだ」（傍点バトラー）と言う。たしかに「女」という社会的カテゴリーは一枚岩ではなく、性の差別は、セクシュアリティ、人種／民族、階級、宗教等々の差別と重層的に連動して稼働しているものである。だがそれは「女」というカテゴリーを、分析対象から除外することではない。フェミニズムや女性学がいまだに制度上、学問分野として確立していない日本で、もしもそれらの名称があまりにも「女」に焦点を当てすぎるというので、一見して男女に「中立的な」ジェンダー研究《スタディーズ》を採用しようとする動きがバトラー効果《エフェクト》として現在進行しているなら、それはまったくの安直な――ときとして反動的な――誤解によるものである。バトラーが『ジェンダー・トラブル』で執拗に論じようとしていることとは、「女」を分析対象から排除することではなく、むしろそれとは逆に、いかに「女というカテゴリー」が、ジェンダーのみならず、セクシュアリティ、セックス（生物学的性差）の次元で生産され、それ以上還元不可能な「事実」として誤称されているかという「女というカテゴリー」捏造の系譜を――これまでのフェミニズムの議論をも分析の射程に入れて――批判的にたどることである。ではバトラーはどのようにその系譜をたどっていくのか。彼女の議論の隘路を縫って、検討してみよう。

「女」はどのように「カテゴリー」なのか

シモーヌ・ド・ボーヴォワールは「ひとは女に生まれない。女になる」と述べた。すでに人口に膾炙して久しいこの言葉は、ジェンダーがいかに社会的に構築されたものかを説明する。女は後天的な文化の刷り込みによって「女」になるが、その刷り込みでは、女は普遍的言語から疎外された《他者》であり、「特殊」にしかなれず、言語をもたず、「身体」という明示不能性を背負うものである。だがバトラーはこのボーヴォワールの定理のなかにさえ、「女」を存在論的な事実性のなかに閉じ込める哲学上の陥穽がひそんでいると言う。というのも、「ひとが女になる」という定理には、女になる「ひと」が前提とされているからだ。しかし、社会的可視性や社会的意味が付与される以前の中立的、抽象的な「ひと」が存在しているのだろうか。むしろ「法のまえ」に存在して、法のもとでの表象を引き受ける主体という概念こそ、精神と身体を分けへだて、精神を身体の上位に置き、身体性とは無縁の精神を普遍的な「ひと」とみなし、それを男に配備する古典的なリベラリズムの法構造を反復するものではないかとバトラーは問いかける。「われ思う」ときの「われ」は、「思う」に先行するものではなく、「思う」述部に到来するものである。

では法のまえに存在しているのは、抽象的なコギトではなく、身体という物質性ではないか、「女になる」以前の身体、ジェンダーの刷り込みを「待っている」身体こそ、性差別的な文化の暴力をくつがえす契機になりえるのではないか、という議論が出てくる。身体を解放の契機とみなしたボーヴォワールがそうである。またボーヴォワールとは異なって普遍的コギトに結局は包摂されてしまう構造的他者は否定しつつも、オルタナティヴな言語の可能性——女の快楽《ジュイサンス》——を求めるエクリチュール・フェミニン（とくにイリガライ）、あるいは父の法のまえに存在する母なる身体を《象徴界》に異議申し立てをおこなう地点だとみなすクリステヴァの議論がそうである。

　しかしこれに対しても、バトラーは否という。なぜなら、ひとはまず人間として生まれてきて、適切な時期に女という文化の刷り込みを受けるのではなく、身体が人間の身体として資格づけられるのは、これが男の子か女の子かという問いに答えられるときであるからだ。現在の覇権的《ヘゲモニック》な言説では、ひとは〈つねにすでに〉ジェンダーであり、ひとの身体は〈つねにすでに〉性別化されている。男の身体／女の身体という二分法で説明される身体は、それ以降にそこに書き込まれると理解されている文化が、遡及的にそれ自身を反映して構築したもの、いわば文化そのものである。

　では男女の二分法を基盤に語られるエロスの交換——つまり異性愛のセクシュアリティ——は、どのように規範化されるのか。バトラーが焦点をあてるのは、文化人類学と精神分析の双方において、文化や精神の基本構造とみなされている近親姦の禁止である。なぜ近親姦は——氏族のなかであれ、家族のなかであれ——「男」と「女」のあいだの出来事と想定されるのか。つまりなぜ近親姦は、異性愛の近親姦でなければならないのか。

　バトラーは、「近親姦タブーの前提には、それに先立ち、それよりも分節化されていない同性愛タブーがある」というゲイル・ルービンの議論を持ちだして、同性愛タブーと近親姦タブーが共謀して「異性愛のマトリクス」を生産するメカニズムを説明する。バトラーによれば、女の交換を文化の原型とみなすレヴィ＝ストロースの公理はパフォーマティヴに機能して、男同士の互恵的なホモエロティシズムを社会的絆と読みかえ、返す刀で、男女の非互恵的な関係を隠蔽し、女性性や女の同性愛を抑圧する機構《エコノミー》を生産していく（バトラーは本文中ではイヴ・コゾフスキー・セジウィックには言及していないが、「ホモソーシャリティ」と同様の観点から論じている）。ということはつまり、異性愛の近親姦タブーは、異性愛の近親姦の欲望を禁じているだけでなく、そのような欲望を（禁じるべきものとして）「生産」し、それによって始原的な欲望という地位を得た異性愛の近親姦が、異性愛を文化のマトリクスとして制定し、異性愛セクシュアリティへの同一化《アイデンティフィケーション》を強制するのである。

　異性愛セクシュアリティへの同一化とは、明確に区分された男あるいは女への同一化と同義である。ジャック・ラカンが男の位置と女の位置を、生物学に収斂させることなく、言語の問題として説明しようとしたとき、彼は、女の位置は仮装である（ラカンは明言しないが、男の位置もそうである）ために、結局は「喜劇的失敗」となると論じた。しかしそれでもなおラカンが、なぜその喜劇的失敗を「繰り返し演じなければならない」と主張するのかをバトラーはさらに問題にする。彼女はジョーン・リヴィエールの「仮装」の議論を紹介しつつ、リヴィエールは仮装に先立つ女性性はないと断言したにもかかわらず、仮装を、男の特権を奪取した女が男からの報復を「防御」するために身につけるものと説明することによって、女性性の解体をジェンダーの次元のみでとらえ、セクシュアリティの次元に発展させることができなかったと述べる。なぜなら、女への欲望をすべて異性愛の男のものと捉えるリヴィエールの、そしてラカンの公式においては、たとえ男や女への同一化が「喜劇的失敗」であろうと、それがつねに喜劇的失敗であることによって、それを統べる本来ならば不完全な法（《象徴界》）が、逆説的に、そして宗教的な悲劇性の様相を呈しながら、不可避で不可知なものとしてたち現れてくるからである（バトラーのヘーゲル哲学者の面目躍如としている箇所である）。

　このように、「女というカテゴリー」に対する問題提起が異性愛機構の攪乱へとこれまで連動してこなかった理由は、まさに、女性気質や男性気質とは何か、それがどこで発生するのかを根本的に問いかける議論のなかに、あらかじめ、巧妙に、異性愛のマトリクスが前提とされていたからである。バトラーはフロイトの「体内化《インコーポレーション》」という概念をつかって、それを説明する。

　ここで論の俎上にのぼるのは、ふたたび近親姦タブーである。精神分析のなかでは、たとえば、男児が母との近親姦を断念して「正常な」性関係を獲得するためには、性対象を母以外のべつの女に移動させなければならないが、性目標は移動させなくてすむ。だが女児が母との近親姦を断念して、「正常な」性関係を獲得するには、性対象のみならず、性目標も移動して、母をあきらめなければならない。起源にあるものが異性愛の近親姦であるかぎり、同性愛の近親姦は想像することが不可能なものとなり、母への断念は、喪失したことを嘆く「悲哀」ではなく、喪失したことすらも忘却する「メランコリー」で解決されなければならない。フロイトによれば、メランコリーは喪失した愛の対象を、みずからのなかに「体内化」して取り込む作用である。ゆえに女児（逆の場合は男児）は、否定された女性性（男性性）を、自分の所与の属性として身に帯びる。つまり女性性や男性性を、後天的に獲得される資質としてではなく、まさに「字義どおりの」事実として——身体をとおして、身体のうえに——存在しているとみなすことになるのである。そしてこのように字義どおりの事実として身体のうえに構築された女性気質と男性気質が、今度は、異性愛構造の基盤となり、同性愛の可能性を思考不可能なものにする循環論法が生まれる。

　このようにフェミニズム的であろうと、反フェミニズム的であろうと西洋形而上学、実存主義、文化人類学、精神分析のなかで、「法のまえ」にあるとされている前提的な存在《オントロジー》が、じつは法自体によって遡及的に構築される結果にすぎないと論破するバトラーは、「法のあと」に出現するとみなされている解放も、その存在論《オントロジー》を反復するものでしかないと断じる。

　ジュリア・クリステヴァの「原記号界」は、厳密には「法のあと」とは言えない。だがそれが詩的言語として法に介入することができると論じるクリステヴァは、その詩的言語を、一方では母の欲動という個体化以前の異種混淆性に依存するものと言いながら、他方で言語として《象徴界》に参与することができると主張することによって、原記号界を《象徴界》に従属させ、かつ《象徴界》以前の起源の神話も反復するという二重の誤謬を犯してしまう。さらに問題なのは、詩的言語は同性愛の備給を直接におこなわず、女の場合かならず出産行為（母になること）を経由するという、クリステヴァ自身の同性愛嫌悪である。ここにおいても、《象徴界》の前提である異性愛のマトリクスが、女の身体性を「母」とみなす解釈学のなかに、無批判に繰り返されている。あるいはすべての攪乱（しかし不十分な攪乱）を「母なるもの」に収斂させるという植民地化がおこなわれる。

　では精神分析から遠くはなれて、マルクス主義唯物論でセクシュアリティを解釈すればどうだろう。しかしバトラーは、現体制の粉砕という「法のあと」を求めるモニク・ウィティッグの議論のなかに、「発話するわたしの統一性」と、それを支える「言語の全一性」という西洋形而上学の神話が反復されていると批判する。レズビアンを現体制にまったく汚染されない「十全たる語る主体」として持ちだすことは、一見して「女というカテゴリー」の解体のように見えはするが、それは、そもそも「女というカテゴリー」を反面的に生産していた普遍性への信仰を、現法とは無縁の解放の場所に、構造として組み入れることにほかならない。むしろ攪乱は、法のかなたではなく、法のただなかでなされるものである。その意味でバトラーの議論は、その多くをフーコーに負っている。

　精神分析もマルクス主義もきらうミシェル・フーコーは、法を何かに基盤づけられたもの、あるいは劇的に構造変換するものと捉えず、権力は反復される言説のなかに、その法制機能と産出機能をもつと主張した。フーコーにならってバトラーは、法制機能によって禁止されている起源（規制を受けるまえのセクシュアリティ）は、じつはそこから発生すると考えられている規範的なセクシュアリティの配置によって、言説のなかで起源として遡及的に産出される「結果」にすぎないと考え、禁止／産出がなされる反復の場所にこそ、二元的なセクシュアリティを攪乱する可能性があると考える。たとえばウィティッグによれば、男役／女役の役割演技は異性愛構造をただ反復しているものにすぎないが、むしろ異性愛構造を規範的な異性愛とはべつの様態で反復することによって、異性愛が幻想にすぎないことや、異性愛構造を成り立たせているセックスのカテゴリーが虚構にすぎないことを露呈することができる。

　したがってバトラーは、フーコーが両性具有者エルキュリーヌ・バルバンを、性的アイデンティティのない「幸福な中間地帯《リンボー》」として理想化しようとするとき、そのフーコーを、フーコー自身の理論をつかって批判する。そのような理想化は、時代決定された言説のなかで構築されている不可能なセクシュアリティという虚構を、攪乱の位置として審美化するものにすぎず、それによって不可能性を固定する愚を犯すことになる。むしろエルキュリーヌの性位置が可能な攪乱となりうるのは、〈アイデンティティがない〉ことにおいてではなく、男女に二分されたセックスと欲望が集合し、混在するなかで、固定した性的アイデンティティの幻想が揺らぐときである。

『ジェンダー・トラブル』の位置

以上のような経路で「女というカテゴリー」の虚妄性をつぎつぎとあらわにしていくバトラーの論点をあえてまとめれば、次の二点である。ひとつは、明確に区分された男女の各項のなかでジェンダー、セクシュアリティ（欲望）、セックスが矛盾なく繋がっていると考える「首尾一貫した」アイデンティティの論理に対する問題提起、二つ目は、セックスを原因や起源として、セクシュアリティやジェンダーをその帰結や表出として捉える考え方を逆転させ、ジェンダーを統べる法が、セクシュアリティそしてセックスをその起源として結果的に生みだすという因果律の転倒の主張である。したがってバトラーが『ジェンダー・トラブル』においてもっとも関心を払うのは、根底的な基盤とされている身体性の捏造の系譜である。だからこそ、これまで身体性のなかに押し込められてきた「女というカテゴリー」が、「セックスというカテゴリー」を疑問に付すために終始一貫して論の俎上にのぼっていくのである。

バトラーは本書の副題を「フェミニズムとアイデンティティの攪乱」と名づけている。性の社会的な非対称性を問題にしてきたフェミニズムが、ジェンダーの次元ではその社会構築性を明らかにしつつも（母性という点では、いまだに足踏みしているフェミニストがいるが）、性的実践、性的欲望、性的幻想（つまりセクシュアリティ）の次元では、生物学的決定論か、法のかなたの女特有の快楽という本質論的議論の域を脱しきれなかった。その理由は、セクシュアリティを規定するものとして、男女の生物学的な性（セックス）を、還元不可能な「物質性」として固定したからだった。だがそのような物質性とは何なのか。それは解剖学的な身体構造なのか、ホルモンなのか、染色体なのか。ではいったい、染色体においてすら男女のどちらにも振りわけることができない個体を、なおも振りわけようとする科学の言説とは何なのか（バトラーは「結論としての性科学的な補遺」でこの問題を提起する）。してみればこの『ジェンダー・トラブル』は、性の非対称性に異議申し立てをおこないながらもジェンダーかセクシュアリティかセックスのどこかの次元で本質論に絡めとられて自家撞着を起こしてきたフェミニズムを、その的確な分析部分は受け継ぎつつ、本質論に回帰する部分を批判的に再考する「フェミニズムの系譜学」と言えるかもしれない（バトラーの議論では肯定的説明と批判的考察がかならずしも明確に区別されていないので、ときとして難解な印象を与える場合がある）。

　なお英語で（生物学的な）性という意味の「セックス」は、日本語では「性行為」と解釈される場合が多い。だが「性」という語は意味の外延がひろく、すでに「セクシュアリティ」の訳語として使われており（ミシェル・フーコー『性《セクシュアリティ》の歴史』）、また「ジェンダー」も含意する場合があるので、この両者からまず分析の手続き上、区別して論じるという本書の意義にそくして、「セックス」と記した。

　ところで「女というカテゴリー」がセックスにおいても社会構築されたものであるとフェミニズムの文脈で断言することは、同時に、「男」というセックスと「女」というセックスのあいだのエロスの交換を唯一の規範とする異性愛機構の自明性を疑うことでもある。たとえば、いわゆる「男」のセクシュアリティは、いわゆる「男」の身体（セックス）から導きだされる必要はなく、またいわゆる「女」の身体が、いわゆる「男」のセクシュアリティと「女」のセクシュアリティの両方を兼ね備えることも可能となる。ここで付け加えておかなければならないバトラーの三番目の論点は、現存の性体制を攪乱するそのような地点は、けっして法体制の外側ではない――「法のまえ」でも、「法のあと」でもない――ということだ。わたしたちの身体が現体制下でつねにすでに性別化されているかぎり、またジェンダーもセクシュアリティもセックスも社会的に構築されるものであるかぎり、社会（言語）のそとに、わたしたちは出ることはできない。

社会的に構築されているということは、言語によって反復されなければならないということである。言葉を換えれば、「事実性」と考えられているものは、反復するという行為《パフォーマンス》によって、パフォーマティヴ（行為遂行的）に生産されるものにすぎない。ゆえに現体制を言語によって表現するのではなく、言語によって現体制を「生産する」という、このパフォーマティヴな反復行為のなかに、現体制の強化と同時に、現体制のずらしも、必然的に胚胎されている。男女二元的な身体のあいだのエロスの交換を規範として強制する性の体制を、バトラーは「異性愛のマトリクス」と名づけた。だが「異性愛のマトリクス」は、その必須の手段であるこのパフォーマティヴィティのために、そのものの内部に攪乱を起こす契機を内包している。したがって母型とか鋳型という意味の「マトリクス」という語は全体化のニュアンスを与えてしまうために、次作以降では、再定義の可能性を強調する「異性愛のヘゲモニー」という語に変えたとバトラーはインタヴューで断っている。彼女自身は、現体制から「不可能」と断じられているセクシュアリティのなかに、このような再定義へ向けた実践の可能性を求めることが多いが、むろん「可能」とされているセクシュアリティのなかにも、反復に伴うずれが内在していることを、さらに追求すべきだろう。

『ジェンダー・トラブル』と同年に、イヴ・K・セジウィックの『クローゼットの認識論』（Eve Kosofsky Sedgwick, *Epistemolgy of the Closet*, 邦訳、青土社）が出版された。セジウィックはすでに『男たちのあいだで』（*Between Men*, 1985）で「ホモソーシャル」という概念を展開しており、また男役／女役の役割演技の再評価は、一九八九年に発表されたス＝エレン・ケイスの「男役／女役の美学へ向けて」（Sue-Ellen Case, "*Toward a Butch-Femme Aesthetic*"）によって先鞭がつけられている。だが九〇年代は、アメリカ合衆国の劇的な政治的変化とともに、セクシュアリティ研究の転回点とみなされ、本書はそれの到来を告げるものとして高く評価されている。たしかにそれまでのフェミニズム理論の多くは、レズビアニズムを射程に入れた議論から生まれたものではあった。しかし『ジェンダー・トラブル』は、セックスにおける本質論の紐帯を完全に断ち切ったこと、また異性愛制度を攪乱する地点を異性愛制度のただなかにおいたこと、この二点において、その後のレズビアン／ゲイ研究、クィア理論に大きく道を開いたのである。『ジェンダー・トラブル』のはじめでおもに批判の眼が向けられたのは、ジェンダー、セクシュアリティ、セックスの首尾一貫性の幻想であったが、論がすすむにつれ、「セックスというカテゴリー」捏造の系譜に焦点が当てられるようになる。終節は、身体がカテゴリーとして誕生するためにいかにその浸透性が拒否されていくかという、身体の表面の政治にまつわる物語である。したがって本書の三年後に上梓された『問題なのは肉体だ』(*Bodies That Matter : On the Discursive Limits of "Sex"*)は、ときに言われるように『ジェンダー・トラブル』の社会構築主義を修正するものではけっしてなく、本書の結末近くでさらに鮮明になってきた身体性についてのバトラーの問題意識が、継続しながら発展しているものと解釈できる。本書では精神分析について否定的な語調で論じるバトラーが、次作で精神分析に迎合していくのではけっしてなく、身体がどのように「物質」として固定化されるのかを、精神分析に批判的に分け入って解明していこうとしているのである。その意味で彼女の著作は、その翌年(一九九四年)に出版されたテレサ・ド・ラウレティスの『愛の実践』(Teresa de Lauretis, *The Practice of Love*)とは、異性愛主義の攪乱という目的は共有していても、まったく反対の立場から精神分析に対してアプローチされたものである。してみればバトラーの姿勢は、すでに本書で部分的にその方向性が示唆されているが、精神分析を唾棄するフーコー(社会構築主義)と、歴史的視点を排除するフロイトとラカン(精神分析)を批判的に接続しようとする試みと言えるだろう。

その後さらにバトラーは『権力の心的生活』(*The Psychic Life of Power : Theories of Subjection*, 1997)で権力と心的構造の連結を論じ、さらに『触発する言葉』(*Excitable Speech : A Politics of the Performative*, 1997)では、社会構築主義を、現代の具体的な政治力学の精緻な理論的読みのなかに発展させている。そもそもヘーゲル哲学者であった彼女の八〇年代末以降の著述の主たる関心は、性の配置をめぐるものであり、それゆえに彼女の議論は、前述したようにジェンダー研究のみならず、ひろくセクシュアリティの研究に多大の影響を与えることになった。だが彼女の一貫した視点は、権力がいかに言説の形態をとって身体と精神を形成していくかということであり、近年の著作あるいは最近の論文では、さらにそれが、個人と社会機構が折衝する暴力（自由）の問題へと敷衍されている。逆に言えば、女というカテゴリー形成の系譜をつきつめた本書は、その議論のパラダイムを他の分析領域に援用して読むことが可能な書物である。

『ジェンダー・トラブル』は、学問的な専門知識をいくぶん必要とするような、理論的な著作である。だが本書は、わたしたちの現実に、直接に、ためらいなく、食い込んで、わたしたちの隠れた現実を目のまえに引きずり出してくれるものである。できるだけ多くの人々に本書が読まれることを、切に願っている。

込み入った議論と文章をどのように訳出していけばよいかということは、校正の段階ですら、終始、頭を悩ました問題だった。読解の助けになるように字句を書き加えたいという誘惑には抗しがたかったが、本書の性格上、今後部分的に引用される機会が多いと判断して、原文に何かを付け加えることはしなかった。『ジェンダー・トラブル』は粘着的な書物である。どうか複雑な言い回しに気持ちを萎えさせないで、バトラーにつきあうつもりで、ゆっくり、じっくりと読んでほしい。

*

なお、ジュディス・バトラーは現在カリフォルニア大学バークレー校の修辞学および比較文学の教授である。

わたし自身の仕事と重なってしまったために、出版は当初の予定からずいぶん遅れてしまったが、寛大に、しかし鋭く催促し、また編集者として種々の助言を与えてくださり、校正時にはさまざまな配慮をしてくださった青土社の津田新吾さんに、この場を借りて篤くお礼申し上げる。

本稿を校正しているときに母が急逝した。わたしがこのような研究をし、このような著作の翻訳をしたいと願うのは、母の人生の思いが遠く近くにいつも感じられていたからだった。限りない敬意と愛情と感謝の気持ちをこめて、この訳書を母に捧げる。

竹村和子

一九九九年二月二〇日

索引

＊を付した数字は原註の章と註番号を示す。

ア行
アイカー、エヴァ　194
アイデンティティの政治　19-26, 250-60
アブラハム、ニコラス　129-31, ＊2. 35, 39
アリサ　→フランクリン
アール、ミシェル　51-2
アンザルドゥーア、グロリア　＊1. 24
アンジュー、ディディエ　＊2. 43
異性愛のマトリクス　25-6, 89, 106-7, 137, ＊1. 6
イリガライ、リュス　33-9, 48-9, 55, 61-2, 64-5, 67, 85-7, 105, 132, 187, ＊1. 25, 54, ＊2. 8
イングリッシュ、ダーダー　＊1. 53
ヴァンス、キャロール・S　＊1. 53
ウィティッグ、モニク　49-53, 60-3, 65, 71, 76, 197-227, 230, 234, ＊1. 26-30, 32, 40-5, 47, ＊2. 42, ＊3. 25-39, 41-53
　および異性愛契約　214-8
　および言語　207-8, 214, 226
　およびセックスのカテゴリー　200-7
　および唯物主義　60-2, 208, 212-3, 221-2
ウィリアムズ、ウォルター・C　＊1. 8
ウォッシュバーン、リンダ　194
ウォルトン、シャーリー　＊2. 22
ウルハイム、リチャード　＊2. 34, 43
エコルズ、アリス　＊1. 53
エディプス・コンプレックス　116-37
エルキュリーヌ・バルバン　56-7, 172-91, 231
エンゲルス、フリードリッヒ　79
オーエン、ウェンディ　＊1. 46, ＊3. 11
おぞましきもの（アブジェクト）　235-6
男役／女役のアイデンティティ　69, 217-20
オバール、ジーン・F　＊1. 9
女の書きもの（エクリチュール・フェミニン）　41

カ行
カー、バーバラ・T　＊1. 53
『快楽と危険』　＊1. 53, ＊2. 22
仮装（女らしさとしての）　97-108, ＊2. 18
カフカ、フランツ　231, ＊2. 1
家父長制　22-3, 77-8

ガルボ　228
ギアツ、クリフォード　84, *3. 71
気質　117-26
ギャラガー、キャサリン　*1. 10
ギャロップ、ジェーン　64
強制的異性愛　→異性愛のマトリクス
近親姦タブー　116-44, 146, *2. 46
クゥインタナルズ、マーサ　*1. 53
クライン、メラニー　*2. 32
クリステヴァ、ジュリア　114, 128, 150-71, *2. 32
　およびおぞましきもの　235-7
　およびオリエンタリズム　165
　および母の身体　50-70
　および抑圧仮説　168-71
　およびレズビアニズム　161-3
系譜学（批判としての）　26, 52, 56, 71-2, 112, 125-37, 173, 230, 235, 258-60
ケスラー、スザンヌ・J　*1. 8
原記号界（セミオティック）　150-68
権力　20-6, 40, 66-70, 172-7, 183, 220-1
コット、ナンシー・F　*1. 5
コフマン、サラ　*2. 15

サ行

差異　33, 39-40, 83-6
差延　85-6
サモワ　*1. 53
サルトル、ジャン＝ポール　33, 35, 37, 229, *1. 21
サロート、ナタリー　213
シェイファー、ロイ　*2. 38, 41
ジェイムスン、フレドリック　*1. 56, *3. 70
シェファー、ジョウゼフ　*2. 46
ジェンダー
　→性／ジェンダーの区分、パロディ
　規制的実践としての　45-59, 70-3
　ジェンダー・カテゴリー　34-6, *2. 3
　パフォーマティヴとしての　58-9, 73, 206-7, 237-48
自我理想　115, *2. 36
シクスー、エレーヌ　186, *3. 23
実体の形而上学　34, 45-59, 247-8
シャスゲ＝スマーゲル、J.　*2. 36
主体（の批判）　19-26, 43-6, 250-60
シュワバー、ポール　*2. 33
《象徴界》　50, 110, 130, 145-6, 150-71, *2. 49
ジョーンズ、アーネスト　102
親族　64, 83-90
身体（表面としての）　30-2, 73, 228-33
身体自我　*2. 43
スコット、ジョーン・W　*1. 17
ストーラー、ロバート　57, *1. 38
ストラザーン、マリリン　80, *2. 2
スピヴァック、ガヤトリ・チャクラヴォティ　*1. 23, *2. 18
スペルマン、エリザベス・V　*1. 22
性遺伝子　192-8
性転換（トランスセクシュアリティ）　134-6
生物学ジェンダー研究グループ　*1. 9
セクシュアリティの論争　67-70, *1. 53
セジウィック、イヴ　*2. 9
セックス（のカテゴリー）　27-32, 46-59, 79-82, 168-9, 172-6, 181-4, 192-8
セックス／ジェンダーの区別　27-32,

46-59, 79-82, 196, 199-204, 242, *1. 7
染色体　192-8

タ行
体内化の形式　245-7
タイラー、パーカー　228
ダグラス、メアリ　231-4, *3. 55, 62
ターナー、ヴィクター　*3. 71
男根ロゴス中心主義　37-40, 65-70, 85-6, 187
デカルト、ルネ　37, 52, 229
デリダ、ジャック　186, *1. 2, *3. 22
デューズ、ピーター　*2. 49
同一化（アイデンティフィケーション）　114-36, 223-44, *2. 34, 38
同性愛　70, 76
　およびウィティッグ　199-27
　およびクリステヴァ　158-63
　およびジョーン・リヴィエール　101-7, 127, *2. 21
　およびメランコリー　188
　およびラカン　100-1, 109
ドゥルーズ、ジル　211-2, *3. 39
ド・ラウレティス、テレサ　*3. 49
トロク、マリア　129-31, *2. 35, 39, 41
ドーン、メアリ・アン　*2. 18

ナ行
内的な精神空間（の批判）　129, 237-48
内面化　114-36, 223, *2. 38
ニーチェ、フリードリッヒ　51, 58, 112, 237, *1. 1, *2. 30
ニュートン、エスター　241, *2. 22, *3. 68
認識論的帝国主義　39, 78, 250-8

ハ行
ハーディング、サンドラ　*1. 4, 9
ハバード、ルス　*1. 9
パフォーマンス　→ジェンダー
バフチン、ミハイル　213, *3. 40
ハラウエイ、ドナ　*1. 9
パロディ　69, 73, 97, 217-8, 241-4, 250-60
バーンズ、デューナ　213
反復　66, 69-70, 208, 244-60
悲哀　114-36, 158, *2. 19
ヒース、スティーヴン　106
ファウスト＝スターリング、アン　193-5, *1. 9, *3. 24
ファス、ダイアナ　*1. 55
ファノン、フランツ　*1. 20
フェミニズム　→連帯の政治学、ジェンダー
　および家父長制　77-8
　および表象／代表の政治　19-26
『フェミニスト・イッシュー』　*1. 30
フェレンツィ、サンダー　103-5
フォックス＝ケラー、イヴリン　*1. 9
フーコー、ミシェル　20, 47-9, 55-7, 63, 66, 71, 125, 140, 142, 168-91, *1. 1, 10, *2. 30
　および『監獄の誕生』　237-8
　および身体　230-1, 235
フックス、ベル　*2. 23
フッサール、エドモンド　37
プラトン　37, 138, 168, *3. 15
フランクリン、アリサ　54, *1. 34

プルースト、マルセル　213
フロイト、ジグムント　62-4, 88, 114-27, 132, 137-8, 196, 230, *1. 47, *2. 33, 43
扮装　241
ペイジ、ディヴィッド　192-7
ヘーゲル、G・W・F　92, 186, *1. 21
ベルダーシュ　*1. 8
法（の概念）→権力
ボーヴォワール、シモーヌ・ド　31, 33-7, 72, 119-203, 222, 224-5
ホリバー、アンバー　*1. 53
ボルヘス、ホルヘ　186
ホワイトヘッド、ハリエット　*1. 8

マ行
マコーマック、キャロル　80, *2. 2
マッケナ、ウェンディ　*1. 8
マルクス、カール　25, 72, 208
マルクーゼ、ハーバート　138
メランコリー　99, 101, 108, 114-26, 130-5, 188-9, *2. 19
模倣　69, 241-4, 250-60
モラガ、チェリー　*1. 24, 53

ヤ行
ヤング、アイリス・マリオン　236, *3. 64
抑圧仮説　→権力、クリステヴァ

ラ行
ライプニッツ　85
ライリー、ドニーズ　22, *1. 3
ラカー、トーマス　*1. 10
ラカン、ジャック　91-102, *2. 13-5, *3. 39
　およびクリステヴァ　150-1, *3. 62
　および《象徴界》 50, 64, 91-5, *2. 49
　および父なる法　64-5, 90, 110-2, *1. 52
　およびレズビアン・セクシュアリティ　100-1, *2. 20
リヴィエール、ジョーン　101-7, *2. 21, 25
両性愛（両性性）（バイセクシュアリティ）　108-9, 116-9, 140-1, 144-5
ルッソー、メアリ　*2. 18
ルービン、ゲイル　138-42, *1. 53, *2. 4, 45
レヴィ＝ストロース、クロード　79, 83-90, *2. 5, 7, 9, 11-2
連帯の政治　41-4
ロウ、マリアン　*1. 9
ロザルド、ミシェール　*2. 47
ローズ、ジャクリーヌ　64, 68, 109, *2. 26-29

ワ行
ワトニー、サイモン　233, *3. 57

著者について
ジュディス・バトラー（Judith BUTLER）
カリフォルニア大学バークレー校，修辞学／比較文学の教授。
哲学専攻。主な著書は次のとおり。
『触発する言葉』（*Excitable Speech : A Politics of the Performative*, 1997）
『アンティゴネーの主張』（*Antigone's Claim : Kinship Between Life and Death*, 2000）
『生のあやうさ』（*Precarious Life : The Powers of Mourning and Violence*, 2004）
『戦争の枠組』（*Frames of War : When Is Life Grievable?*, 2009）
『アセンブリ』（*Notes Toward a Performative Theory of Assembly*, 2015）

訳者について
竹村和子（たけむら　かずこ）
お茶の水女子大学大学院修士課程修了。筑波大学大学院博士課程退学。
お茶の水女子大学大学院人間文化研究科教授。
専攻，英語圏文学，批評理論。
主な著書に，
『フェミニズム』（思考のフロンティア，岩波書店，2000年）
『愛について――アイデンティティと欲望の政治学』（岩波書店，2002年）
『欲望・暴力のレジーム――揺らぐ表象／格闘する理論』（編著，作品社，2008年）
『文学力の挑戦――ファミリー・欲望・テロリズム』（研究社，2012年）
『彼女は何を視ているのか――映像表象と欲望の深層』（作品社，2012年）
『境界を攪乱する――性・生・暴力』（岩波書店，2015年）
主な訳書に，
トリン・T・ミンハ『女性・ネイティヴ・他者』（岩波書店，1995年）
ジュディス・バトラー『アンティゴネーの主張』（青土社，2002年）
ジュディス・バトラーほか『偶発性・ヘゲモニー・普遍性』（共訳，青土社，2002年）
ジュディス・バトラー『触発する言葉』（岩波書店，2004年）
ジュディス・バトラー＋ガヤトリ・スピヴァク『国家を歌うのは誰か？』（岩波書店，2008年）
などがある。

ジェンダー・トラブル

フェミニズムとアイデンティティの攪乱《かくらん》

新装版

2018年 3月 1日　第1刷発行
2025年 6月 30日　第8刷発行

著　者　ジュディス・バトラー
訳　者　竹村和子《たけむらかずこ》
発行者　清水一人
発行所　青土社
〒101-0051　東京都千代田区神田神保町1-29　市瀬ビル
電話　03-3291-9831（編集部）　03-3294-7829（営業部）
振替　00190-7-192955

印　刷　ディグ
製　本　ディグ

装　幀　高麗隆彦

ISBN978-4-7917-7047-2
Printed in Japan